纠纷解决研究丛书

我国家事纠纷解决机制研究
——基于闽、赣两地基层法院的研究

WOGUO JIASHI JIUFEN JIEJUE JIZHI YANJIU
——JIYU MIN GAN LIANGDI JICENG FAYUAN DE YANJIU

邹郁卓 著

中国政法大学出版社

2020·北京

声　　明	1. 版权所有，侵权必究。
	2. 如有缺页、倒装问题，由出版社负责退换。

图书在版编目（ＣＩＰ）数据

我国家事纠纷解决机制研究/邹郁卓著. —北京:中国政法大学出版社,2020.1
ISBN 978-7-5620-9432-6

Ⅰ.①我… Ⅱ.①邹… Ⅲ.①婚姻家庭纠纷－处理－研究－中国 Ⅳ.①D923.904

中国版本图书馆 CIP 数据核字(2020)第 015939 号

出 版 者	中国政法大学出版社
地　　址	北京市海淀区西土城路 25 号
邮寄地址	北京 100088 信箱 8034 分箱　邮编 100088
网　　址	http://www.cuplpress.com（网络实名：中国政法大学出版社）
电　　话	010-58908586(编辑部) 58908334(邮购部)
编辑邮箱	zhengfadch@126.com
承　　印	固安华明印业有限公司
开　　本	880mm×1230mm　1/32
印　　张	10.375
字　　数	250 千字
版　　次	2020 年 1 月第 1 版
印　　次	2020 年 1 月第 1 次印刷
定　　价	56.00 元

总 序
PREFACE

　　纠纷作为一种社会现象，古已有之。资源的有限性和人类需求的无穷性之间不可调和的矛盾决定了纠纷的不可避免性。这里的资源，主要是物质的，但有时则是精神的。无论是为了个体的生存还是为了群体的福祉，均要求对纠纷进行管理。纠纷管理既包括事前的预防，也包括纠纷发生后的解决。纠纷的解决者既可以是纠纷双方的当事人，也可以是纠纷当事双方以外的第三方。由此，区分出纠纷解决的种种方式，前者如谈判、和解，后者如调解、仲裁、诉讼等。

　　纠纷解决方式既是个性的，又是结构的。每一种纠纷解决方式有其自身的独特性。仅就第三方的参与程度而言，从调解到仲裁再到诉讼，依次递增。与此相对应的，则是当事双方自治程度的递减。每一种解纷方式因充满了个性特征而显得与众不同。解纷方式的独特性并不排斥彼此的关联性。针对某一类型的纠纷，解纷市场所提供的解纷方式是多元的，各"元"之间既竞争又协作，呈现出结构性特征。当事一方或双方选择某一种解纷方式时，意味着对另一种解纷方式的舍弃，这是竞争和角逐的结果。但当当事一方或双方对某种解纷方式的结果不满时，另一种解纷方式便会登场。协作性不仅体现在彼此间的补充关系，有时还表现为更为密切的结合关系，调解和仲裁、诉讼的结合便派生出仲裁和调解相结合、调解和诉讼相结合等混合型解纷方式。

如果说多元化的解纷方式是漂浮在洋面之上的冰川的话，那么冰川之下凝结的则是密布的权力网络。近代民族国家出现之前，解纷方式和民间色彩浓厚的私权力关系密切。商业团体行会、地缘团体会馆、血缘团体宗族、信仰团体教会中的威望人士扮演着第三方角色，以调解、公断（仲裁）、裁判等方式参与纠纷的解决。与民族国家建设同步的则是以国家为载体的公权力的膨胀、渗透乃至垄断。体现于解纷方式上，既有以行政权为内核的行政性纠纷解决方式边界的不断拓展，又有司法权对程序正义和司法最终原则的固守和把控。行政裁决、行政调解、行政复议、行政仲裁、行政信访等无不体现了行政权参与纠纷解决的愿望和冲动。这种愿望和冲动背后隐含着行政权对其自身专业能力和纠错能力的自信。然而，权力的自信和权力的自满往往仅一步之遥。无论是出于权力制衡的考量还是基于对司法示范和强制作用的倚重，司法最终原则已成为法治大厦不可缺少的基石。司法最终意味着司法权对纠纷解决流水线上绝大部分产品的把关和管控。这些产品的生产者既可能来自国营行政部门，也有可能来自于私营部门。把控的方式既有对调解协约的确认，也有对商事仲裁结果的审查，还有通过行政诉讼方式体现出来的对行政裁决、行政复议的监督。将公平、正义作为最高价值标准的司法,更扮演着国家权力"合法性""正当性"生产者的角色。毋庸置疑,公、私权力之间,以及公权力内部行政权、司法权之间的协调、竞争和博弈构成了权力协奏曲的主旋律。解纷方式不仅深深打上了权力的烙印,更扎根于某一民族的土壤之中,因而具有显著的民族特征。民族心理、价值观念等使得某一族群对某一种或某几种解纷方式表现出特别的偏好,如东方人对调解的喜好。受本民族法律文化的熏陶,某一族群不仅关注纠纷解决的结果,而且对程序也关注入微,而另一族群可能只对结果抱有浓厚的兴趣。如此的差异,便有了对形式和实质偏好的不同,体现在价值层面,便有了实质正义和形式正义的区分。因此,纠纷解决方式的民族特性不容低估。

从纠纷解决的多重面相出发,本丛书既面向世界,博采世界各国纠纷解决研究之长,又立足中国,提炼本土纠纷解决的经验,所收录作品侧重于对各种纠纷类型以及所对应的解纷方式乃至机制(即解纷方式的有机组合和配置)的研究。这些纠纷类型,既有平等主体之间的民事纠纷,也有行政主体和行政相对人之间的行政争议。就具体类型而言,囊括了家事、土地、劳动、环境、知识产权、金融、医患等领域;就解纷方式而言,谈判、调解、仲裁、诉讼、裁决、复议、信访等均有涉足。除在制度层面探究纠纷类型以及所对应解纷方式、解纷机制的特征外,本丛书也将致力于从更深的层面剖析纠纷及纠纷解决背后所蕴含的公权力与私权力、行政权与司法权、正式与非正式等权力结构关系。法律意识、民族心理、价值观念等文化因素对纠纷的产生以及解纷方式选择偏好的影响，纠纷解决与法治，纠纷解决与社会治理等问题，本丛书作品也将予以关注。

在研究路径上，本丛书以收录实证研究作品为主，同时兼顾优秀的规范研究成果。通过访谈、观察、问卷、实验等途径获取的定量和定性信息是研究的重要材料来源，也是本丛书所追求的从经验中提炼纠纷解决原理学术追求的方法论基础。从个别到一般，归纳事物本质属性和发展规律的实证研究方法，是纠纷解决研究中不可或缺的工具。

变革中的中华大地，为各类纠纷的酝酿、发酵、爆发提供了温床。变革所带来的结构性调整、政府治理模式的变化、民众间价值观异质化的加剧等因素为各类纠纷的产生提供了条件。大变革带来纠纷积聚、爆发的同时，也为纠纷解决研究者提供了施展才华的机会。对纠纷、解纷方式的观察思考以及理论层面的归纳提炼，将其置于中华法律文明的历史长河中审视，并与其他民族和国家的纠纷解决文化进行比较，进而进行深刻的反思，是时代赋予纠纷解决研究者的使命，也是本丛书所孜孜追求的目标。

张　勤

2016 年 4 月 16 日

CONTENTS 目 录

总　序 …………………………………………………………… 1

导　论 …………………………………………………………… 1
 一、研究背景与意义 ………………………………………… 1
 二、国内外文献评述 ………………………………………… 4
 三、研究主线与思路 ………………………………………… 16
 四、研究视角与方法 ………………………………………… 20
 五、创新与不足 ……………………………………………… 25

第一章　家事纠纷解决机制的基本理论 …………………… 28
 第一节　家事纠纷的界定及特征 ……………………………… 28
  一、相关概念的辨析 ………………………………………… 28
  二、家事纠纷的特征 ………………………………………… 29
  三、以家庭冲突学为视角 …………………………………… 34
 第二节　家事纠纷解决机制的界定及功能 …………………… 40
  一、家事纠纷解决机制的理念 ……………………………… 41

1

二、家事纠纷解决机制的模式 ………………………… 53
　　三、家事纠纷解决机制的功能 ………………………… 58

第二章　家事纠纷解决机制的模式探讨 ……………… 62
第一节　美国模式：诱致性制度变迁 ………………… 64
　　一、美国家事纠纷解决机制的演变流程 ……………… 64
　　二、现代视野下美国家事纠纷解决机制 ……………… 77
　　三、美国家事纠纷解决机制的演变特征 ……………… 88
　　四、对美国家事纠纷解决机制的反思 ………………… 92
第二节　日本模式：强制性制度变迁 ………………… 94
　　一、日本家事纠纷解决机制的演变流程 ……………… 95
　　二、现代视野下日本家事纠纷解决机制 ……………… 101
　　三、日本家事纠纷解决机制的演变特征 ……………… 119
　　四、对日本家事纠纷解决机制的反思 ………………… 122
　小　结 …………………………………………………… 125

第三章　我国家事纠纷解决机制的现状与局限 ……… 128
第一节　家事纠纷解决机制的立法现状 ……………… 128
　　一、实体法方面：法源分散 …………………………… 128
　　二、程序法方面：程序一元 …………………………… 129
　　三、行政法方面：多头主管 …………………………… 130
第二节　家事纠纷解决机制的司法现状 ……………… 131
　　一、社会嬗变下的挑战与课题 ………………………… 132

二、习惯与规则的矛盾冲突 ································ 134

三、家事纠纷解决机制的疲态表达 ···················· 136

四、儿童权益问题的关注不足 ···························· 139

五、离婚后探视权的执行困难 ···························· 142

小　结 ··· 143

第四章　基于闽、赣两地基层法院的样本分析 ············ 145

第一节　研究方法与大纲 ·································· 145

一、研究方法 ·· 145

二、访谈大纲 ·· 150

三、访谈对象 ·· 150

第二节　法院的形式理性 ·································· 152

一、符号化法院 ··· 152

二、数目字管理 ··· 154

第三节　法官的实践理性 ·································· 157

一、法官对家事纠纷解决的程序认知 ················ 157

二、法官对家事纠纷解决的角色认知 ················ 159

三、法官对家事纠纷解决的调解倾向 ················ 161

四、法官在家事纠纷解决中的策略运用 ············ 164

五、法官对家事纠纷解决的未来展望 ················ 176

第四节　样本分析：微观行动者 ······················· 179

一、当事人 ··· 179

二、律师 ·· 190

三、社会参与者 …………………………………………… 194
　小　结 ………………………………………………………… 197

第五章　我国家事纠纷解决机制的选择与重塑 ………… 199
　第一节　家事纠纷解决机制的理念重塑 …………………… 200
　　一、家事诉讼观的演进 …………………………………… 200
　　二、前瞻型的诉讼理念 …………………………………… 202
　　三、特殊性的程序法理 …………………………………… 204
　第二节　引入儿童最佳利益原则 …………………………… 214
　　一、赋予儿童意见表达权 ………………………………… 215
　　二、增设程序监理人制度 ………………………………… 218
　　三、离婚后儿童利益保护 ………………………………… 221
　　四、完善法庭的服务供给 ………………………………… 223
　第三节　家事诉讼程序的模式选择与制度化构想 ………… 226
　　一、家事诉讼程序的概念界定 …………………………… 226
　　二、家事诉讼程序的立法模式选择 ……………………… 228
　　三、家事诉讼程序的审理模式探讨 ……………………… 232
　　四、我国家事诉讼程序的制度化构想 …………………… 234
　第四节　家事法院（庭）的模式选择及制度化构想 ……… 246
　　一、家事法院（庭）模式介绍 …………………………… 247
　　二、我国各地探索式实验做法及效果分析 ……………… 252
　　三、设立专门家事审理机构的模式选择 ………………… 258
　　四、我国家事法庭设置的制度化构想 …………………… 260

第五节 家事调解的模式选择与制度化构想 …………… 268
　一、家事调解模式介绍 ………………………………… 269
　二、家事调解的模式选择 ……………………………… 274
　三、我国家事调解的制度化构想 ……………………… 275

结　语 …………………………………………………… 281
参考文献 ………………………………………………… 284
后　记 …………………………………………………… 318

导论
introduction

一、研究背景与意义

"家庭"长期处在中国语境下的"显赫地位"。从"家"出发，古代中国构造出了伦理本位的社会。其中，凡合乎"家"伦理者皆为善好，故"家"既是传统中国秩序架构的基本单位，又是一种基本价值。[1]对于家庭领域的研究，总能激发人们的好奇，一方面，以婚姻为基础的家庭是社会肌体中的细胞组织；[2]另一方面，也是由于家庭在不同的社会中存在的巨大差异，家庭可被视为一个由情感联结但受制于人类团体中不可避免的冲突而随时可能处于分裂状态的小团体。[3]

近四十年的改革开放历程，使经济高速转轨下的中国社会实现了跳跃式的发展。在快速朝向"现代化"发展的转型时期，各种价值的表达似乎被压缩在一个相对狭小的时间和空间中。利益关系的更迭、价值观念的冲突投射在家事纠纷上，对解纷机制提出了更高的要求和期待，家事解纷的价值也日渐彰显。随着工业化、城市化进程的加快，人口的迁移和流动极大地松动了家庭关

---

[1] 张龑："论我国法律体系中的家与个体自由原则"，载《中外法学》2013年第4期。

[2] 马忆南："中国婚姻家庭法的传统与现代化——写在婚姻法修改之际"，载《北京大学学报（哲学社会科学版）》2001年第1期。

[3] [美] Judoson R. Landis：《社会学的概念与特色》，王淑女等译，洪叶文化事业有限公司2011年版，第342~323页。

系的稳定性，一些新型的家事纠纷涌入法院。与此同时，社会的变迁也带来了观念的再塑，人们对家事纠纷的特殊性有了更深刻的理解，逐渐认识到家事纠纷所具有鲜明的人身性和亲缘性，其诉讼法理、审理模式等均应与普通民事案件有所区别。换言之，家事实体法与程序法应有高度独立于一般民事法律的地位。[1]

如今，家事纠纷解决机制已经成为当今世界多数国家独具特色的一种专业化司法制度，无论是大陆法系国家（地区）还是英美法系国家（地区），大多都经历或正在经历一个不断扩充、整合乃至将所有家庭纠纷都纳入到统一的司法程序及司法机构处理的过程。[2]各个国家和地区普遍专设家事纠纷解决制度，这主要根源于整个社会对家庭关系以及家庭纠纷的特殊理性认知，而这种认知又是在跳出法律的内在视角之外，利用社会学的研究成果，在抽象层面对人类关系进行考察和分析后获取的。如英国、澳大利亚和新西兰均适用一套独立的诉讼程序法规，以全面涵盖一切有关家事及婚姻事宜的程序，通过构建一套完整、清晰的程序规范，避免家事纠纷在不同程序中来回反复的困境。[3]德国、日本也分别整合有关家事事件与非讼事件的规定，将过去散见于民事诉讼法、非讼事件法、户籍法中的相关家事程序规范予以梳理、统一，实现了将家事事件适用于同一法典的目的，以期妥适、迅速地解决和处理家事纷争及

---

[1] 巫若枝：" 当代中国家事法制实践研究——以华南R县为例"，中国人民大学2007年博士学位论文。

[2] 张晓茹：《家事裁判制度研究》，中国法制出版社2011年版，第11页。

[3] 如英国适用《2010年家事诉讼规则》（Family Procedure Rules 2010）；澳大利亚适用《2004年家事法规则》（Family Law Rules 2004）；新西兰地区适用《2002年家事法院规则》（Family Courts Rules 2002）. See Da Costa, Elissa, The 'Woolfing' of Family Procedure: Proposals for Change, *Family Law Journal*, 2006, 12, pp. 6~10; Alastair, Nicholson & Harrison Margaret. Family Law and the Family Court of Australia: Experience of the First 25 Years, *Melbourne University Law Review*, 2000, 24 (12), p. 56.

导 论

其他的相关家事事件。[1]

反观我国家事司法实践，一方面，有关家事诉讼程序的立法规定较为散乱，缺乏系统性和完整性，致使体系的紊乱和程序的适用割裂。法律的刚性和滞后性与社会生活的弹性和流动性之间的张力日愈明显。法官在家事纠纷处理上，多为被动地解决当时、当地的现实困难，未能充分考虑当事人的未来生活安排和儿童利益保护等事宜，更未能形成对此类事件处理的特殊关照。另一方面，回顾家事纠纷解决机制的既有研究，法学界长期沿袭规范法学的分析范式，强调以制度建构、宏大叙事为终极旨趣。学界和业界对该论题的关注者甚多，但多数研究集中在对制度进行全面介绍和整理，或过度追求体系完整性而缺乏问题意识，或立足逻辑层面的理论证成而较少将规范分析与司法实践相结合。考虑到家事纠纷在民事纠纷中所占比例较大，其发生的频度和广度呈放射之势，有必要明确家事纠纷的特征与机能、厘清家事纠纷解决理论中的迷思与误区，让家事解纷机制切实发挥其内在的制度功能。

本书研究的基本意图在于洞察、剖析、揭示并反思现有家事解纷机制弊端，以问题出发型研究策略为进路，[2]强调"问

---

[1] 关于德国2009年施行的《家事事件与非讼事件程序法》相关介绍可参见陈惠馨："家事事件法的立法与内容——一个比较法观点"，载《月旦法学杂志》2012年第11期；[德]迪特尔·施瓦布：《德国家庭法》，王葆莳译，法律出版社2010年版，第169页；关于日本2011年通过的《家事事件程序法》和《非讼事件程序法》的相关内容可参见 Supreme Court of Japan, Guide to Family Court of Japan (2013)，载 http://www.courts.go.jp，访问日期：2013年4月12日。关于我国台湾地区"家事事件法"的具体介绍可参见沈冠伶：《家事程序之新变革》，元照出版公司2015年版。

[2] 有学者认为，"问题"在方法论意义上具有三层含义：第一个层面的"问题"（Questions）是一种浅层次的"疑问"；第二个层面的"问题"（Problems）是制度中存在的"缺陷"或"不足"；第三个层面的"问题"（Issue）才是理论意义上的"问题"，其必须是一个长时间、普遍发生的疑问，以至于用本学科最前沿的理论

题中心"、关注"中国问题",将研究视角集中于问题的理论维度。故而,研究者以有无必要设置独立的家事法院(庭)和有无必要制定统一的家事程序法为本书的核心问题,并以此为中心辐射对家事纠纷解决机制的整体思考。通过选择比较容易观察到法与社会互动的基层司法作为视角,综合运用半结构访谈法、开放式访谈法形成口述访谈材料,收集法院案卷和统计报表等法院内部材料。同时还利用旁听法官庭审的方式,观察家事纠纷解决机制运作的细节以及纠纷解决行动者的选择,试图从微观的角度回归到最小的人类交往过程,将复杂的纠纷解决过程简化为行动者的行动,分析其策略选择、语言表达等因素,进而建立起对于社会行动者在社会关系中"说"法律的过程分析。[1] 从实践层面而言,本研究将有助于深入理解法院家事纠纷消解的现状,从而凸显家事纠纷解决机制在学界和业界进行深度研究的急迫性和重要性,为司法实践中如何运用家事纠纷理念和技术提供制度性建议。从学理层面而言,本项研究在某种程度上可以弥补家事纠纷社会化研究的不足,并致力在纠纷解决的一般理论方面追求某种知识的增量。

二、国内外文献评述

(一) 国外研究文献综述

国外学者对家事纠纷解决的研究起步较早,亦更为前沿和深入,研究角度更是跨越社会学、心理学、经济学等诸多领域。

(接上页) 也难以解释和解决。参见曾令健:"法院调解社会化研究",西南政法大学 2010 年博士学位论文,第 16~17 页。

〔1〕 强世功:"法律是如何实践的:一起民事调解案的分析",载王铭铭、王斯福主编:《乡村社会的公正、秩序与权威》,中国政法大学出版社 1997 年版,第 488~520 页。

（1）从社会学角度分析家庭纠纷事宜。加拿大的岳云（Howard H. Irving）教授从社会工作角度出发，分析香港家庭调解的历史、华人家庭的治疗性家庭调解、调解实务技巧、家庭调解中的冲突解决模式等具体问题，其编写的《家庭调解：适用于华人家庭的理论与实践》一书更是成为社会工作教学和培训的典范。[1]美国心理学者布朗芬布伦纳（Bronfenbrenner）以生态系统理论为切入点，将该理论推广至家庭领域，呼吁建立家庭的生态观，协调家庭与其他系统的互动。[2]家庭冲突类型学的领军人物古德曼（Goodman）则强调从四个研究维度，即主题、策略、强度和频率对家庭冲突展开分析。[3]有学者从社会学的其他视域出发，分析调解未来发展的两大趋势。[4]还有学者通过邮寄问卷的量化研究方式，对1500名家事律师进行调查，对家事调解的实际效果和调解员的素质提出质疑。[5]亦有学者运用权力和话语的分析方法，探讨美国底层社会民众在诉讼与调解之间展开的话语争夺、使用及转换现象。[6]

---

[1] ［加］岳云（Havard H. Lrving）编著：《家庭调解：适用于华人家庭的理论与实践》，袁英丽、王振福、袁菊花译，中国社会科学出版社2005年版。

[2] Bronfenbrenner, Urie, *The Ecology of Human Development*, Harvard University Press, 1979.

[3] Goodman, Matthew et al., Parent Psychoeducational Programs and Reducing the Negative Effects of Interparental Conflict Following Divorce, *Family Court Review*, 2004, p. 42.

[4] 两种趋势是指向心趋势（Center-seeking）和离心趋势（Center-fleeing），这两种社会趋势都形塑着调解的未来。See Jarrett, Brian, The Future of Mediation: A Sociological Perspective, *Journal of Dispute Resolution*, 2009, (1), p. 49.

[5] Kisthardt, Mary Kay, The Use of Mediation and Arbitration for Resolving Family Conflict: What Lawyers Think about Them, J. Am. Acad. *Matrimonial Law*, 1997, 14, pp. 372~373.

[6] ［美］萨利·安格尔·梅丽：《诉讼的话语——生活在美国社会底层人的法律意识》，郭星华、王晓蓓译，北京大学出版社2007年版。

(2) 从经济学角度研究家事问题。英国学者丹尼斯（Dnes）和罗森（Rowthorn）编写的《结婚与离婚的法经济学分析》一书，以法经济学为研究路径，对家事调解中调解主体的利益关系和当事人行为的激励关系等问题展开了鞭辟入里的分析。[1]经济学家贝克尔（Becker）则从婚姻不稳定性理论出发分析婚姻解体的原因，指出婚姻是一个信息逐渐完善的过程，对彼此信息掌握得越少，越易诱发婚后离异。[2]

(3) 从心理学角度分析家庭关系的特殊性。美国的巴布（Babb）教授提出应超越现有学科的局限，从生态和治疗的角度探究家事法的内在法理，并在家事司法中引入治疗性解纷理念。[3]温尼克（Winick）教授亦从治疗性理念出发，分析法律在社会中所扮演的"治疗剂"角色。[4]美国学者马尔多纳多（Maldonado）则致力于在"法律和情感"领域中探讨情绪对家庭的作用，他认为应培育离婚父母的宽恕能力，社会也将受益于这种正面情绪，并引申出"治愈性离婚"（Healing Divorce）理念。[5]

---

[1] [英] 安东尼·W. 丹尼斯、罗伯特·罗森编：《结婚与离婚的法经济学分析》，王世贤译，法律出版社 2005 年版。

[2] [美] 加里·斯坦利·贝克尔：《家庭论》，王献生、王宇译，商务印书馆 1998 年版。

[3] Babb, Barbara A., An Interdisciplinary to Family Law Jurisprudence: Application of an Ecological and Therapeutic Perspective, *Indiana Law Journal*, 1997, 72; Babb, Barbara A., Fashioning an Interdisciplinary Framework for Court Reform in Family Law: A Blueprint to Construct a Unified Family Court, *Southern California Law Review*, 1998, 71.; Babb, Barbara A. Reevaluating Where We Stand: A Comprehensive Survey of America's Family Justice System, *Family Court Review*, 2008, 46.

[4] Winick, Bruce J., Therapeutic Jurisprudence and Problem Solving Courts, *Fordham Urban Law Journal*, 2003, 30.

[5] Maldonado, Solangel, Cultivating Forgiveness: Reducing Hostility and Conflict after Divorce, *Wake Forest L. Rev.*, 2008, 43.

导 论

(4) 从儿童最佳利益出发,探讨家事纠纷解决的理念。[1]奥尔斯顿(Alston)认为,"儿童最佳利益"标准已超越传统的权利保护范畴,在保护儿童权利方面开辟了新的发展方向和法理解释。[2]随后,在该理念指导下,发展出有关儿童在诉讼中的意见表达权、[3]程序监理人制度、[4]以及国家介入儿童权利保护的正当性和可行性等细节设计,涌现出大量有关国家、家庭、儿童的著作。[5]

(5) 从历史流变角度对家庭法和家庭政策进行整体性介绍和评价。美国学者卡茨(Katz)、格劳斯(Krause)和梅耶(Meyer)等对美国家事法的演进及现代化进行了系统的梳理和阐析。[6]英国学者基达尼(Cretney)及斯丹德利(Standley)等对英国20

---

[1] Weisberg, Kelly D. & Appleton, Frelich S., *Modern Family Law: Case and Material* (4), New York: Aspen Publisher, 2010.

[2] Alston, Philip, The Best Interests Principle: Toward a Reconciliation of Culture and Human Rights, Alston, Philip, *The Best Interests of the Child*, Clarendon Press, 1994.

[3] Mclntosh, J. E., Four Young People Speak about Children's Involvement in Family Court Matters, *Journal of Family Studies*, 2009, 15 (1); Hudson, Lucy & Williams, Patricia H., Children in Court: A Troubling Presence, *Child Welfare*, 1995, 74 (6).

[4] Emberton, Ann Dale, Working with Children: A Guardian Ad Litem's Experience, LULL, C. & ROCHE, J. eds, *The Law and Social Work-Contemporary Issues for Practice*, Palgrave Macmillan, 2001.

[5] Archard, David William, *Children, Family and the State*, Aldershot: Ashgate Publishing Limited, 2003; Harris, Leslie J. &Tettelbaum, Lee E. *Children, Parents and the Law: Public and Private Authority in Homes, Schools and Juvenile Courts* (2), New York: Aspen Publisher, 2006.

[6] Katz, Sanford ed., *Cross Currents: Family Law and Policy in the United States and England*, Aspen Publisher, 2000; Katz, Sanford N. Family Law in America, Oxford University Press, 2011.;[美]哈里·D. 格劳斯、大卫·D. 梅耶:《美国家庭法精要》,陈苇译,中国政法大学出版社2010年版,第142页。

世纪家事法的演进和整体情况进行了综合性介绍。[1]英国学者霍德森（Hodson）则从比较分析法学出发，对英国、欧洲和伊斯兰地区的离婚法、多元纠纷解决和儿童最佳利益等与家庭有关问题展开了分析。[2]

此外，更多的国外学者选择从制度的细节入手，对家事纠纷解决中的具体制度设计和实务操作展开细致入微的分析。[3]如范施特格（Ver Steegh）教授以美国离婚法的变革为研究基点并指出，正是美国社会不断变迁的家庭价值观和家庭预期，推动了美国家事纠纷解决的多元化，并逐渐形成了双层分流的家事司法系统。[4]毕夏普（Bishop）教授则主张，学界和实务界应关注对抗制诉讼外的家事纠纷解决途径，并引用前首席大法官沃伦·伯格（Warren E. Burger）的言论："我们（法官）的职责被认为是人类冲突的治疗师（Healers），为履行我们的使命，意味着需提供一种机制，即在最短的时间内，以最低廉的费用、最少的参与者和最小限度的压力得到双方均能接受的结果，这便是关于正义的一切。"[5]皮尔森（Pearson）则认为在家事诉讼日益激增的背景下，法院应开拓新型家事解纷服务措

---

[1] Cretney, Stephen, *Family Law in the Twentieth Century: A History*, Oxford University Press, 2005；[英] 凯特·斯丹德利：《家庭法》，屈广清译，中国政法大学出版社 2004 年版。

[2] Hodosn, David, *A Practical Guide to International Family Law*, Jordan Publishing Limited, 2008.

[3] Gordon, Robert M., The Limits of Limit on Divorce, *Yale Law Journal*, 1998, p. 107; Melli, Marygold S., Whatever Happened to Divorce?, *Wisconsin Law Review*, 2000, 2000; MADDEN, ROBERT G. From Theory to Practice: A Family System Approach to the Law, *Tomas Jefferson Law Review*, 2008, p. 30.

[4] Ver Steegh, Nancy, Family Court Reform and ADR: Shifting Values and Expectations Transform the Divorce Process, *Family Law Quarterly*, 2008, p. 42.

[5] Bishop, Thomas A., Outside the Adversary System: An ADR Overview, *SPG Fam*, Advoc, 1992, p. 16.

施,并就亲职教育的开展、面对高冲突家庭的新式法庭服务、法庭对当事人自我代理的协助及统一家事法院的构建等具体内容展开论述。[1]美国教授辛格尔(Singer)从家事司法实践中得出家事纠纷处理范式转变的结论,指出现行解纷范式已朝向更具协作性的、跨学科性的、前瞻性的方向改变,新范式从根本上扭转了家庭与法律的互动方式,也为家庭、儿童、法院和司法系统提出了新的挑战。[2]美国学者墨菲(Murphy)则肯定了家事解纷范式的改变给家事司法系统所带来的深远影响,提出学界更应关注传统法律制度背后的价值观,警惕多元化家事纠纷制度背后的风险。[3]此外,有关构建家事法院的专著和论文也可谓汗牛充栋,[4]如美国学者戴(Day)在《The Development of the Court》一文中对美国家事纷争的现状深刻剖析,指出应建立一个理想化的法院(Ideal Family Court)。[5]谢菲尔德(Schepard)教授则进一步提出判断法院体系是否达到统一家事法院理想的十项标准。[6]

---

[1] Pearson, Jessica, Court Services: Meeting the Needs of Twenty-First Century Families, *Family Law Quarterly*, 1999, p. 33.

[2] Singer, Jana B, Dispute Resolution and the Post-divorce Family: Implications of a Paradigm Shift, *Family Court Review*, 2009, p. 47.

[3] Murphy, Jane C., Revitalizing the Adversary System in Family Law, *U. Cin. L. Rev.*, 2010, p. 78.

[4] Bozzomo, James W. & Scolieri, Gregory, A Survey of Unified Family Courts: An Assessment of Different Jurisdictional Models, *Family Court Review*, 2004, p. 42; Brooks, Susan L. & Dorothy, Roberts E. Social Justice and Family Court Reform, *Family Court Review*, 2002, p. 40; Babb, Barbara A. & Judith, Moran D. Substance Abuse, Families, and Unified Family Courts: The Creation of a Caring Justice System, *Journal of Health Care & Policy*, 1999, p. 3 (1).

[5] Day, L. B., The Development of the Family Court, *Annals of the American Academy of Political and Social Science*. 1928, p. 136 (3).

[6] Schepard, Andrew, Introduction to the Unified Family Courts, *N. Y. L. J.*, 1997, p. 16 (4).

日本学者对家事问题的研究自第二次世界大战后开始兴盛，起初多集中在有关家庭意义和功能的探讨，[1]进而引申出对家庭纠纷解决问题的探究。[2]20世纪90年代，日本启动的跨世纪的司法改革掀起了有关家事问题研究的新浪潮。如何围绕司法改革，构建系统的家事解纷体系成为学界和实务界的热点。随着对家事纠纷研究的不断深入，研究领域也逐渐细化为少年事件、[3]人事诉讼、[4]家事调停、[5]家事裁判[6]等诸多次级层面的问题探讨。日本分别于2004年和2013年施行的《新人事诉讼法》和《家事事件程序法》，更是激起了学界对家事纠纷解

---

[1] [日] 中川善之助：《新憲法と家族制度》，國立書院1948年版。

[2] [日] 山木戶克己：《家事審判法》，弘文堂1967年版；[日] 小山升：《民事調停法》，有斐閣1977年版；[日] 齊藤秀夫、菊池信男：《注解〈家事審判法〉》，青林書院1987年版；[日] 梶村太市、德田和幸：《家事事件手続法》，有斐閣2004年版；[日] 佐上善和："利益調整紛争における手続権保障とその限界"，载《法律時報》1980年第7期；[日] 中川淳：《現代家族の法學》，加除出版社2000年版。

[3] [日] 團藤重光、森田宗一：《新版少年法》，有斐閣1984年版；[日] 澤登俊雄：《少年法入門》，有斐閣1994年版。

[4] [日] 南方暁："研究ノート：人事訴訟法と家事調停"，载《法政理論》2005年第2期；[日] 松本博之：《日本人事訴訟法》，郭美松译，厦门大学出版社2012年版。

[5] [日] 沼辺愛一主编：《新家事調停100講》，判例タイムズ社1975年版；[日] 井垣康弘："家事調停の改革"，载《判例タイムズ》1996年版；[日] 野田愛子："家事調停における家事審判官の役割"，[日] 沼辺愛一等：《新家事調停讀本》，一粒社1998年版。[日] 重松一义："日本家事调停制度的半世纪历程"，黄毅译、徐昕主编：《司法：调解的中国经验专号》（第5辑），厦门大学出版社2010年版。

[6] [日] 中村英郎："日本の民事訴訟法に与えたアメリカ法の影響"，载《早法》2007年第2期；[日] 中村宗雄、中村英郎：《诉讼法学方法论——中村民事诉讼理论精要》，陈刚、段文波译，中国法制出版社2009年版；[日] 小岛武司："家事法院的诉讼法意义——职权探知·调停中心主义"，陈刚主编：《自律型社会与正义的综合体系——小岛武司先生七十华诞纪念文集》，陈刚等译，中国法制出版社2006年版。

决机制的研究热情,遂成为学界的一项焦点议题。[1]

(二) 国内研究文献综述

近年来,我国对家事裁判程序、人事诉讼程序的学术研究方兴未艾,已形成较为成熟的体系。最早关注"人事诉讼程序"的学者有李杰、王强义等。李杰首次提出身份关系诉讼这一概念。[2]王强义在其《民事诉讼特别程序研究》一书中,对作为特别程序组成部分的人事诉讼程序进行前沿性的阐述和研究,并首次在国内学界提出建立人事诉讼程序的特别审理机构——家事法庭。[3]一些学者则对我国家事司法问题进行持续性的研究,并取得了丰硕的成果,如北京航空航天大学的张晓茹教授,西南政法大学的陈苇教授、郭美松博士,南京师范大学的陈爱武教授,厦门大学的蒋月教授等。他们的研究内容涉猎广泛,如张晓茹教授所著《家事裁判制度研究》一书,可谓家事程序的扛鼎之作,她将家事裁判制度细分为家事调解程序、家事审判程序和家事保全程序,并规划出我国家事裁判制度今后应努力的方向;[4]陈苇教授主持的外国家庭法及妇女理论研究中心,更是经年辛苦披沙拣金,如今已有多本外国家庭法译著,如《美国家庭法精要》《澳大利亚家庭法》等,填补了我国家事比

---

[1] [日] 加藤幸江、角野佑子:"家事事件手続法が施行されます",载 http://www.clo.jp/img/pdf/69/13.pdf,访问日期:2014年3月21日。Honma, Yasunori, Introduction to a New Legislation-The Law on Family Affairs Procedures, *Waseda University Institute of Comparative Law*, 2012, p.12.

[2] 李杰:"完善我国身份关系诉讼制度的构想",载《中国法学》1990年第6期。

[3] 王强义:《民事诉讼特别程序研究》,中国政法大学出版社1993年版。

[4] 张晓茹:《家事裁判制度研究》,中国法制出版社2011年版;张晓茹:"家事事件程序的法理分析",载《河北法学》2006年第6期;张晓茹:"论婚姻诉讼中诉的变更与合并",载《政治与法律》2007年第5期;张晓茹:"我国应设立家事事件程序",载《法律适用》2006年第4期。

较法学的空白；[1]郭美松博士则一直致力于日本人事诉讼制度的研究，从日本人事诉讼制度的沿革和现状出发，提出我国设立人事诉讼制度的构想；[2]陈爱武教授的专著《家事法院制度研究》一书，则以开阔的视角，从多国的相关实践出发，对我国设立家事法院进行了整体性和基础性评鉴；[3]蒋月教授所著的《婚姻家庭法前沿导论》一书则以亲属法为研究视角，系统地介绍了我国婚姻家庭法的前沿性问题，其中专列一章反思家事诉讼程序的不足并提出今后的发展建议，体现了一种学术观的自我诠释。[4]

通过梳理，我们发现无论是直接论述还是间接讨论，研究家事纠纷解决机制的论著俯拾皆是。有学者将研究视野置于宏观的家事裁判的制度构建领域，并对其中制度的细节展开商议，[5]

---

[1] 陈苇主编：《澳大利亚家庭法》，群众出版社 2009 年版；[美] 哈里·D. 格劳斯、大卫·D. 梅耶：《美国家庭法精要》，陈苇译，中国政法大学出版社 2010 年版。

[2] 郭美松："论人事诉讼中辩论主义与职权探知主义的协同模式"，载《甘肃政法学院学报》2010 年第 3 期；郭美松："设立具有中国特色人事诉讼程序之构想"，载《重庆大学学报（社会科学版）》2009 年第 5 期；[日] 松本博之：《日本人事诉讼法》，郭美松译，厦门大学出版社 2012 年版。

[3] 陈爱武："论家事审判机构之专门化——以家事法院（庭）为中心的比较分析"，载《法律科学（西北政法大学学报）》2012 年第 1 期；陈爱武：《家事法院制度研究》，北京大学出版社 2010 年版；陈爱武："家事调解：比较借鉴与制度重构"，载《法学》2007 年第 6 期；陈爱武：《人事诉讼程序研究》，法律出版社 2008 年版；陈爱武："家事诉讼程序：徘徊在制度理性与实践理性之间"，载《江海学刊》2014 年第 2 期。

[4] 蒋月：《婚姻家庭法前沿导论》，科学出版社 2007 年版；蒋月："家事审判制：家事诉讼程序与家事法庭"，载《甘肃政法学院学报》2008 年第 1 期；蒋月："改革开放三十年中国离婚法研究回顾与展望"，载《法学家》2009 年第 1 期。

[5] 滕威："对我国设立家事诉讼程序制度的宏观思考"，载《金陵法律评论》2010 年第 1 期；刘敏："论家事诉讼程序的构建"，载《南京大学法律评论》2009 年第 2 期；傅郁林："家事诉讼特别程序研究"，载《法律适用》2011 年第 8 期；孙守明："域外家事法院比较研究与我国家事法庭的构建"，载《法制与社会》2011 年第 15 期。

以儿童最佳利益出发,分析我国家事裁判机制的缺失,[1]又或以家事调解问题为研究对象,如黄宗智先生的《离婚法实践:当代中国法庭调解制度的起源、虚构和现实》一文系基于216个案件的法院档案的研究,以离婚诉讼为视角,描述了中国法庭调解实践的特征,认为"毛泽东主义法庭调解"制度传统的核心,对今日的制度影响深远。[2]张学军教授的《离婚诉讼中的调解研究》一文则在介绍日本、美国、英国等域外离婚调解制度的基础上,分析离婚调解制度的优点、调解的类型和我国法院调解离婚案件的利弊。[3]还有学者从比较法的角度介绍域外家事裁判制度,分别以美国、[4]英国、[5]日本、[6]澳大利

---

[1] 陈苇、谢京杰:"论'儿童最大利益优先原则'在我国的确立——兼论《婚姻法》等相关法律的不足及其完善",载《法商研究》2005年第5期;王洪:"家庭自治与法律干预——中国大陆婚姻法之发展方向",载王文杰主编:《月旦民商法研究——新时代新家事法》,清华大学出版社2006年版;王洪:"论子女最佳利益原则",载《现代法学》2003年第11期;张伟:"论儿童最佳利益原则——以离婚后未成年子女最大利益保护为视角",载《当代法学》2008年第6期;陈思琴:"离婚后监护安排中儿童意愿之听取与考量——立法表达与司法实践",载《青少年犯罪问题》2012年第2期;夏吟兰、何俊萍:"现代大陆法系亲属法之发展变革",载《法学论坛》2011年第2期。

[2] [美]黄宗智:"离婚法实践:当代中国法庭调解制度的起源、虚构和现实",载黄宗智主编:《中国乡村研究》(第4辑),社会科学文献出版社2006年版。

[3] 张学军:"离婚诉讼中的调解研究",载《法学研究》1997年第3期。

[4] 夏吟兰:《美国现代婚姻家庭制度》,中国政法大学出版社1999年版;杨冰:"从理念转变到多元协作——略论美国家事纠纷解决机制新发展",载《河北法学》2011年第12期;王丽萍:"美国离婚后的子女监护制度及其启示",载《法学论坛》2008年第2期。

[5] 蒋月等译:《英国婚姻家庭制定法选集》,法律出版社2008年版;蒋月:"从父母权利到父母责任:英国儿童权利保护法的发展及其对中国的启示",载夏吟兰、龙冀飞主编:《家事法研究》(2011年卷),社会科学文献出版社2011年版;谢京杰:"中英儿童权利保护立法与司法实践之比较研究——以家庭法的相关规定为视角",西南政法大学2005年硕士学位论文。

[6] 陈飚:"日本家事调停制度研究",载《河北法学》2010年第1期;蔡孟珊:"家事审判制度之研究——以日本家事审判制度为借镜",台湾大学1997年硕士学位论文;李青:"中日'家事调停'的比较研究",载《比较法研究》2003年第1

亚[1]等国的家事纠纷解决为分析范本,对我国家事纠纷解决的构建展开分析。通过上述观察,不难发现我国近年来的相关论著已呈现"家事议题取向"科际整合的研究趋势,如从社会学、经济学的角度探讨离婚法成因;[2]以统计学的量化分析为研究路径探讨我国诉讼率、调解率的变迁及家事纠纷解决的现状。[3]同时,也不乏从教育心理、民俗习惯等视角,检视法院行使家事裁判权的界限;[4]亦有综合少年法、刑法与犯罪学、社会学、教育心理学等学术视角共同商议少年事件处理的定位。[5]

(接上页)期;林菊枝:"家事裁判制度之比较研究",载《政大法学评论》1976年第13期;张晓茹:"日本家事法院及其对我国的启示",载《比较法研究》2008年第3期。

〔1〕 陈苇、王鹍:"澳大利亚儿童权益保护立法评介及其对我国立法的启示——以家庭法和子女抚养(评估)法为研究对象",载《甘肃政法学院学报》2007年第3期;陈苇、曹贤信:"澳大利亚家事纠纷解决机制的新发展及其启示",载《河北法学》2011年第8期;陈苇、来文彬:"论我国家事纠纷人民调解的新机制——以澳大利亚'家庭关系中心'之家事纠纷调解为视角",载《学术交流》2009年第7期。

〔2〕 蒋月:《婚姻家庭法前沿导论》,科学出版社2007年版;马忆南:"婚姻法第32条实证研究分析",载《金陵法律评论》2006年第1期;赵术萍:"从法经济学角度浅谈离婚问题",载《重庆科技学院学报(社会科学版)》2103年第8期;田开友:"婚姻的法经济学分析",载《中南大学学报(社会科学版)》2008年第1期。

〔3〕 冉井富:《当代中国民事诉讼率变迁研究——一个比较法社会学的视角》,中国人民大学出版社2005年版;汤鸣、李浩:"民事诉讼率:主要影响因素之分析",载《法学家》2006年第3期;张伟:"家事纠纷解决机制的调查与研究",载《河南财经政法大学学报》2012年第6期。

〔4〕 黄鸣鹤:"心理干预在离婚调解过程中的运用",载《人民司法》2011年第13期;缪文升:"论家事纠纷裁判中民俗习惯的司法权能",载《学术交流》2008年第7期。

〔5〕 张晓茹:"论家事诉讼中未成年人利益保护的制度完善",载《青少年犯罪问题》2011年第2期;孙云晓、张美英主编:《当代未成年人法律译丛》(澳大利亚卷),中国检察出版社2006年版;姚建龙:"美国少年法院运动的起源与展开",载《法学评论》2008年第1期;马光成:"少年犯罪的家庭控制",载《山东法学》1999年第3期;尹瑾:"家庭教育与少年犯罪的相关因子研究",载《山东警察学院学报》2007年第4期。

(三) 既有研究成果存在的问题

从作者获取的文献资料来看,迄今国内域外有关家事调解、家事裁判的专门论著诸多,且不乏精要之作。这些优秀成果无论是从家事法学视域中切入,还是从诉讼法学视域中进行解读,都形成了独到的见解和成熟的建议。但不可回避的是,在我国家事纠纷数量与日俱增的当下,以家事纠纷解决机制为重点进行系统性研究的成熟论著仍尚付阙如。通过系统整理既有的研究成果,我们可以发现,传统研究路径所形成的思维定式或多或少阻碍着家事纠纷解决机制研究的进一步深入,并形成以下缺憾:

首先,未能区分不同路径下家事纠纷解决机制的不同建构方式。为借鉴他国的优秀制度经验,我国理论界习惯性地以引进为目的,对他国制度供给经验进行分析和解读,家事纠纷解决机制亦是如此。既有的论著虽然对于不同国家的制度建设均有涉猎,但研究常限于制度层面而忽视制度背后的社会、历史等诸多因素,对于他国如何形成当下的制度供给路径、其独特的历史背景在这一过程中如何发生作用等问题却鲜有涉及,从而使得制度的借鉴总是缺乏相关的背景观照,制度的借鉴亦多少有些盲从。

其次,家事纠纷解决机制研究本土对接的缺失。多数既有研究成果过度追求论述的系统性,偏重逻辑规范构建,视域常限于制度设计和程序问题本身,而较少关注纠纷与纠纷解决的实证分析。在现有的关于法律移植的话语中,大部分失去了对中国问题的追问,失去了对普通民众的关怀,而陷入了一种"身在中国大地,却拿着西方(或外国)的'法律地图'按图索骥找寻着中国的法治"的迷思。[1]对于如何引入家事解纷机制,使之能够有效地对接我国当下的司法体制,防止"南橘北枳"

---

[1] 王启梁:"'中国法律理想图景'的构建可能——基于提出-观察-修正的理论发展进路",载《现代法学》2007年第4期。

移植困境的出现，并未展开深入的研究。

最后，制度研究不同范式的彼此分离。就整体而言，国外对家事纠纷解决机制的研究更具侧重性，也更具实证性，研究者汇集在不同视域中，运用不同的学科方法，如法学、经济学、社会学、教育心理学等学科方法探讨家事纠纷解决问题，研究切入点的选择较为细微、务实，研究结论亦极富见微知著的理性光辉。我国既有的论著囿于传统知识框架，多在纯粹的法律意义上研究纠纷的解决机制，缺乏向纠纷解决一般理论拓展的努力。因此，本书拟从多学科视角，结合社会学和法学的研究方法，进而寻求更具穿透力的命题，对家事纠纷解决不仅展开宏观层面的探讨，也力图从微观层面上进行制度的设计，实现家事法和诉讼法研究的对接。

三、研究主线与思路

（一）问题缘起

研究者曾被轰动厦门的"接脚夫"案件所深深吸引，从未曾想村规民俗下隐藏着如此生机勃勃的故事。于是在2010年底，研究者以闽南地区乡俗民规为考察对象开始了第一次的田野调查，并深刻体会到"学术并非都是绷着脸讲大道理，研究也不限于泡图书馆，有这样一种学术研究，研究者对于一个地方、一群人感兴趣、怀着浪漫的想象到那里生活，在与人亲密接触的过程中获得他们的生活故事，最后又回到自己原先的日常生活，开始有条有理地叙述在那里的所见所闻"。[1]初次尝试社会学中的结构访谈法和参与观察法，研究者在观察法官的行

---

[1]［美］詹姆斯·克利福德、乔治·E.马库斯编：《写文化——民族志的诗学与政治学》，高丙中等译，商务印书馆2006年版，总序页。

动策略的过程中获得了不少心得,后又在与法官的座谈和闲聊中形成了初步的想法,进而形成了本文的研究问题。

(二) 资料收集

在论文选题确定后,研究者通过文献资料的收集和查阅,初步了解法社会学领域对家事纠纷解决问题的研究现状、问题和需要进一步研究的议题和方向,为深入田野调查做资料分析和准备工作。在文献查阅和资料梳理工作的同时,初步拟定本文的调研计划和调研大纲。

然而,在实际调查工作的开展中,最为困难的是我国幅员辽阔的地理疆域以及不同地区经济发展水平和社会状况的巨大差异使得任何个案选择都无法具有代表性。[1]其次是收集资料后如何运用资料的问题,在操作上面临着资料整理与缩减、避免偏激或事实的扭曲、事实的投影与再现的相同要求,且还需要面对误差。[2]此外,调研素材与研究结论是否具有充分的证成性,亦需要反复研究予以证伪。带着对这些困难的预期,研究者开展了横跨近两年时间的调研,本研究的资料收集和实地调研集中在厦门市和南昌市两地,主要以厦门市基层人民法院、厦门市中级人民法院和南昌市基层人民法院[3]为考察对象。这主要是因为厦门市地处闽南文化生态中心,自古以来就以其独特的民俗和多彩的文化闻名于世,浓郁顽固的村落文化与现代城市化理念在这里交融并错,造就了其独特的司法惯习。而南昌市作为承东启西、沟南通北的省会城市,兼具光荣传统的革

---

[1] 刘思达:《割据的逻辑:中国法律服务市场的生态分析》,上海三联书店2011年版,第12页。

[2] 邱皓政:"断裂时代中的量化研究:统计方法学的兴起与未来",载《量化研究学刊》2007年第1期。

[3] 在下文中分别表述为厦门市T区人民法院、厦门市Z人民法院和南昌市X区人民法院页。

命老区和商贾云集的经济新区之双重身份，是现代化进程中一个典型的中部省份地区，充分浓缩了中国农业社会向工业、商业社会过渡的所有信息，上述两地均面临着快速经济转轨和社会变迁所内生的大量诉讼。同时，也是因为上述两个地域与研究者有着千丝万缕的关联：一方面研究者在厦门度过了近7年的求学生涯，师长及朋友们多在厦门工作，为调研的开展提供了极大的便利；另一方面，研究者出生在南昌，选择南昌作为调研地点，在语言和感情上有着天然的有利条件，父辈们也在该地有多年的工作经历，便于利用父辈关系开展调研工作。

具体而言，本书资料的获得主要来源于2012年5月、2012年7月以及2013年11月至12月的三个阶段实地调研。其中第一、二阶段的调研较为密集，第三阶段的调研则是在对前两次调研资料整理、综析的基础上进行的补充调查。第一阶段和第二阶段的调研均为期两周，由研究者分别在厦门市T区和南昌市X区人民法院展开，调研对象包括T区人民法院的法官、书记员和X区人民法院的法官，调研方式以半结构化访谈和参与性观察为主，并收集了大量的法院历史数据和内部报告等档案材料，试图实现对法官日常生活和纠纷解决过程的深描。自2012年7月调研结束到2013年9月期间，研究者曾前往美国威斯康星大学访学。访学期间，作者在梳理前期收集资料后发现有关统计数据、档案资料及访谈材料的不足。故在回国后的11月至12月期间，研究者又展开了第三阶段的调研，有过3次短暂的补充调查，每次补充调查的时间为期2~3天，后期的补充调查进一步丰富了本研究的实践材料，也纠正和避免了一些错误的发生。

(三) 研究思路

如前所述，家事纠纷解决机制的研究必须借助社会学和法学的两种研究路径,才能有效地分析制度发展的轨迹和实况。本书的研究便是以制度演变为主线,通过梳理两个典型国家的家事纠纷解决机制的发展历程,解读家事解纷机制的构建方式和完善措施。

在具体研究内容的设置上,第一章主要集中在家事解纷机制的理论层面分析。首先出于明晰研究内容的目的,在制度机能、产生背景等方面对家庭、家事纠纷、家事解纷机制进行辨析,以期准确地界定家事纠纷解决机制的内涵,并在此基础上,对家事解纷机制进行类型化分析,以深化对这一体系的认识。

第二章在对家事纠纷解决机制基本理论进行阐释的基础上,对家事解纷机制强制性制度变迁和诱致性制度变迁的不同路径展开分析,试图将对事物历史过程的考察与对事物内部逻辑的分析有机地结合起来,借助历时性视角与历时性素材,对两类制度变迁的特点进行总结和对比,为后文有效对接我国现实国情做理论铺垫。

第三章借助量化分析的方法,通过横向和纵向的实证数据比对,分析我国家事纠纷解决的数字化现状,据此描绘我国家事纠纷解决的实然图景。这种结构主义的分析方法目的在于超越具体、琐碎的社会现象,发现那些对司法裁判活动会产生真正影响的社会结构。[1]具体而言就是把我国20多年来的司法统计数据置于政治、经济、文化和社会发展的宏观结构中进行分析,揭示其中存在的内在联系。

第四章运用质化分析的方法,尝试对我国家事纠纷解决发展趋势的研究提供法律社会学方法的研究例证。通过议题取向的家庭法社会学本土研究,运用社会人文理论与实证数据,分

---

[1] 王鑫:《纠纷与秩序:对石林县纠纷解决的法人类学研究》,法律出版社2011年版,第59页。

析制度与社会行动者之间的互动关系,并检视法律作为社会控制工具,对于社会变迁的功能与局限。

最后一章作为本书研究的结论部分,为制度本土化复归的核心,从我国当下家事解纷的趋势入手,利用前文的宏观数据和微观访谈资料,分析家事纠纷解决机制完善的可行性,并回答本文的两个核心问题——应否设置家事法院(庭)和制定家事程序法,审慎做出我国家事解纷制度具体模式的选择,阐释了模式选择的内在机理,以期为我国家事纠纷消解机制的建构提供理论建言和实务视野。

四、研究视角与方法

方法论作为人们认识世界、改造世界的一般方法,是关于人们采用何种方式观察事物和处理问题的具体路径。巴甫洛夫曾言:"科学是随着研究法所获得的成就而前进的,研究法每前进一步,我们就更提高一步,随之在我们面前也就开拓了一个充满种种新鲜事物的更辽阔的远景。"[1]本书中所涉及的方法论,更多地是为了"根据研究的需要选择符合社会事实的方法",[2]因而对于方法论的选择,需要其能通过对不同制度的甄别和对比,选取能够平衡效率和权益保护的制度安排,并回归到法学的本土语境中进行相应的权益设定,正因如此,本书所选取的研究方法集中在以下几个方面:

(一)法律的实证研究

从历史渊源上看,法律的实证研究是其他学科实证研究方法向法律研究的移植,是借助实证研究方法改造法律传统研究

---

[1] 欧阳康:《哲学研究方法论》,武汉大学出版社1998年版,第53页。
[2] 邓玮:"法律场域的行动逻辑:一项关于行政诉讼的社会学研究",上海大学2006年博士学位论文。

模式的一种方式。[1]依美国法律实证研究权威学者艾森伯格（Theodore Eisenberg）教授的观点，法律问题的实证分析可分为三大支派：[2]一是诉讼当事人以自然科学的实证分析法作为自身主张的立证，试图取得胜诉判决；二是使用社会科学的实证方法，以求在个案中取得胜诉判决；三是通过实证方法，描绘法律系统的实际运作。[3]其中第三个实证分析支脉，是指采用一定社会科学研究方法，对法律运作之"经验现象"进行系统的观察及分析，这种法律实证分析即为我们通常所理解的实证分析。[4]

法律的实证研究通常包含两种研究路径：一是对"经验"的掌握，即数据的收集；二是对"经验"的分析，即对数据的量化分析和质化分析。其中量化研究借助客观数据、科学实证方式从事学术研究，以推论出一致性规则；而质化研究则利用真实描绘自然现象，以双向沟通方式来诠释社会现象。过去的社会科学研究，或多或少地受到实证论的影响，导致量化研究方法一直居主流地位，整个社会研究也弥漫着量化与规则化的气氛。然而，社会科学与自然学科毕竟不能一概而论，故而新晋的质化研究可谓是对量化研究的一种反思。[5]如今研究者们

---

[1] 郭云忠："法律实证研究方法及其地点选择"，载《环球法律评论》2009年第4期。

[2] Wisenberg, Theodore, Empirical Methods and the Law, *Journal of the American Statistical Association*, 2000, 95 (6), p. 665.

[3] 前两个支脉，直接运用在具体诉讼案件中，表现为"统计数据"（Statistical Evidence）的处理及应用，就自然科学统计实证而言，典型的案例是利用"DNA"技术，作为身份的辨识技术；就社会科学的统计实证而言，如利用统计分析方法，在就业歧视的案件中，证明种族或性别等歧视之存在。这两种实证分析，通常可归入"科学证据"和"统计证据"之研究范畴。参见黄国昌："法学实证研究方法初探"，载《月旦法学杂志》2009年第12期。

[4] 黄国昌："法学实证研究方法初探"，载《月旦法学杂志》2009年第12期。

[5] 陈昺麟："社会科学质化研究之扎根理论实施程序集实例之介绍"，载《勤益学报》2001年第19期。

已经越来越清醒地认识到,单纯的二者对立只能带来内在损耗,而无法达到预期的研究效果,故应有机地将两种方法结合在一起,以达至扬长避短、优势互补的效果。

本书运用的法律实证分析方法综合定量研究与定性研究的优势,一方面拓宽了研究视域,既注重对法律规则的分析,又注重对社会脉络的分析;另一方面也丰富了研究方法,强调参与性观察法、叙事法的运用,在一定程度上弥补了演绎推理方法的不足,并期冀将学理层面的分析与实践层面的考察衔接起来,实现理论研究回应实践需要、制度实践反馈学术探讨的良性互动。

(二)半自主社会领域与场域分析研究方法

法人类学家摩尔(Moore)曾提出"半自主社会领域"(Semi-Autonomous Social Field)的研究方法,即研究者选择一个可观察的小领域以研究该领域的半自主性。[1]该领域乃介于国家及个人之间的"法律秩序"(Legal Order),个人归属于此,其行为亦受到诱导或强制。[2]"半自主社会领域"的提出,其重点不在于界定群体或组织的疆界,而在于观察其互动过程的特性,[3]即个体的互动过程所产生的规范实效性。[4]本书通过

---

〔1〕 摩尔指出,当文化人类学家尝试用民族志去描绘与诠释一个族群时,亦不可能忽略(或避免)对该族群之法律系统的理解与描述,因为该套法律系统,正是形成这个系争族群的特定物质基础。See Morre, Sally Falk, *Law as Process*: *An Anthropological Approach*, James Currey Publisher, 2000, pp. 55~56.

〔2〕 Morre, Sally Falk, Law and Social Change: The Semi-Autonomous Social Field as an Appropriate Subject of Study, *Law & Social Review*, 1965, 67 (6), pp. 32~42.

〔3〕 类似论点最有名的是麦考利在1963年的研究,他发现商人们在交易上不轻易动用纸质契约,因为这不但流于形式且毫无弹性,更让人觉得彼此间缺乏信任。See Macaulay, Stewart, Non-Contractual Relations in Business: A Preliminary Study, *American Sociological Review*, 1963, 28 (1), pp. 55~56.

〔4〕 王晓丹:"法院民事调解的历史社会意义——以 K 法院民事调解亲邻土地案件为例",载《月旦法学》2011年第5期。

导 论

参与观察的研究方法,将两地基层法院的家事解纷过程作为一个规范的互动场域展开观察,以描述并分析在多元规范构建下,家事纠纷场域中规则的产生与获得遵守的过程,以及如何进一步影响当事人和法官的处境。

当然,以"社会中的法"来理解整体规范秩序,方法论上必须有所转换。这样的转换在国外文献中除了将摩尔提出的"半自主社会领域"作为分析对象外,还有将布迪厄(Bourdieu)提出的以"看不见魔力的魔石"来形容的"司法场域"(Judicial Field)对行为的影响力。布迪厄场域理论的提出,是针对当下诸多社会学科中主观与客观分离、整体与个体割裂、制度与行动对立的现实困境而进行的一种尝试。[1]他认为行动是一种实践,而实践就具有紧迫性[2]、整体性[3]及模糊性。其中实践的模糊性即体现了惯习的力量。[4]对于行动的重要影响,实践的逻辑并非是理性的逻辑,即并非受理性的支配,而是惯习。这些惯习不只是社会关系的反射,而是一个由内部逻辑(例如法律文件的形式、法律程序的法规化等,形成的面对真理的技术面)和外部力量折冲之后的结果。在布迪厄的分析之下,法

---

[1] 李全生:"布迪厄场域理论简析",载《烟台大学学报(哲学社会科学版)》2002年第2期。

[2] 所谓紧迫性指人在行动时的决定与策略受到了时间的限制,具有一种紧迫性,要求行动者迅速作出决定,这种迅速作出的决定与理性的决定并不吻合,而表现为一定的将就性。

[3] 实践的整体性,或者说总体性,则表现为人们在行动时作的决策是一种综合认知的结果,并不以某一总则来作唯一的指导,所以并没有什么普适性的行动准则,行动的策略也没有唯一的解释。或者在根本上说,行动无法解释。

[4] [法]皮埃尔·布迪厄:《实践感》,蒋梓骅译,译林出版社2012年版,第73~92页。该书译者将"Habitus"译为"习性",本书参考强世功教授翻译的布迪厄《法律的力量:迈向场域的社会学》一文,沿用"惯习"的翻译。参见布迪厄:"法律的力量:迈向场域的社会学",强世功译,载《北大法律评论》编辑委员会编:《北大法律评论》,法律出版社1999年版。

律内部逻辑与外部力量形成一种合理化司法场域的社会效果。对我们而言，布迪厄的分析让我们认识到每一个人都以不同程度生活在"司法场域"之中，法律的力量某种意义上形塑并决定着我们的生活。依此进路，我们还可以借助惯习的相关理论，分析家事解纷机制供给的有效性，在司法技巧与情理的取舍之中，如果通过硬性的制度安排，强力地在家事纠纷中建立对抗式诉讼制，未必能够取得良好的效果。但若改变过去将家事解纷理解为一种形式上的、合理准则的体系，将其定位成一种人们经历或体验后的最终理性选择，形成一种关注未来的惯习，并内化于纠纷解决运作之中，或可更能取得良好的效果。

（三）比较分析法和文献分析法

在家事纠纷解决的议题上，一国将很难置身于国际社会之外而不受外国立法例与学说的影响。尤其是我国，在家事纠纷解决机制的构建和规范方面，尚未进行充分而深入的探讨与解答，故更应研究分析国内外程序规则的共性与差异，以掌握法律思维结构的相对性。美国、英国、澳大利亚在家事纠纷解决规范上居领先地位，有较多值得借鉴的经验。而德国、日本又属大陆法系，其法律规范亦可供我们参酌。但这种比较方法并非国别差异的简单比较，而是围绕两类制度的变迁模式，考察不同制度变迁下的制度发展脉络，挖掘出最有用的经验并融会贯通，以便在回归我国法律本土化的研究时，能够寻找到本国家事解纷机制的盲点，并予以检讨、批判，为立法或修法提供有益的建议。在比较分析的同时，本书还利用文献分析法作为研究的基础工具，广泛收集国内外有关家事纠纷解决的相关论著、研究报告、期刊、学位论文、网络资源等，进行综整研析、甄别归纳，以期深入了解研究背景及相关理论，以发展、呈现、整理与研究命题有关的既有资料。

五、创新与不足

（一）创新之处

（1）研究视角的创新。本书整合法学、社会学等学科知识，运用理论分析、比较分析、历史分析等方法，围绕家事纠纷解决机制的若干问题展开了深入细致的研究，构建出家事纷争处理的基本框架，丰富和深化了家事纠纷解决的理论研究成果，体现出一定的创新性。当然，学科的'体系对接'远非朝夕之功，亦无法毕其功于一役。事实上，这将是一个无穷尽的话题，不仅现有学科体系之间需要不断地深度挖掘，随着时间的推移和两个学科的不断发展所提出的新观点、新理念、新知识、新方法等，也将提供广阔的体系对接空间。[1]通过对家事纠纷解决机制进行系统研究，交汇多维度的学科门类，既能汲取各个学科的学术养分滋养自身，又能通过自身的逻辑辐射影响相关制度的完善。

（2）回应现代化的体系性研究。如前所述，家事解纷机制在现代社会进程中，其制度的重要性逐渐显现，但当下回应这一发展趋势，进行适时性系统研究的论著尚付阙如，而这无疑为本书的创作留下了巨大的学术空间。本书从家事纠纷的定义入手，对整体家事裁判体系进行系统的研究，涉及法理价值、解纷理念、具体规则以及日后回应社会发展之逐步完善方式等方面。与此同时，在分析美国、日本变迁模式的基础上，还采取适当的建构理性主义的分析方法，把对事物历史过程的考察与对事物内部逻辑的分析有机地结合起来，以达到客观、全面

---

[1] 刘志云："国际关系与国际法的学科结合——中国现状、存在问题及解决思路"，载《国际政治研究》2011年第3期。

地揭示事物的本质及其规律的目的,[1]确保研究的周延性和完整性。

(3) 跨学科研究路径整合。除学科专业之整合研究外,各学科之间研究方法的交互运用亦是近年来家事法研究的发展重点。跨学科研究方法的勃兴源自法社会学的支持。这一学派以开放的态度,成为其他社会科学向法律渗透的桥梁。在后现代主义思潮下,不断解构和建构的法学体系打破了法律逻辑拥有功能自洽完备、闭合自我证成的神话,逐渐以开放的态度汲取其他社会学科的营养,不断完善自身体系。传统诉讼法的法学方法,多偏向法制史与条文注释的解释学研究,有关比较法的研究,亦多局限于外国立法例之条文规范内容的比较说明,较少涉及基础法理与立法原则之哲学探究,而法律社会学之理论分析或实证研究方法的应用,亦鲜受一般家事法学研究者的青睐。本书以法社会学作为研究进路,展开对家事纠纷解决机制的研究,在还原家事法背后情理诉求的同时,揭示对儿童最佳利益进行法律规制的必要性和可行性,同时在完成对家事解纷机制的观察和访谈之后,回归到法律的视域中,展开完善相关制度的法律建构。

(二) 不足之处

首先,社会学分析工具和法学分析方法尚难真正的完全融合。虽然本书一直致力于从两种不同的学术路径出发,考察家事纠纷解决机制,但是源于学术背景和知识框架的局限性,对于二者的融合还稍显生疏。一方面,本书实证分析中的样本选择尚不能达到质化分析中"深度与广度"的要求,即通过寻求资料来源的多元化,回应多元社会实状的广度。另一方面,本

---

[1] 朱贻渊:"什么是历史与逻辑相统一的方法?——论马克思主义美学—艺术学方法论问题",载《宁夏社会科学》1993年第3期。

书亦未能有效地将实证调研中的结论回归到法学视域,其中以法律条文形式得出的建构结论尚不甚成熟。

其次,对于纠纷解决制度的法学理论研究还不够深入。作为制度性选题的既有弱势,本书对于家事纠纷解决机制的理论的挖掘和探讨仍显生涩。同时也因作者的法哲学和法学基础理论水平较为有限,故在部分问题的探讨也是浅尝辄止,在深度上稍显欠缺。

最后,由于作者的外文水平的单一性,阅读面集中在英文资料,对德文、法文资料多借助他人二手文献,或转引英文资料。尽管本文引用了部分日文资料,但由于作者对日语的掌握尚不成熟,导致本书中部分日文资料仍仰赖英文资料的补充,或同学朋友的辅助翻译。当然,这既是一个写作的过程,也是一个学习的过程,当书稿逐渐成形时,便不难发现其中的诸多不足,这也成为本书难以弥补的缺憾。作者希望在以后的深入研究中继续本课题的研究,不断完善以保证学术的严谨性和可持续性。

第一章
家事纠纷解决机制的基本理论

第一节 家事纠纷的界定及特征

一、相关概念的辨析

家庭从婚姻开始,中庸谓"君子之道,造端乎夫妇",是故谓男女之共同生活即为婚姻,则有人类之始,即有婚姻制度。[1]以婚姻为基础而产生家庭团体,对于家庭的定义,不同的研究领域有着不同的定义方式。一般情况下,家族法上的身份关系构成了家事纠纷的中心内容,广义上家事纠纷的范畴极为广泛,即凡是与家庭有关的纷争如继承、遗嘱、宣告失踪死亡等均被包含其中。[2]但并非所有的家事纠纷都是家事事件,只有那些进入法院的家事纠纷方可成为家事事件。

按照家事纠纷的讼争性强弱可将家事纠纷分为家事诉讼事件和家事非讼事件。所谓家事诉讼事件是指当事人一方为原告而另一方为被告(即存在当事人双方的对立关系),原告要求裁判者就其所主张的法律关系存在与否作出裁决的事件,如婚姻

---

〔1〕李宜琛:《现行亲属法论》,台湾编译馆1946年版,第31页。

〔2〕[日]中村英郎:"家事事件裁判制度的比较法研究",郎治国译,载张卫平主编:《民事程序法研究》(第3辑),厦门大学出版社2007年版,第318页。

无效或撤销之诉、亲子关系的确认之诉等。与之相对，所谓的家事非讼事件则指不存在两造的激烈对立，申请人和事件关系人更类似于一种并列存在的关系，双方共同要求法院就该事件作出宣告。[1]可见，家事诉讼事件多为由法院做回顾性裁判，非讼事件则需由法院进行展望性、合目的性、妥当性裁判。同时在区分诉讼事件和非讼事件的过程中，应注意到个别家事事件所具特征的异同。一般而言，纷争当事人之利害对立程度愈高者，该事件之诉讼性愈强，而实体法对于实体权的要件规范愈抽象、不明确者，需求法院行使裁量权之程度愈高，该事件之形成性、裁量性愈强。[2]然而家事事件在类型化的过程中，仍存有灰色地带，未来就此类事件究应如何处断，将成为类型化家事诉讼事件、家事非讼事件所要面对的问题。

二、家事纠纷的特征

家事纠纷包含婚姻家庭、继承、收养等纠纷，涉及人身关系和财产关系的调整，而人身关系乃确定财产关系的前提和基础，故家事纠纷具有鲜明的人身属性。日本学者高野耕一先生通过研究发现，家事纠纷与民事纠纷相比有以下几个重要的特征：第一，引起家事纠纷的原因复杂，较难轻易地探明；第二，家事纠纷的过程时时刻刻在流动，对其变化无法预先判断；第三，解决家事纠纷的方法和途径多种多样；第四，家事纠纷的处理结果往往伴随着家事纠纷的拖沓、复杂而呈现出困难态势，

---

[1] [日]中村英郎："家事事件裁判制度的比较法研究"，郎治国译，载张卫平主编：《民事程序法研究》（第3辑），厦门大学出版社2007年版，第318~319页。

[2] 汪宜君："家事保全处分之研究——以保全命令为中心"，台湾大学2002年硕士学位论文。

且易出现当事人不予执行的情况。[1]彭南元则从家庭生态环境（Ecology）与人际间动力关系（Power Dynamics）出发分析家事纠纷的特殊性，认为家事纠纷中的当事人受制于社会与人际关系的影响，常因信息匮乏、人际互动能力较差或过于主观的判断、信心不足等因素影响纠纷的解决。[2]此外，家事纷争还兼具时效性、继续性、公益性、伦理性、多元性及自主性等诸多特征，故而与法院审理一般民事纷争的理念及方式有所不同。具体而言，家事纠纷有如下几项特征：

（一）当事人结构之特殊性

当事人结构的特殊性主要指在家事纠纷中，被害人与加害人身份上的重叠，即当事人在家事纠纷中易沉溺于自身感受，导致自我角色认知的偏差和重叠，即每一个"受害者"（从我自己的观点）同时又是"肇事者"（来自对方的观点）。[3]同时，家庭分离多带来当事人精神上的严重动摇，导致当事人常陷于自我利益与现实需求无法满足的情况，且当事人受上述因素的错综影响，易从本身立场及观点着眼，情感上也常有纠葛，情绪较易激动，进而阻碍法院发现事实并妨碍纷争的化解。此外，由于离婚事件看重感情因素，对有关夫妻子女间身份、财产的处理，相较于普通民事事件更要求就相关事实保持隐密性并充分尊重当事人自主解决纷争之需求。[4]

---

[1] [日]高野耕一："家事调停中裁判官的责任"，载《案例72号》，转引自李青："中日'家事调停'的比较研究"，载《比较法研究》2003年第1期。

[2] 彭南元："法院家事调解模式之发展——以整合资源为例"，载《月旦法学杂志》2008年第8期。

[3] Uwejopt, Julia Zutphen, Psychologische Begutachtung aus familiengerichtlicher Sicht: B. Lösun- gsorientierter Ansatz- Eine empirische Untersuchung, http://www.uwe-jopt.de/begutachtung/richterstudie2.html, 2014-02-02.

[4] 蔡孟珊："家事事件审理程序之构成要素——立足于家事事件特殊性所为之分析"，载《律师杂志》2008年第5期。

（二）财产关系与身份关系的交错性

我妻荣先生将家事纠纷的特征概括为"财产关系的合理性和身份关系的非合理性"。他认为财产关系是合理的关系，可以用合理的一般解决基准来对待，而身份关系是非合理的关系，家事纠纷的基础就是身份关系，其背后潜藏着复杂的人际关系，表面上看，有财产分割、精神安慰费以及养育费等支付金钱的请求，其根本则是夫妻间、亲族间情感上、心理上的纠葛，即埋藏着非合理要素。[1]可见，在家事纠纷中，财产关系与身份关系往往交错混杂，因婚姻关系的解体继而引发财产的分割、抚养费的分配和支付等问题，故需采取不同的纠纷处理方式。

（三）法律状态的流动性

由于家事纠纷涉及夫妻间或亲子间的具体人际关系，无论在经济或精神层面，均有依据过去纷争与未来生活加以调整、建构的必要，这与一般财产事件着眼于处理过去事实不同，而具有流动性的法律状态。[2]进言之，家事纠纷的消解，实际上要求法官具备前瞻性的问题意识，法官需对当事人未来生活作出合理预测和妥善安排，在纠纷解决过程中，深入探究事实与人际关系，调整两者形成合理的处理过程，协助当事人自主选择并重建生活。

（四）对裁判的迅速慎重兼具公平公益要求

家事纠纷涉及人际间的互动，如何妥善安排、避免纷争重燃，为我们所关注的重要问题。一旦纠纷进入法院，当事人为

---

[1] [日]我妻荣：「家事调停序论」，载《家族法的诸问题（穗积先生追悼论文集）》，有斐阁1952年版，转引自李青："中日'家事调停'制度的比较研究"，载《比较法研究》2003年第1期。

[2] 赖彦杰："离婚调解之研究"，高雄大学2011年硕士学位论文。

了求得胜利不免互相攻讦、羞辱和互揭伤疤,诉讼过程拖沓过久,于当事人和儿童而言都是一种煎熬和痛苦。再者弱势当事人一方有时亦需要借助法官迅速判明权利、划分义务,以帮助其渡过经济生活的困境。所谓的公平公益性,是指因婚姻家庭生活不可能与他人或社会之间毫无关联,故家事纠纷所涉及的不仅是个人的问题,亦是社会的问题,从而具有公益性的社会属性。从个人的角度来看,或许某些人希望能够在性和婚姻家庭问题上获得完全的自由,无拘无束地选择自己所钟情的生活方式。然而,从社会的角度来看,由于性是一种强大的力量,所以社会希望借助婚姻家庭制度,适当地调控这种力量,以维持社会的秩序。[1]故而,家事纠纷对裁判提出了更高的要求,一方面要求法官能为迅速慎重的裁决,另一方面又要求裁判能兼备公平公益的需求。

(五) 家事纠纷的金字塔模式

美国学者以法院备案记录的案件为样本对1989年933起监护和探视权案件进行抽样分析。结果显示,调查样本可按冲突的最终解决状态分为六类,并最终呈现出金字塔的模式(如图1-1所示)。其中,约50.4%案件都在无司法参与的情况下被成功解决,这即是金字塔厚实的底座,该部分案件为协议离婚(Uncontested Divorce);金字塔的倒数第二层是经过和解的离婚(Settled but not Uncontested),约占29.3%;紧随其后的分别是经调解解决的案件(Settled with Mediation),约占11.1%以及经评估后解决的(Settled after Evaluation),约占5.2%。然而,那些最后抵达法院的纠纷可以被看作是一场漫长且艰辛的"朝圣

---

[1] 叶敬德:"香港的婚姻家庭政策",载生命及伦理研究中心主编:《家庭友善政策初探研讨会之生命伦理研讨会文集》,明光社2009年版,第13页。

第一章　家事纠纷解决机制的基本理论

历程",只有幸存者才得以完成。[1]只有极少数的案件最终进入法院程序,位于金字塔第二层的案件是在法院审理过程中解决(Settled During Trial),约占2.2%。而高居金字塔顶端的案件,即需要法官以判决或裁定的形式(Judge Decided)决定监护或探视权归属事宜,仅占1.5%(14例)。[2]冲突的金字塔模型可以成为指导家事纠纷解决机制改革的有效图景,用于调整法院所需提供家事服务的范围和类别。[3]鉴于大部分案件可在冲突的初始状态便得以解决,故司法资源的覆盖重心应有所倾斜,可考虑以金字塔底部的低冲突、低风险的家事纠纷为主,适当简化和减少律师及法院的参与,而配合以社区类解纷服务,寻求各种可能的合作模式实现科际的整合效能。

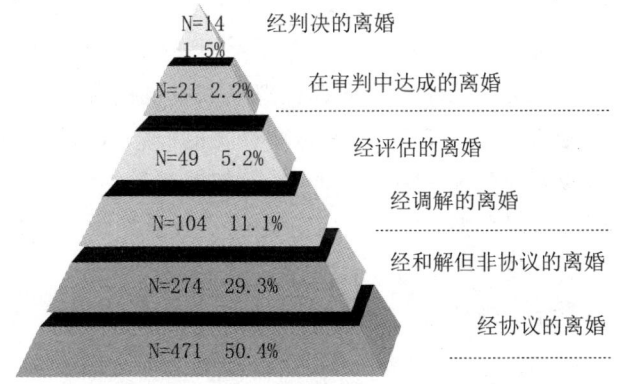

图1-1　家事纠纷的金字塔

---

〔1〕 Galanter, Marc S., Reading the Landscape of Disputes: What We Know and Don't Know (and Think We Know) about Our Allegedly Contentious and Litigious Society, *UCLA Law Review*, 983, 31, p.4.

〔2〕 Maccoby, Eleanor E. & Mnookin, Robert H., *Dividing the Child: Social and Legal Dilemmas of Custody*, Harvard University Press, 1992, pp.132~138.

〔3〕 Pearson, Jessica, Court Services: Meeting the Needs of Twenty-First Century Families, *Family Law Quarterly*, 1999, 33, p.617.

三、以家庭冲突学为视角

在科学藩篱日益严重的背景下,若要全面、统和、深入地研究家事纠纷解决机制,需要一种视角转换的能力,跳出法律的内在逻辑,利用社会学的研究成果,在抽象层面的人类关系中进行考察和分析,并从中获取对家庭关系以及家庭纠纷的特殊理性认知。对研究者而言,一种社会学的想象力能够帮助他们看到许多看似杂乱无章的社会架构生成和变迁过程中的内在逻辑和矛盾,从而帮助他们更好地理解和解释复杂的现实社会。[1]

尽管有关家庭的研究可追溯到20世纪50年代,但社会冲突理论(Conflict Theory)被运用在家庭研究却肇始于20世纪70年代,主要因为当时主流社会观念还停留在保护健康(Health)及正常(Normal)的家庭,而选择忽略家庭的内部冲突。[2]直至1969年,斯普瑞(Sprey)首次将冲突的概念运用到家庭,提出家庭乃冲突的系统一说后,[3]社会冲突理论在家庭方面的研究方才逐渐出现在夫妻关系、家庭沟通、亲子关系、家庭解体、家庭权力配置及家庭暴力等诸领域。[4]

每一个社会现象都包含合作与冲突、亲近与隔离、强权与

---

[1] [美]C.赖特·米尔斯:《社会学的想象力》,李康译,北京师范大学出版社2017年版,第3页。

[2] Farrington, K. & Chertok, E., Social Conflict Theories of the Family, BOSS P. G. et al. *Sourcebook of Family Theories and Methods: A Contextual Approach*, Plenum Press, 1993, pp. 381~384.

[3] Sprery, Jetse, The Family as a System in Conflict, *Journal of Marriage and Family*, 1969, 31 (4), 699~706.

[4] 周月清:《家庭社会工作——理论与方法》,五南图书出版公司2005年版,第96页。

服从等相对关系。[1]家庭就像其他社会制度一样,家人间的冲突亦是必然且持续的。[2]潜在的竞争结构是所有婚姻及家庭制度的一部分,家人关系就在竞争与冲突的结构关系中起伏前进。家庭关系与家人间互动,经常为了争夺与控制有限的资源(包括社会、心理和情绪等多方面)而产生关系的失衡与纠纷,这是家庭生活中必然存在的特征,如有限的金钱谁先使用、项目的支出分配、生活空间分配、家事分工等。[3]冲突是正常且必然的过程,并无好坏之分,冲突是否会对婚姻关系产生影响,主要仰赖于夫妻采取何种冲突反应方式,[4]家人间也应学习如何以正向的方式化解冲突,使冲突转化为家人相互了解与接纳的契机。[5]

在家庭冲突中,较为典型的为婚姻冲突(Marital Conflict)。以沟通的观点来看,婚姻冲突是指夫妻之间无法以协商的方式来处理所面对的冲突,而以抱怨、批评、敌意、防卫、不快乐的行为回应,所导致的不快乐的亲密关系。[6]而婚姻冲突中最具外显性、负向性和高层级的冲突,即为离婚冲突。本小节试图借用社会学中的冲突理论的观点,以家庭冲突学研究范式

---

[1] 蔡文辉:《婚姻与家庭:家庭社会学》,五南图书出版公司2003年版,第3页。

[2] Taylor, Alison, *The Hand Book of Family Dispute Resolution: Mediation Theory and Practice*, Jossey-Bass, 2002, p.76.

[3] 家事冲突包含以下要素:①核心价值有强烈的威胁感;②个人地位因威胁而被扭曲;③当事人的中心价值与信念使而导致冲突的持续;④发展出固定的反应模式。See Taylor, Alison, *The Hand Book of Family Dispute Resolution: Mediation Theory and Practice*, Jossey-Bass, 2002, p.76.

[4] 利翠珊、萧英玲:"华人婚姻品质的维系:冲突与忍让的中介效果",载《本土心理学研究》2008年第4期。

[5] 彭怀真:《婚姻与家庭》,巨流图书公司2003年版,第146页。

[6] 郭志通:"大陆女性配偶在台湾婚姻冲突历程研究",载《屏东教育大学学报》2005年第23期。

为切入点,通过分析离婚冲突的意涵和产生原因,解释社会变迁背景下家庭的碰撞与重整,最终达到对冲突和司法控制的对接。

(一) 离婚冲突的意涵

离婚被视为夫妻关系法律上的终结,同时也是夫妻关系和父母子女关系在法律、社会和心理上的重组。然而,离婚并非一场"一刀切"的"外科手术",而是一个绵延、交缠的过程,涉及"爱与恨"这两种错综复杂的感情因素。[1]我们可以把离婚夫妻的冲突概念抽象化为三个维度,即法律冲突(Legal Conflicts)、人际冲突(Interpersonal Conflicts)和态度冲突(Attitudinal Conflict)。法律冲突是指进入法院系统的诉讼行为,如连续诉讼,请求变更判决,申请执行判决;人际冲突则涵盖多数夫妻间频发的冲突类型,如口头纠纷、身体暴力和互相诋毁;态度冲突则涉及夫妻对前任配偶的愤怒和敌意,如在抚养问题上对前任配偶的消极态度等。[2]

从自然属性看,离婚冲突可以归为最困难的一类,因为其涵盖了大量的情感压力和不确定性。在离婚冲突领域里,冲突裹挟着"趋同"和"趋异"这两种动机,于是人们活动的幅度被限于两种可能性之间。离婚并非一项法律问题,而是一项伴随着法律结果的人际关系问题。美国学者科塞(Coser)以内外

---

[1] 离婚的过程可被切割为六个层面,即情感的离婚(Emotional)、法律的离婚(Legal)、经济的离婚(Economic)、共同抚养的离婚(Co-Parental)、社区的离婚(Community)和心理的离婚(Psychic),他们在离婚程序中或呈现递进或互相交织状态。See Weisberg, Kelly D. & Appleton, Frelich S, *Modern Family Law: Case and Material* (4), Aspen Publisher, 2010, pp. 451~452.

[2] Goodman, Matthew et al., Parent Psychoeducational Programs and Reducing the Negative Effects of Interparental Conflict Following Divorce, *Family Court Review*, 2004, 42, p. 263.

冲突群体[1]为视角指出，初级群体中引起"敌对感情"（Hostile Feeling）的原因要多于次级群体，因为人们的关系越是以全部个人投入的参与为基础——这与片面参与有所区别——就越易产生爱与恨这两种感情，即关系越紧密，冲突越剧烈。[2]离婚冲突发生后，双方均会经历不同程度的生气、痛苦、悔恨、失落等感觉，且会产生创伤，形成压力、不快乐乃至生活障碍。对子女而言，其原本从家庭中获得的情绪支持和物质照顾等，都因父母失和而深受影响。[3]从社会属性看，在人与社会紧密交织的网络中，婚姻冲突已不单是当事人内部的感情问题的爆发，它还受制于外界的干扰和影响，如离婚冲突伴随着战争、经济危机等社会因素而呈现波动的振幅。

（二）离婚冲突的产生原因

以系统的解释论来看，造成婚姻冲突的原因无法采单一原因来解释，有些来自婚姻次系统，有些来自于家庭系统、亲子

---

[1] 在国外社会学家视野中，人与人之间的关系可以划分为初级关系（Primary Relationship）和次级关系（Secondary Relationship）。初级关系是指在初级群体内部形成的一种个人的、情感的、不容置换的关系，包括个体的各种角色和利益。与初级关系相对应的组是初级群体，是指相对小、有多重目的之群体，在那里人们的互动是亲密无间的，并存在强烈的群体认同感，家庭就是最重要及最常见的初级群体。与初级关系相比，次级关系是缺乏感情深度的关系，其所包含的只是人格的某些方面，次级关系存在于次级群体之中，所谓次级群体是指其成员为了某种特定目的集合在一起，通过明确的规章制度结成正规关系的社会群体。相比之下，初级关系主要通过习俗、伦理道德、群体意识等非正式手段加以控制和维持，以诉讼方式解决纠纷的可能性小；而次级关系主要以正式的、明确的法律、法规、规章予以控制，以诉讼方式解决纠纷的可能性大。参见［美］戴维·波普诺：《社会学》，李强等译，中国人民大学出版社 1999 年版，第 172~177 页；巫若枝："当代中国家事法制实践研究——以华南 R 县为例"，中国人民大学 2007 年博士学位论文。

[2] ［美］科塞：《社会冲突的功能》，孙立平等译，华夏出版社 1989 年版，第 54、67 页。

[3] 彭怀真：《婚姻与家庭》，巨流图书公司 2003 年版，第 146 页。

次系统、原生家庭系统,甚至更大的社会文化系统,彼此之间相互影响。[1]若以经济分析角度展开对离婚成因的探讨,贝克尔(Becker)的婚姻不稳定性理论可谓久负盛名。[2]贝克尔认为,信息不完全和不确定是导致夫妻离婚的一个主要原因。婚姻是一个信息逐渐完善的过程,对彼此的信息掌握过少,容易导致婚后即告离异,而早期的婚姻破裂,通常是因为"双方互不相让以及价值观念的冲突",更主要是因为婚前对其选择对象的信息掌握不全和婚后对配偶了解的进一步加深。[3]

美国学者怀特(White)则主张从社会变迁的角度审视现代离婚形成和离婚率激增的原因,他认为影响离婚的因素可归为三个层面,即宏观结构层面、人口和生命历程层面以及家庭动力层面(其中后两者为微观层面),但若要探究社会整体的离婚情况则必须从个人所处的社会结构中找寻答案,如法律变迁、家庭功能转化、性别比率变化、性别角色调整、文化价值变迁等。[4]此外,有学者还将"性别平等"[5]"婚前教育的缺乏"[6]"离婚法的

---

[1] 叶百玲:"浅谈夫妻婚姻冲突之婚姻教育介入",载《家庭教育双月刊》2011年第7期。

[2] 尹庆春:"家庭问题",载杨国枢、叶启政主编:《台湾的社会问题》,巨流图书公司1991年版,第229页。

[3] [美]加里·斯坦利·贝克尔:《家庭论》,王献生、王宇译,商务印书馆1998年版,第343~349页。

[4] White, Lynn K., Determinants of Divorce, A Review of Research in the Eighties, *Journal of Marriage and the Family*, 1990, 52, 904.

[5] 由于性别平等倡导与逐步实践,使得两性均有更多教育机会,传统社会所赋予特定性别的道德教条等封建思想枷锁得以松动。在这样的一个松动与瓦解中,人们的价值观也跟着改变,使得离婚与再婚不再是一件如过往般羞于见人的事。参见蔡惠芳:"婚姻问题之探索与辅导",载《辅导季刊》2005年第1期。

[6] 徐国光等:《婚姻与家庭》,扬智文化事业股份有限公司2003年版,第21页。

第一章　家事纠纷解决机制的基本理论

松动"[1]和"人口集中的都市化现象"[2]等因素也纳入对离婚成因的考察中。

(三) 离婚冲突的因应策略

就冲突与社会结构关系而言，一个僵化了的社会结构往往压抑冲突，导致积累的对立情绪难以宣泄，冲突易产生负向功能，即威胁和破坏关系的基础。相反，一个富有弹性，允许社会冲突存在并将其制度化的社会结构，会将冲突（对立、分歧和敌意等情绪）分散到社会结构的各个方面，此时冲突对社会结构会产生积极的作用，即促进社会的整合和社会结构的完善。[3]

社会系统对冲突的容忍有不同的程度，但没有一个社会能允许每一种敌对的要求或主张都立刻表达出来，故而社会提供了一种引导不满和敌意的机制。这种机制通过"安全阀"制度发生作用，即提供转移敌对感情的替代物，也是发泄侵略性倾向的替代物。[4]"安全阀"制度会引起行动者的目标转移，它的目标不再是对不满情形的解决，而只是发泄出由它引起的紧张。这意味着"安全阀"为敌意的转移提供了一个替代物，因此行动者的目标不再是得到什么具体结果，而只是发泄紧张。有鉴于家事纠纷案件的殊异性，冲突的因应策略的集中在对上述"安全阀"制度的设计和分类上，并尽可能地达致多向度和

---

[1] 两愿离婚程序简易，因此也可能是离婚率上升的配套原因之一。参见蔡惠芳："婚姻问题之探索与辅导"，载《辅导季刊》2005 年第 1 期。

[2] 都市化意味着人口的增加和人口密度的提升，加之工业化所带来的科技发展和职业分化，婚姻和家庭制度在此冲击下，不可避免地发生异质。林松龄："都市化、夫妇婚姻生活与互动关系模式"，载林松龄：《台湾社会的婚姻与家庭——社会学的实证研究》，五南图书出版公司 2000 年版，第 138~139 页。

[3] [美] 科塞：《社会冲突的功能》，孙立平等译，华夏出版社 1989 年版，第 133~149 页。

[4] [美] 科塞：《社会冲突的功能》，孙立平等译，华夏出版社 1989 年版，第 175 页。

高效率。故而，寻求弹性的、兼具包容和消解矛盾功能的"安全阀"机制成为当下的首要议题。换言之，设计妥适的家事纠纷解决机制将成为学界和实务界的主要议题。

尽管司法制度的形成与发展是一个充满未知与变数的人为选择、设计和建构的过程，但观念的变化决定着我们的选择并形塑我们的行动，体现为一种社会博弈或利益权衡的权宜之计，同时也是蕴含着特定社会政治理想和目的的社会价值选择的结果。[1]从最初认识并承认婚姻冲突是一种自然的人类状态，到发现冲突并非只有负向、解构的功能，而是具备对社会结构的整合性功能，再到设置多向度的纠纷解决机制，防止累积的敌意集中到一条导致分裂的主线上，家事纠纷解决机制为大众提供了一个去法律化的纠纷消解程序，逐步剥离了对抗制诉讼对纠纷的垄断状态，最终实现了家庭冲突和司法控制的完美对接。

第二节 家事纠纷解决机制的界定及功能

家事纠纷解决机制是一个较为宽泛的概念，它主要包括家事诉讼程序、家事非讼程序及家事司法机构的组成及运作，同时也可扩及家事案件的司法外辅助处理方法。[2]本节拟将对家事解纷理念、模式及功能做简要梳理。

---

[1] 高志刚："司法的制度理性与实践运作"，载《法律科学（西北政法大学学报）》2009年第6期。

[2] 张晓茹：《家事裁判制度研究》，中国法制出版社2011年版，第9页。

第一章　家事纠纷解决机制的基本理论

一、家事纠纷解决机制的理念

（一）儿童最佳利益（The Best Interest of Child）

1. 儿童最佳利益的提出背景

过去30年的大量调研数据表明，婚姻破裂后的儿童福祉取决于分居程序后父母的行为，离婚尤其是对抗性离婚对儿童有着极为深刻的影响。[1]父母间的冲突及离婚事件，成为小孩童年不快乐的主因及生活的尖锐压力，而这些压力可能导致小孩生活上的重大改变，甚至带来负向的结果，例如梦魇、幻觉、疏离、焦虑、易怒、低自尊、反社会行为，甚至其成年后仍受影响。[2]此外，家庭纠纷还会对儿童内在情感和认知过程产生不良影响，目前的两个模式，即情感安全假设（Emotional Security Hypothesis）和认知语境框架（Cognitive Contextual Framework）均肯定了上述结论。[3]心理学研究亦表明，处于性格形成时期的孩子在受保护的环境中（不超过合理限度）能够发展得更好，这种环境需要家庭生活具有某种程度的确定性、稳定性和协调性，而家庭分裂和父母离异显然会对孩子的精神平衡造成重大伤害并破坏归属感。[4]

对儿童最佳利益的表述肇始于1924年《日内瓦儿童权利宣

---

[1] Murphy, Jane C., Revitalizing the Adversary System in Family Law, U. Cin. L. Rev., 2010, 78, p. 891.

[2] 赖月蜜："香港、台湾家事调解制度比较研究——以家庭暴力事件为中心"，载《人文及社会科学集刊》2009年第2期。

[3] Goodman, Matthew et al., Parent Psychoeducational Programs and Reducing the Negative Effects of Interparental Conflict Following Divorce, *Family Court Review*, 2004, 42, p. 263.

[4] [美] E. 博登海默：《法理学：法律哲学与法律方法》，邓正来译，中国政法大学出版社2004年版，第318页。

言》,该宣言第 2 条、第 7 条、第 8 条提出"必须以儿童的最佳利益为前提作适当的考量""必须以儿童的最佳利益为辅导原则"等。1948 年《世界人权宣言》承认儿童须受到特殊的照顾和协助。1959 年联合国《儿童权利宣言》、1979 年联合国《消除对妇女一切形式歧视公约》、1990 年联合国《儿童生存、保护和发展世界宣言》等国际公约和宣言均重申并发展了这一原则。1989 年通过的《联合国儿童权利公约》,明定"关于儿童的一切行为,不论公共或私立福利机构、法院、行政当局或立法机构均应以儿童的最佳利益为首要考虑(Primary Consideration)"。[1]

2. 儿童最佳利益的概念界定

对何谓儿童最佳利益学界众说纷纭,美国学者穆诺基(Robert Mnookin)指出,"确定什么对儿童而言是最好的,提出了一个现在看来仍是根本的问题,即生命本身的目的与价值"。[2] 我国台湾地区学者张玲如等以儿童需求为考量儿童最佳利益的指标,将儿童需求分为基本生理照顾、情感、安全、刺激与生俱来的能力、指导与控制、责任与独立。儿童需求无法脱离生—心—社会(Bio-Psycho-Social),包括物质及社会环境等方面。[3] 德国学者德特洛夫(Nian Dethloff)认为,儿童最佳利益因人而异,必须在具体环境中加以考察,因此很难同其他抽象概念那样对其进行解释和界定,但可以参考德国《社会法典》第

---

[1] 相关公约内容参见王勇民:《儿童权利保护的国际法研究》,法律出版社 2010 年版,第 368~370 页。

[2] Mnookin, Robert, Child Custody Adjudication: Judicial Functions in the Face of Indeterminacy, *Law and Contemporary Problems*, 1975, 39, p.260.

[3] 张玲如、邱琬瑜:"何处是儿家?由儿童最佳利益探讨我国儿童保护安置系统",载《现代桃花源学刊》2012 年第 7 期。

8编的规定,将儿童的自我发展和独立人格之培养视为"儿童最佳利益"。[1]英国学者艾克拉尔（Eekelaar）则将最佳利益界定为："尽可能地在没有不利情况下照顾未成年人的基本利益,如身体、情感和智力方面的照顾发展利益、自由利益,尤其是寻求自我生活方式的自由。"[2]一般而言,所谓儿童利益应包含基本利益、发展利益、自己决定利益,其中自己决定利益指儿童自己决定权与意见表明权即表意权,故需赋予儿童对与自己有关事项,依其年龄、成熟度而自由表达自己意思或为决定的权利。[3]

3. 各国（地区）对儿童最佳利益的判断

英国1989年《儿童法》（Children Act 1989）将儿童最佳利益规定为儿童抚养事宜的最高准则和判断标准,并在第1.3条列举了7种儿童最佳利益的判定标准。[4]美国则主要通过判例确认儿童最佳利益,并在1973年《统一结婚与离婚法》（Uniform Marriage and Divorce Act 1973）第402条规定了法院审酌儿童最

---

[1] Dethloff, Nina, *Familienrecht* 29. *Auflage*, Verlag C. H. Beck, 2009, 376. 转引自王葆莳:"'儿童最大利益原则'在德国家庭法中的实现",载《德国研究》2013年第4期。

[2] Eekelaar, John, The Importance of Thinking that Children Have Rights, *International Journal of Law and the Family*, 1992, 6 (1), pp. 230~231.

[3] 杨炽光:"台湾家事调解之实质发展与展望",2013年两岸家事事件程序之理论与实务学术研讨会论文。

[4] 这7种判定标准分别为:①依子女的年龄、识别能力等不同斟酌子女可探知、可确定之真正意愿与情感;②该子女将来在身体、情感及教育上的需求;③改变现状对该子女可能造成的影响;④该子女的年龄、性别等背景,以及法院认为与之相关的性格特质;⑤该子女现在已遭受或未来可能遭受的危害;⑥父母（及法院认为与本案有关联的人）是否符合或满足子女所需要之能力;⑦法院依本法在诉讼争议中行使职权的范围。参见蒋月等译:《英国婚姻家庭制定法选集》,法律出版社2008年版,第137页。

佳利益的 5 项因素，[1]同时还引入心理学家、儿童的学校老师或其他专业人员的报告或证词，作为判断审酌的基础。1995 年澳大利亚《家庭法改革法》（Family Law Reform Act 1995）第 68F（2）条也明定法院在确定儿童最佳利益原则时应予考虑的 12 类因素。[2]

在德国，当父母离婚时，若双方就子女权利义务之行使负担不能提出一致意见的，或家事法院不接受父母建议，抑或已满 14 岁的子女提出与父母不同的意见时，家事法院需以儿童利益为最高原则，作为离婚后亲权归属的最高决定基准。对此，学界及实务界设定了 4 项标准，即支持原则，继续性利益，子女的意愿、年龄和性别以及婚姻破裂原因和离婚程序进行状态。[3]

---

[1] 这 5 项因素分别为：①儿童父母对行使监护权的意愿；②儿童的意愿（法院需同时斟酌子女的年龄及心智成熟度予以综合判断）；③儿童与父母、兄弟姐妹或其他任何可能影响到其最佳利益之其他人的互动及相互关系；④儿童对家庭、学校及社会的适应情况；⑤所有与本事件有利害关系的人的身心健康情况。参见高凤仙："试评子女最高利益原则在美国监护法上之适用得失"，载《台大法学论丛》1984 年第 2 期。

[2] 这 12 类因素包括：儿童所表达的任何愿望；生活环境的变化可能对儿童带来的影响；儿童与父母和其他人员的关系；儿童与父母接触的现实困难或花费；父母各自能力或其他抚养人能力是否满足儿童感情和智力上的需要；儿童的年龄、性别、生活背景等因素；对待儿童的态度和责任心；尽可能减少儿童将来可能会提起的诉讼等。参见陈苇、王鸥："澳大利亚儿童权益保护立法评介及其对我国立法的启示——以家庭法和子女抚养（评估）法为研究对象"，载《甘肃政法学院学报》2007 年第 3 期。

[3] 所谓"支持原则"是指，父母就其人格、能力、职业及与子女间关系而言，较能照顾子女，帮助其人格正常发展。所谓"继续性利益"是指，决定未成年子女权利义务之行使与负担，应与子女目前及未来的教育、发展保持一致性。所谓"子女的意愿、年龄及性别"是指，在确认子女利益时，应斟酌考虑子女的意愿、年龄及性别等因素。在检验上述要素后，仍无法作出符合子女利益的决定时，法院可以考虑父母婚姻破裂原因及整个离婚程序的进行状态。参见陈惠馨："比较研究中德有关父母离婚后父母子女间之法律关系"，载陈惠馨：《亲属法诸问题研究》，月旦出版社 1993 年版。

4. 家事纠纷解决程序中的儿童最佳利益原则

《联合国儿童权利公约》第 12 条、第 13 条、第 14 条及第 19 条明确规定未成年人涉讼时，各缔约国政府应提供所需要的协助。具体表现为在司法审理的过程中，应给予未成年人就与其自身有关事务有充分且自由表意之权利，而其所表示的意思，则视其年龄与成熟程度予以适当的处理，可通过其代理人或适当机构来陈述意见。[1]英国学者弗尔廷（Fortin）将卷入私法诉讼中的儿童诉讼地位，分为 4 个不同层级。在最底端，儿童没有任何途径可以就其父母争议向法庭表达自己的意愿；第二级，儿童的观点被记录在家庭报告中并呈交法庭；第三级，赋予儿童当事人的地位和独立代表，同时该层级又进一步分为两类：一类是儿童有法定律师和代表其最佳利益的监护人各一名为其诉讼，另一类是在一般情况下只有一个法定辩护人单独为其诉讼，只在必要时为其提供委任评估儿童专家的帮助；第四级，是最高级，儿童可以为自身利益参加诉讼，甚至可以本人名义启动诉讼。[2]下文拟从两个方面对儿童最佳利益的保护展开论述。

（1）纠纷解决过程中的儿童最佳利益保护。在家事事件审判实务上，多数人鼓励子女出席父母的争执场所，以便父母倾听并了解子女真正需求。英国于 1989 年修订儿童法，强调应以儿童及少年的意愿为监护权人选定的最优考虑因素。[3]随后于 2009 年推出"儿童优先"（Children First）的试验方案，强调由

---

［1］ 相关公约内容参见王勇民：《儿童权利保护的国际法研究》，法律出版社 2010 年版，第 368~370 页。

［2］ Fortin, Jane, *Children's Right and Developing Law* (3), Butterworths, 2009, pp. 215~217.

［3］ 赖月蜜："从英美儿童福利政策之变迁检视我国儿童福利政策之发展"，载 http://children100.syis.com.tw，访问日期：2014 年 1 月 3 日。

儿童、少年表达其自己的意见，使其有机会参与调解。[1]德国认为在"法定听审请求权"基础上，应充分考虑子女的独立主体地位，而赋予子女为自己指定律师以维护正当权益的权利。[2]其他国家和地区也纷纷制定或增补法院处理家事事件的程序法事宜，试图通过完善诉讼程序的相关规定来保护儿童利益。

但子女的愿望通常不那么确定，尤其是16岁以下的子女，在父母离婚危机中对长远的未来，如与谁同住，会面交往等问题，都较难有十分肯定或明确的意见表达。[3]故在未成年子女陈述或表达意愿时，有时还需仰赖心理专家或其他专业人士的协助。[4]如我国台湾地区"家事事件法"第108条便规定，子女在程序中的表意权，应依照子女之年龄及识别能力等身心状况，于法庭内外以适当方式晓谕裁判结果之影响，使其有表达意愿或陈述意见之机会；必要时还可邀请儿童及少年心理或其他专业人士协助。[5]

（2）离婚后亲权行使之儿童最佳利益保护。英、美等国家斟酌离婚后未成年子女亲权的归属，最初遵照"父权优先原则"，继而发展出"幼年原则"（The Tender Years of Doctrine），[6]随后

---

[1] Mclntosh, J. E., Four Young People Speak about Children's Involvement in Family Court Matters, *Journal of Family Studies*, 2009, 15 (1), pp. 98~103.

[2] 陶建国："德国家事诉讼中子女利益保护人制度及其启示"，载《中国青年政治学院学报》2014年第1期。

[3] 杨炽光："家事调解与家事纷争解决机制（一）：从家事事件法展望家事调解"，载《台湾法学杂志》2013年第4期。

[4] Galatzer-Levy, Robert M. et al., *The Scientific Basis of Child Custody Decisions* (2), CA: John Wiley &Sons, 2009, pp. 131~132.

[5] 施怀冈："夫妻离婚后未成年子女权利义务之共同行使或负担"，载《司法新声》2011年第98期。

[6] 该理论认为母亲在天性上比较适合担任年幼子女养育照顾保护之责，故离

又在"幼年原则"基础上发展出"子女最佳利益原则"。但因"子女最佳利益原则"存在的不确定性和泛概念化，继而在该原则基础上发展出不同的推定规则，进一步将最佳利益具体化，认为若当事人符合该原则即可推定由其承担监护责任。[1]较有代表性的有"共同监护原则"（Joint Custody），该原则将监护分为身心监护和法律监护两大类，其中身心监护指的是实际与子女同住，可参与子女日常生活等。而法律监护则指，在医疗、宗教、教育等相关重大事项中有参与决定权。由法院安排之共同监护，一般而言，身心监护多由一方行使，而法律监督则多由双方父母共同行使。虽然"共同监护原则"有助于维系父母子女之间的关系并可减少法官误判，但该原则多依赖于当事人的自愿履行，在实践中申请改定监护的比例较高，易使年幼子女产生混淆。[2]

反对"共同监护原则"者援引心理分析理论，主张"心理上父母原则"（The Primary Caretaker Standard），强调子女与父母间稳定而可靠的情感与亲密关系，有助于子女心智的健全发展，法院审酌时需探求父母何方为子女心理上的父母，但该主张实则忽略了离婚对父母照顾能力的影响，且子女与父母间心理联系关系可能同时存在等情形，故而心理上之父母其实亦难以确定。于是，又发展出第三种推定原则"主要照顾者原则"（The

---

（接上页）婚后应由母亲担任年幼子女的监护。但该原则遭到诸多批评，质疑者认为该原则以性别为差别对待的区分标准，违反了平等原则，且幼年原则尚有许多心理学上未经检验的预设。妇权运动及女权主义者也认为，幼年原则过于强化妇女作为家庭主妇或母亲的社会角色与刻板印象。参见［美］哈里·D. 格劳斯、大卫·D. 梅耶：《美国家庭法精要》，陈苇译，中国政法大学出版社2010年版，第156～157页。

〔1〕 徐秀玲："离婚亲权行使事件中家事调解之研究——以子女最佳利益为中心"，中正大学1994年硕士学位论文。

〔2〕 Weisberg, Kelly D. & Appleton, Frelich S., *Modern Family Law: Case and Material* (4), Aspen Publisher, 2010, pp. 718~721.

Past Caretaker Standard）。1981年西弗吉尼亚州法院首先推定子女主要照顾者监护符合子女最佳利益，并以判例方式明示认定"主要照顾者"的判断标准。[1]批评者认为"主要照顾者原则"忽略了子女需求可能因不同年龄阶段而改变，及父母离婚后愿意为子女改变过去行为的可能性。由于人们始终对儿童最佳利益原则的不确定性及潜在的歧视危险存有异议，近年来，人们开始对"接近性原则"（Approximation Standard）这一新的方法产生了兴趣。该原则要求法院制定出一份监护安排协议，尽可能地反映在父母婚姻解体前，子女抚养责任的分担情况，按照"接近性原则"，监护权的判定是建立在父母过去分工的基础上的，而非法官头脑中理想化的家庭结果。目前接近性原则已获得美国法律协会出版的《家庭解体时相关法律原则》（Principle of the Law of Family Dissolution）一书的认可。[2]

（二）家庭生态理论

根据生物学观点，生态学（Ecology）是指有机体与环境的关系，即探讨个别或一群有机体和环境的关系。当生态环境（Ecosystem）发展理论运用在人类学时，即构成人类生态学理论（Human Ecology Theory），具体可解释为人类（Species）组成人群（Population），人群组成社会，社会与其所在的环境组成人

---

[1] 如规划与提供饮食，梳洗与更衣；购买、清洗与收拾衣物；医疗照护；下课后接送与安排孩子与同龄孩子的游戏与课外活动；安排托育，无论是请保姆到家里或送孩子去托儿所；送孩子就寝，半夜起床照顾孩子及早上叫孩子起床；教育孩子，包括信仰、文化、社会等方面的教育；教导孩子基础功课，如阅读、写字与算数。参见雷文玫："以'子女最佳利益之名'：离婚后父母对未成年子女权利义务行使与负担之研究"，载《台大法学论丛》1999年4期。

[2] [美]哈里·D.格劳斯、大卫·D.梅耶：《美国家庭法精要》，陈苇译，中国政法大学出版社2010年版，第142页。

类的生态系统,其间关系如图 1-2 所示:〔1〕

人类 ⟶ 人群 ⟶ 社区 ⟶ 生态系统

图 1-2 人类的生态系统

家庭生态环境理论发轫于生态观学派,美国心理学者布朗芬布伦纳(Bronfenbrenner)于 20 世纪 70 年代末提出生态系统理论(Ecological System Theory),指出个体是在其所处的复杂系统中成长与发展的,人类行为与发展受多重环境影响,因而将环境与个人的空间与社会距离,分成圆环状的四重系统。〔2〕其中个人处于核心,与个体面对且频繁接触的人、事、物的互动关系,如父母与孩子组成的家庭便构成了微观系统(Mircrosystem)。其次为居间系统(Mesosystem),即上述小系统之间的互相连接,包含个人与老师、邻居等互动关系。个体依靠该系统来接触真实的社会环境,进而达到社会化。再次为外部系统(Exosystem),该系统属于微观系统的扩展,包括教育、社会制度、传播媒体等,如小孩虽未直接接触父母工作环境,但通过父母在工作场合中与他人的互动所产生的价值观会间接影响个体。最后为形塑外部、居间系统的各个社会文化中的意识形态与制度模式等宏观系统(Macrosysytem),如不同的离婚政策会对家庭环境和状态带来不同的影响。〔3〕生态环境学者认为,政府在制定政策时,应站在宏观系统的角度进行考量和设计,而

---

〔1〕 周月清:《家庭社会工作——理论与方法》,五南图书出版公司 2005 年版,第 80~81 页。
〔2〕 Bronfenbrenner, Urie, *The Ecology of Human Development*, Harvard University Press, 1979, pp. 16~15.
〔3〕 赖玲慧:《母亲教养风格、幼儿自主性之研究——以台北县为例》,台东大学 2008 年硕士学位论文;王苔瑄:《幼儿主要照顾者教养类型与幼儿自主性之研究——以台中市公立幼儿园为例》,朝阳科技大学 2013 年硕士学位论文。

宏观系统的影响面和波及效应巨大，表现为法律可以充当制造社会变革、改变社会的工具，即法律可以形塑社会。[1]

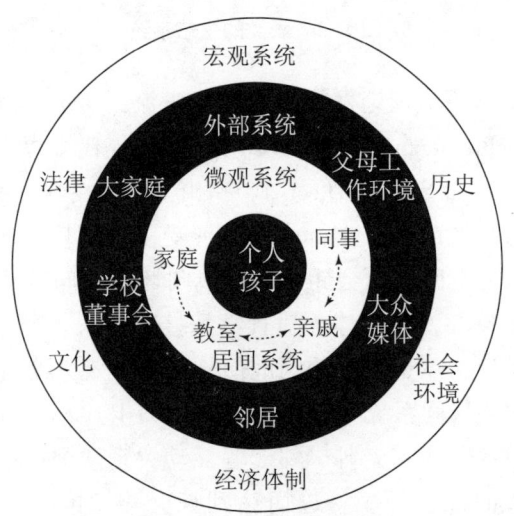

图1-3　家庭生态系统图

依生态学的观点来看，家庭本身是整个生态体系中最基础也是最原初的部分，个人从情绪波动再到情感依赖，都与家庭息息相关，强调有机个体与其环境之间关系之良窳是个体生存发展最重要的基础。家庭生态学理论强调个人生活与社会结构的关系是一种类似"构筑"（Architecture）的关系，即社会与人互动的结果，常常是一个由微观到宏观的渐进过程。[2]社交关系形成了个人世界的中心，与人保有亲密的关系给予我们大多数人所需要的归属感。儿童与父母同属同一个微观系统中的子

---

〔1〕　王启梁：《迈向深嵌在社会与文化中的法律》，中国法制出版社2010年版，第264~267页。

〔2〕　[美] David M. Newman：《日常生活中的社会学》，陈荣政编译，学富文化事业有限公司2011年版，第2~4页。

系统，子系统间的互动，自有其平衡的机制，感情、血缘关系与共同生活的经验都是家庭系统中的黏合剂。[1]故在家庭生态观架构下的家庭纠纷解决机制包含法律与道德两个层面，其中法律层面涉及权益与责任，可由法院裁判来实现保障，但道德层面所涵盖的人际间的尊严、平等、信任以及上述感情受到侵犯或伤害所感受到的痛苦、委屈、焦虑、懊恼等情绪则较难纾解。[2]故家庭纠纷的解决需要更为新颖、开放的方式，寻求更为弹性和多元的途径，如社区组织、宗教团体等倡导家庭成员参与的团体，能为家庭成员提供更广泛的参考意见，法官在作出裁决时也应充分考虑家庭生态环境对家庭福祉的影响。[3]

（三）治疗式司法理念

由家庭生态环境理论再引申出"治疗式"家事司法理念（Therapeutic Jurisprudence），即主张法院在审理家事纷争时，应以"生态"与"治疗"为中心，全面审视、体察当事人及未成年人的需求及导致纷争的症结所在。治疗式司法理念发轫于20世纪80年代，属于心理健康学和法学的一门交叉学科。[4]该理念着眼于法律的社会力量，旨在研究法律所扮演的类似治疗剂（Therapeutic Agent）的作用，即法律可能产生的治疗或反治疗（Anti-therapeutic）的效果，这种效果又将投射在实体法、程序

---

[1] 赖月蜜："从英美儿童福利政策之变迁检视我国儿童福利政策之发展"，载 http://children100.syis.com.tw/webfiles，访问日期：2014年1月3日。

[2] 彭南元："法院家事调解模式之发展——以整合资源为例"，载《月旦法学杂志》2008年第8期。

[3] Babb, Barbara A., An Interdisciplinary to Family Law Jurisprudence: Application of an Ecological and Therapeutic Perspective, *Indiana Law Journal*, 997, 72, p.775.

[4] Winick, Bruce J., Therapeutic Jurisprudence and Problem Solving Courts, *Fordham Urban Law Journal*, 2003, 30, p.1062.

法或法律行动者（律师或法官）的行为上。[1]它侧重于研究法律对人们感情生活和心理健康的影响力，赋予法律人性化的一面，引导法律和司法程序关注人类、感情和心理等诸方面。[2]现今社会基本以一种治疗模式的角度来看婚姻和家庭正是得益于此。当我们谈及家庭时，我们所重视的并不是制度，却是家庭成员间的关系。[3]在德语中，婚姻破裂中的"破裂"（Scheitern）一词，其原意为"船舰触礁"，这意味着婚姻的失败，有时不能归责于配偶双方，或因性格不合而日积月累所促成，婚姻破裂犹如一叶孤舟的触礁，为狂风巨浪所致，而非人力所能影响。

在治疗性家事解纷理念下，当夫妻认为他们的关系已经破裂到不可挽救的地步时，法官会尽量鼓励当事人选择替代性纠纷处理方式，如寻求调解、达成和解协议等，期望以自主的方式迅速而有效地解决家事纷争。美国对有关离婚及亲权行使争议已经发展出多彩纷呈的替代性纠纷解决机制，以避免法院的介入激化夫妻双方彼此的敌意和冲突而造成的附加伤害。通过治疗式审理方式的介入，增加当事人的自主权，呵护其感情诉求，教育其学习如何与对方相处，帮助他们从自身和家庭需求出发，达成较能切合实际需求的解纷协议，并易于将来的履约执行。[4]

[1] Babb, Barbara A., An Interdisciplinary to Family Law Jurisprudence: Application of an Ecological and Therapeutic Perspective, *Indiana Law Journal*, 1997, 72, p. 779.

[2] Wexler, David, Therapeutic Jurisprudence: An Overview, *Thomas M. Cooley Law Review*, 2000, 17, p. 125.

[3] 叶敬德："香港的婚姻家庭政策"，载生命及伦理研究中心主编：《家庭友善政策初探研讨会之生命伦理研讨会文集》，明光社2009年版，第13页。

[4] 彭南元："家事事件治疗性审理方式之初探——以离婚并涉及监护子女事件为例"，载彭南元：《儿童及家事法专题研究》，新学林出版股份有限公司2006年版，第348页、第360页。

二、家事纠纷解决机制的模式

(一) 家事谈判 (Family Negotiation)

1. 当事人谈判

家庭谈判有时又被称为协商,是处理家庭冲突的主要技巧之一。[1]所谓当事人谈判指的是当事人自行沟通的双边协商方式,在无他人干涉的情况下达成协议,实践中较多夫妻在无律师介入的情况下自行达成相关协议,并向民政局申请协议离婚。当然,在分居或离婚案件中,有时也需要法律方面的意见,故当事人也会咨询律师,请求律师提供法律意见或帮助。律师通常会与对方律师先行协商解决方案,在达成某种程度的一致后,再向当事人提出建议。[2]此时律师并非作为中立第三方介入争议,而是作为各自当事人一方的法律代理人,负责提供法律意见和咨询并协助双方沟通对话。

2. 家族、亲友谈判

面临家庭危机的当事人通常较为脆弱且难以保持理性,然而协商是否离婚、如何安排离婚后的生活以及如何妥善安排小孩事宜等都需要当事人保持清晰的思路和理性的观点。故而,在家事纠纷发生时,当事人通常会寻求亲密家友的帮助,并以此作为彼此谈判、沟通的渠道。但由于家族、亲友之间的谈判属于非正式的纠纷解决方式,适用上易产生两极化的效果。[3]在最好的情况下,通过家族亲友间的沟通和谈判,可使婚姻得

---

〔1〕 〔美〕White, James M.、Klein, David M.:《家庭理论》,马永年、梁婉华译,五南图书出版公司 2009 年版,第 189 页。

〔2〕 Parkinson, L., *Family Mediation*, Sweet & Maxwell, 1997, pp.72~74.

〔3〕 Blade, J., *Family Mediation*: *Cooperative Divorce Settlement*, Prentice‑Hall, 1985, p.2.

以继续维持或妥善安排当事人离婚后的生活。但另一种极端的可能是，家族、亲友的参与可能导致家事纷争矛盾激化，冲突加剧（事实上这也在研究者的观察中频繁出现），亲友有时"帮亲不帮理"，过于"盲目护短"而较难提供理性客观的意见，导致沟通和谈判的破裂。

（二）家庭咨商（Family Counseling）

家庭咨商是指个人因受自身条件或社会环境因素的影响，在家庭生活关系上存有困扰而向专业人员寻求协助的过程。针对家庭问题的咨商主要处理三大问题：一是婚前咨商，即针对准备结婚但婚姻观念与婚姻责任尚不清楚者的咨商；二是离婚咨商，即针对已离婚或准备离婚者的情绪调适等事宜的咨商；三是婚姻关系咨商，对婚姻关系存在但夫妻感情生活有待调适的咨商。[1]家庭咨商与家事调解虽然在工作方法上有一定的相通之处，其目的都是为解决当事人面临的家庭问题且都需运用心理辅导方面的专业知识与技巧。但二者区别仍较为明显，即家庭咨商是心理学或医学治疗工作的一种形式，家事调解是解决纠纷的法律程序。家庭咨商多关注于过去并以促成个人的心理成长或关系的修复为目标，[2]而家事调解则是面向未来，是一种任务导向（Task-Oriented）的工作目标，更倾向于解决离婚争议并达成分手协议。[3]

（三）家事调解（Family Mediation）

调解一词来自拉丁文"Medius""Medium"，意思是"在中间"，由公正的第三方——调解员——协助双方找出他们认为适

---

[1] 彭怀真：《婚姻与家庭》，巨流图书公司2003年版，第160页。

[2] 参见《香港家事法诉讼调解试验计划推行工作小组报告》，香港立法会CB（2）1045/99—00（02）号文件，1999年4月。

[3] 郭丽安、王唯馨："台湾离婚调解场域的观察与反省：训练与性别"，载《应用心理研究》2010年第46期。

第一章　家事纠纷解决机制的基本理论

当的方式，以达成协议。家事调解是调解的一种形式，由家事调解员以客观中立的第三者角色，协助夫妻在分居或离婚的各阶段仔细权衡选择，建立双方畅通的沟通渠道，以便共同协商出对未来安排的决定。[1]这些安排包括，监护权、探视、亲职安排、孩子生活费和抚养费、夫妻财产及债务分配等。[2]调解员并不强迫当事人双方解决纷争，而是尽力让他们了解自己及整个家庭都将从合意中获利。[3]概括而言，调解目的在于协助当事人理性分手，促进当事人直接沟通，敦促父母负担未来教养孩子的责任，催化当事人达成双赢协议。[4]

以德国为例，调解作为一种替代性纠纷解决方式，已在家事法领域发挥着越来越重要的作用。[5]德国《家事事件与非讼事件程序法》（Gesetz über das Verfahren in Familiensachen und in den Angelegenheiten der freiwilligen Gerichtsbarkeit）第135条对家事调解作出了详细规定。在我国，根据调解主体的不同，可将家事调解分为法院调解、人民调解、行政调解和个人调解。其中法院调解是指法院主持下的调解，法院调解既可以是附设于法院的调解，也可以是直接由法官进行的调解。由于我国尚未实行调审分离，法院调解由法官直接进行，且调解贯穿诉讼整个过程，包括诉讼前调解、诉中调解，直到辩论终结作出判决之前，均可以进行调解。人民调解是指人民调解委员会，即村

---

[1] Parkinson, L., *Family Mediation*, Sweet& Maxwell, 1997. 56.

[2] Bishop, Gillian et al., *Divorce Reform: A Guide for Lawyers and Mediators*, FT Law & Tax, 1996. 84.

[3] Howard H. Irving, *Family Mediation: Theory and Practice with Chinese Families*, Hong Kong University Press, 2002, pp. 16~17.

[4] 郭丽安、王唯馨：“台湾离婚调解场域的观察与反省：训练与性别”，载《应用心理研究》2010年第46期。

[5] Schieferstein, W., *Lösungsorientierte Arbeit im Familienrecht: Intervention bei Trennung und Scheidung*, Bundesanzeiger Verlagsges, 2002, pp. 266~267.

民委员会、居民委员会、当事人所属单位及妇联等自治团体，在《人民调解法》规范下，对家事纠纷的调解。人民调解具有广泛的群众性、自治性和灵活性。行政调解是指由国家行政机关主持和斡旋，依照国家法律、政策和习俗，通过说服、教育、劝导的方式进行的调解，如公安机关和基层司法所对家事纠纷的调解等，乃行政机关在行使管理职能的同时附带的纠纷解决功能。个人调解即指当事人双方亲友、律师等参与的调解。在我国，个人调解、人民调解和行政调解是诉讼外调解，达成的调解协议具有合同效力，而法院调解是诉讼调解，调解协议具有与判决书同等的法律效力。

（四）家事仲裁（Famliy Arbitration）

英国《2010年家事诉讼规则》（The Family Procedure Rules 2010）第3编列明法庭可适用多元化纠纷解决程序以鼓励和促进诉讼。[1]其中多元化解纷程序指一般法庭程序以外的其他各类纠纷解决方式，包括家事仲裁。[2]英国特设家庭法仲裁员学院（Institute of Family Law Arbitrators，IFLA），该学院由英国皇家仲裁学院（Chartered Institute of Arbitrators，CIArb）、家庭法律师协会（Family Law Bar Association）、家事律师协会法团（The Family Lawyers' Group Resolution）[3]及儿童和家庭法改革中心（The Centre for Child and Family Law Reform）联合设立。[4]但家

---

〔1〕 法院在法律程序的各阶段都需考虑是否适宜采用多元解纷程序，如果法院认为适宜，便可将案件押后到一个指定的时间，使诉讼各方可以获得关于多元纠纷排解程序的资料和意见；若诉讼各方均同意，便可进行有关程序。参见英国《2010年家事诉讼规则》第3.2条。

〔2〕 Dunan, Adam, The Family Procedure Rules 2010: A District Judge's Perspective, *Family Law Journal*, 2011, 41 (3), p. 249.

〔3〕 该法团前身为家庭法律师协会（Solicitors Family Law Association）。

〔4〕 Inistitute of Family Law Aritrators, About IFLA, http://ifla.org.uk/about, 2014-04-02.

第一章　家事纠纷解决机制的基本理论

事仲裁适用的案件范围较窄,仅适用于分居配偶之间有关财产和子女抚养费的纠纷,对于有关儿童监护权纠纷和离婚纠纷则被排除在家事仲裁之外。[1]澳大利亚也在《家庭法》第10L条规定有关家事仲裁的内容并对家事仲裁的范围作出限定。该条将家事仲裁的范围限于诉讼前的财产争议,包括婚前、婚内财产协议、财产权益的宣告、变更和撤销等,但凡涉及子女抚养协议及需经法院批准的夫妻抚养协议均不得仲裁。[2]家事仲裁的功能旨在为经历家庭解体或婚姻破裂的配偶提供一种较之法院更具保密性、快捷性和环境亲和性的纠纷解决程序。[3]

在我国,民商事仲裁的范围相对狭窄,虽然从理论上而言,财产纠纷可划归至仲裁的范围,但根据《中华人民共和国仲裁法》第3条的规定,婚姻、收养、监护、扶养、继承案件不能仲裁。实践中,与上述事项相关的所有纠纷,包括身份关系纠纷和财产关系纠纷均被排除在仲裁范围之外。[4]

(五) 家事诉讼程序

家事诉讼程序是指当事人将家事纷争提交法院,经由当事人在诉讼程序中陈述意见并提交证据,由法官认事用法形成心证后,作成判决的方式,是一种正式的家事纠纷解决程序。家事诉讼程序一般限制言辞辩论原则并扩张适用职权主义审理原则,如在家事事件中,法官可依职权进行证据收集,亦可斟酌当事人未提出的事实而进行证据收集工作。对于家事案件而言,法院主

---

[1] IFLA, Family Arbitration: An Introductory Guide, http://www.resolution.org.uk, 2014-04-02.

[2] 陈苇、曹贤信:"澳大利亚家事纠纷解决机制的新发展及其启示",载《河北法学》2011年第8期。

[3] Hodon, David, England Needs Binding Family Law Arbitration, www.davidhodson.com, 2014-04-02.

[4] 傅郁林:"家事诉讼特别程序研究",载《法律适用》2011年第8期。

57

导的诉讼程序为保护子女利益和维护社会秩序的最后手段。[1]

三、家事纠纷解决机制的功能

（一）维护家庭稳定

从整体社会的角度考虑，婚姻的解体对性别平等、代际关系（Intergeneration Relations）、婚姻忠诚度及与家庭关系有关的文化价值均会产生影响。[2]家庭中的权利与义务，并非来自于成员间人格的对立，而是来自于身份的妥协。[3]因此，妥协而不是竞争仍属家庭关系的主旋律，只不过奏响这首旋律的方式，表现在家事纠纷解决机制上，则体现为诉讼外与诉讼内多重纠纷解决方式的融合，如在家庭危机产生后形成家事事件前，双方可通过家事咨商等方式，使得当事人正视婚姻的压力与困境，进而以一种新的沟通方式或角度看待婚姻问题，使纷争有效减少或解决。若冲突仍无法化解，双方还可通过谈判、调解等方式对家事纠纷加以消解，最后在穷尽一切诉讼外手段后，还可求助于法院的司法解决途径。在某种程度上，通过建立多元立体的家事纠纷解决机制，实现家事事件的分层和分类，能够协调家庭内部的人际关系并维护家庭的稳定。

（二）保障儿童最佳权益

家庭关系的维系乃基于血缘和婚姻，婚姻关系的解体不仅关系到夫妻本身，更关系到缺乏独立生活能力的未成年子女的

---

[1] Doughty, Julie, The Functions of Family Courts, Cardiff University, 2011, p.18.

[2] Thomppspon, Ross A. & Amato, Paul R., The Post-divorce Family: Children, Parenting and Society, Sage, 1999, pp.190~198.

[3] 张翔："论家庭身份的私法人格底蕴及其历史演变"，载《法律科学（西北政法大学学报）》2011年第2期。

利益。家庭是儿童发展最早的也是最为持久的生活环境。[1]未成年子女的成长与心理健康的塑造,必须以家庭的教育、约束与爱为条件。幼儿园、学校等社会化教育机构的存在,并不能替代父母在物质、精神以及教育上对未成年子女所提供的支持。[2]故而,婚姻家庭所涉及的不仅是个人的问题,亦涉及社会的问题,家事纠纷不仅具有私益性,更具有鲜明的公益性。

家事解纷解决机制改革的首要议题即是解决当下对抗制诉讼系统中覆盖儿童事宜的纠纷,传统诉讼结构下双方当事人之间的尖刻对抗已严重危害到儿童福祉。[3]孩子的痛苦并非在父母关系破裂之时达到顶峰而后慢慢减少。恰恰相反,离婚所造成的伤害对孩子而言是一个积累的过程,在孩子成长的各个阶段,这种影响都以不同的方式存在。在家事纠纷中,儿童利益的保护不仅体现在诉讼程序上的增权,也体现在诉前社会福利机构的介入和援助以及诉后亲权行使、生活照料等方方面面,构建完善的家事纠纷消解机制有助于保护儿童免受伤害,维护其利益和保障其未来的健康发展。

(三) 实现司法裁判的现代功能

我国台湾学者邱联恭将"司法裁判的机能"以"近代"和"现代"区隔出不同的裁判机能。[4]近代裁判机能重视由裁判解决纷争,以实现形式的正义。裁判原则上是为了对个别的权

---

〔1〕 方建移、何伟强:《家庭教育与儿童社会性发展》,浙江教育出版社2005年版,第44页。

〔2〕 张翔:"论家庭身份的私法人格底蕴及其历史演变",载《法律科学(西北政法大学学报)》2011年第2期。

〔3〕 Murphy, Jane C., Revitalizing the Adversary System in Family Law, *U. Cin. L. Rev.*, 2010, 78, p. 891.

〔4〕 邱联恭:《司法之现代化与程序法》,三民书局1992年版,第8~13页,第206~207页。

利侵害给予事后的救济或制裁。[1] 进入到现代裁判机能视阈下，法官的裁判被赋予了形成政策的期待，并因现代型纷争在证据上的特殊状况，需要扩大法官裁量权，使其可综合各类间接事实而予全面判断，并产生个案既判力之外的"波及效果"。[2] 就法社会学角度而言，现代裁判机能观看到了司法个案救济之外的社会外溢效应，并据此推广至整体司法实务群体的养成过程、法律意识、法律与政治等范畴。[3]

家事事件中的司法裁判的现代功能表现为对社会良俗的肯定和对家庭正义的伸张。其一，家事裁判可成为同类事件的裁判先例，对该事件当事人以外的社会上一般人以及准司法机关或准行政机关的程序关系人，提供类似于确立法律规范的效果，以作为此后从事社会活动的准绳。[4] 此外，根据最高人民法院公布的《关于人民法院在互联网公布裁判文书的规定》（已失效），自2014年1月1日起各地法院将陆续在网上公开裁判文书，而每一个指导性判例的形成和适用过程即是浓缩了众多法律人共同探寻裁判理路的同质化过程，[5] 这一做法也将裁判的示范性和波及性作用推向极致。其二，裁判的内容与结构可能已被获得公认的特定价值，对当时的政治环境施加一定程度的

---

[1] 郭书琴："重访民事纷争解决的法理与实践——以家事事件看民事程序之诉讼观的演进"，载《法学丛刊》2012年第4期。

[2] 邱联恭：《司法之现代化与程序法》，三民书局1992年版，第12页。

[3] 既判力如何扩张所牵涉的解释论与法律释义则是民诉法释义学（Doctrinal Issues）在现代裁判机能观下的核心问题。参见许仕宦："诉讼系属中系争物移转之当事人恒定与判决效扩张"，载民事诉讼法研究会编：《民事诉讼法之研讨（十八）》，元照出版社2012年版。

[4] 如对基于重婚关系的遗赠是否有违公序良俗，2001年轰动一时的四川泸州"二奶遗嘱案"便是公序良俗胜出的典型案例，法院认为遗赠因违反公序良俗而无效。参见饶晓曤："四川情妇遗嘱案之我见"，载《法制与社会》2011年第12期。

[5] 傅郁林："在案例中探寻裁判的逻辑"，载《人民法院报》2012年2月1日。

压力,或者促使发动立法权、行政权,以调整或形成公共政策。[1]家事事件经由裁判作成、宣示之后,司法的作用已超越具体家事纠纷所进行的事后、个别地解决,对一般社会主体的利益取向或价值偏好已造成实际上的波及影响,这即是家事裁判的形成政策的机能。

---

[1] 如2013年海南省三亚市出台的《三亚市"外嫁女"征地补偿费分配的指导意见》,提出了"外嫁女"征地补偿费分配纠纷的处理模式,"外嫁女"案件采"资格认定前置+行政诉讼+民事诉讼"的方案,即起诉前先由行政机关确认其是否具备集体经济组织成员资格。参见宁远:"三亚将出台'外嫁女'征地补偿费分配新方案",载 http://news.0898.net,访问日期:2014年4月2日。

第二章
家事纠纷解决机制的模式探讨[1]

无数法律史的研究证明，对制度的正确理解和阐释应建立在对其来龙去脉考察的基础之上。[2]这种基于历史解释路径的研究方法，殊为重要，因为只有透析被移植规则在法律和学术传统中的意义脉络，才有助于认识和理解其在现存实在法制度中所呈现的差别。[3]也正是在这个意义上，对不同法域制度的比较和借鉴才具有可能。

美国学者赫尔（Hall）和泰勒（Taylor）根据对制度产生的不同解释进路，将制度形成的研究分成历史演变、理性选择和社会组织适宜性选择三种不同的路径。其中，历史演变论者强调制度的长期绩效和制度流变中的路径依赖效应；而理性选择论者更关注制度安排的效率至上性；社会组织适宜性选择则更多地采取"适宜于社会发展"（A Logic Social Appropriateness）

---

[1] 本书中的"法域"是指法律发生效力的特定区域。依照我国法律及相关历史原因，可将我国分为社会主义法系法域（我国内地）、英美法系法域（香港特别行政区）以及大陆法系法域（澳门特别行政区和我国台湾地区）。本书部分内容仅就我国社会主义法系法域内的相关问题进行论述，并依照各法域相似程度进行对比分析，特此说明。

[2] 徐国栋："为罗马公法的存在及其价值申辩：以我自己的有关研究成果作论据"，载《广西大学学报（哲学社会科学版）》2012年第5期。

[3] 薛军："民法的两种伦理正当性的模式——读徐涤宇《原因理论研究》"，载《比较法研究》2007年第3期。

第二章 家事纠纷解决机制的模式探讨

的视角分析制度的合法性和合理性根基。[1]这即是经济学上的制度变迁理论,新制度学派将制度动因纳入经济学的分析,强调制度在经济发展中的作用,从而孕育出五彩斑斓的制度变迁理论。[2]尽管制度变迁理论多出现在经济学分析领域中,但在家事纠纷解决机制方面,制度变迁理论亦表现出了强大的解释力,本章拟借鉴制度变迁理论,对家事纷争解决展开分析。

经济学家林毅夫曾经指出,存在两种类型的制度变迁,即诱致性制度变迁和强制性制度变迁。"诱致性制度变迁"指的是现行制度安排的变更或替代,或者是新制度安排的创造,它由个人或一群人,在引致相应获利机会时自发倡导、组织和实行。与之相反,"强制性制度变迁"主要由政府命令和法律引入。[3]就家事纠纷解决机制的发展模式而言,大体也可按照上述模式的分类,归纳为以美国为代表的诱致性制度变迁模式及以日本为代表的强制性制度变迁模式。如果说诱致性制度变迁凸显了制度的历史演变路径的话,那么强制性制度变迁更多地表现为一种理性选择的进路。[4]在诱致性制度变迁下的家事纠纷解决机制是回应家事纷争实务需要的制度产物,在成长过程中伴随着试错和纠偏的不断调整,以分析不同制度在配置资源中所耗损的成本和增量的效用,最终在诸多制度中选择最具有效率的安排;而强制性制度变迁下的家事解纷机制则具有更多制度设计(Institutional

---

[1] Hall, P. A. & Taylor, R., Political and the Three New Institutionalisms, SOLTAN KAROE et al., *Institutions And Social Order*, University of Michigan Press, 1998, pp. 15~43.

[2] 史晋川、沈国兵:"论制度变迁理论与制度变迁方式划分标准",载《经济学家》2002 年第 1 期。

[3] 林毅夫:"诱致性制度变迁和强制性制度变迁",载盛洪主编:《现代制度经济学》(下卷),中国发展出版社 2009 年版。

[4] 傅沂:"路径依赖经济学分析框架的演变——从新制度经济学到演化经济学",载《江苏社会科学》2008 年第 3 期。

Design）的主观性，政府为实现其目标而进行的工具安排。同时伴随着科层制度的发展和官僚体系管理的完善，其制度设计实现了从通用性工具向规范化政策的转移，以下将分节论述。

第一节　美国模式：诱致性制度变迁

诱致性制度变迁是指人们出于获得制度内的潜在收益，而自发地推动现行制度变更，以消除当下制度的不均衡现象，实现资源的更优配置。美国家事纠纷制度演变基本上沿袭了诱致性变迁的路径，纵观美国家事解纷机制的发展，约略可整理出几个重要的发展阶段：

一、美国家事纠纷解决机制的演变流程

（一）危机中的觉醒：少年法庭的产生

在18世纪前，人们普遍认为对待孩子，尤其是那些出现行为偏差的孩子，最好的处理办法便是用鞭子、棍棒等手段进行体罚，以达到矫治非行少年的目的。而对家长们体罚的幅度和程序一般均无严格的界定。13世纪的荷兰法律甚至赞同"只有把孩子打到流血，他才会记住这些教训"这一观点。[1]

19世纪初，随着自然科学兴盛，个人主义与自由主义极度膨胀，劳资对立激烈，加之战争的频发，导致失业人口剧增，进一步加剧了社会中的累犯与少年犯罪现象。为防止少年犯罪及预防犯罪，异于成年犯之刑事政策的少年法制观念兴起，并

---

[1] 张鸿巍："美国少年法院研究"，载《广西大学学报（哲学社会科学版）》2005年第2期。

着重于改进对少年犯案件的审理和处罚方式。[1]19世纪末期至20世纪初期,美国社会经济历经了从农业社会到现代社会的快速转轨,铁路的铺设和延伸极大地促进了经济勃兴,并带来了人口向城市的迁移及社会结构的迅速重组。在这种大背景下,美国进入了所谓的"进步时代"(Progress Era),该时期的美国经历了一个大量欧亚移民流入、城市化加速的根本性转变过程,家庭崩溃、犯罪暴增,少年犯罪亦然。上述现象也成就了芝加哥学派(犯罪生态学),并由此总结出一条"铁律",即城市化的加速带来的犯罪飙升。[2]

在与19世纪快速工业化和城市化所带来的社会问题做斗争而兴起的社会运动中,最引人瞩目的是一批以改善儿童境遇为目标的慈善家和社会活动家,他们以拯救孩子为己任,由他们推动的社会改革运动被称为"拯救儿童运动"(The Child-Saving Movement)。早期的拯救儿童运动者致力于推动设置专门的少年矫正机构,19世纪美国少年矫正体系的建立,很大程度上可归功于他们极富成效的努力。[3]

1882年,年轻的律师阿尔特杰德(Altgeld)参观了芝加哥少教所,看到成百上千的少年与成年人关押在一起的普遍现象,这些孩子的现状激起了阿尔特杰德为未成年人建立"一个更好的、更人道的法律制度"的改革念头。[4]这场改革肇始于19世纪90

---

[1] 赖恭利:"析论少年司法处遇委外执行之公法关系",载《法学丛刊》2006年第4期。

[2] 王新:"美国少年法院的产生及其历史意义——以社会控制为视角",载《中国青年研究》2009年第7期。

[3] 姚建龙:"美国少年法院运动的起源与展开",载《法学评论》2008年第1期。

[4] [美]斯蒂文·A.德津:"美国少年法庭百年风雨",韩建军译,载《国外社会科学文摘》2000年第5期。

年代初,并很快得到了社会工作者、法官、律师和议员们的广泛支持。改革的初衷旨在改善被拘押少年的境遇问题,但他们很快意识到"问题的根源在于罪错少年不得不面对整个刑事司法体系"。[1]因而,改革者很快将运动中心转移到建立独立的少年司法体系。与此同时,州政府以"大家长"(Parens Patriae)的身份参与保护州内未成年事件,也成为这一时期的先进思潮。[2]美国伊利诺伊州最早回应了这一思潮,于1899年率先在芝加哥通过《少年法院法》(Illinois Juvenile Court Act of 1899),[3]并由此开创了由特定专属法庭处理少年事件的制度先河。在极短的时间内,少年法院制度迅速传遍美国各州及欧洲地区,从1899年至1909年,全美已有20个州效仿伊利诺伊州为儿童创设专门法院。[4]日本亦受其影响,于1922年制定少年法并设立少年法院。[5]尽管就某种意义上而言,1899年伊利诺伊州特别少年法院的出现带有一定的偶然性,[6]但《少年法院法》将19世纪以来美国在少年司法方面的探索所取得的成就基本予以法典化,创制了独立于刑事司法体系之外的少年司法制度。这一模式影响深远,实际上成为"全美国乃至整个资本主义世界少

---

[1] Binder, Amold et al., *Juvenile Delinquency*: *Historical Cultural Legal Perspectives*, Macmillan Publishing Company, 1988, p.231.

[2] 彭南元:《儿童及家事法专题研究》,新学林出版股份有限公司2006年版,第21~22页。

[3] 该法全称为《规范无人抚养、被忽视和罪错儿童的处遇与控制法案》(Act to Regulate the Treatment and Control of Dependent, Neglected and Delinquent Children)。

[4] 王志亮、刘洪:"美国少年法院历史的回顾",载《青少年犯罪问题》2009年第1期。

[5] 参见[日]野田愛子:"諸外國における家事紛爭解決の制度と家事調停",转引自蔡孟珊:"家事审判制度之研究——以日本家事审判制度为借镜",台湾大学1997年硕士学位论文。

[6] [美]桑福特·J.福克斯:"美国少年法院的过去、现状与未来",姜永琳译,载《国外法学》1988年第1期。

年司法制度的蓝本"。美国法学家庞德（Ross Pound）曾高度赞誉该制度为自1215年英国《大宪章》以来，英美司法制度上最重大的进展。[1]彼时，少年司法的观念已更迭为与其处罚犯罪少年，不如改为以活用社会工作、心理学、社会学、教育学、精神分析等学科相关知识，以防止少年再度犯罪为目标，对少年采取诊断、教育等处遇，以保护处分为主，科以形式处分为例外。

（二）实用主义时代：从少年法庭到家事法庭

从刑事政策的角度出发，少年问题多受社会及家庭环境的影响。随着对少年犯罪成因的检讨，人们逐步认识到少年案件与家庭的分崩离析密切相关，其中双亲的离婚是导致少年案件激增的重要原因，应将问题家庭与问题少年视为一个有机整体，在防止家庭崩溃的同时重塑少年行为规范，避免其再度发生犯罪行为。因此引发了建立家事法院以综合处理与家庭有关一切问题的构想。基于上述认识，少年法院的管辖权也随之扩大到与少年有关的部分成年人案件。

从这一角度观察，少年问题成就了家事法庭的舞台。[2]毕竟少年法院原所管辖的"少年之非行案件及放任案件"亦属于家事事件中的一部分。但由少年法院管辖家事事件，与设立少年法院的宗旨又似有不符，故由少年法院发展成独立家事法院实属必然。[3]有学者指出，这种由少年法院到家事法院的趋势，"不但在少年法院的实务处理上，有如此要求，纵在理论上，亦非经过如此演变过程不可"。[4]1910年，纽约州水牛城设立家

---

[1] 赖恭利："析论少年司法处遇委外执行之公法关系"，载《法学丛刊》2006年第4期。

[2] 陈爱武："论家事审判机构之专门化——以家事法院（庭）为中心的比较分析"，载《法律科学（西北政法大学学报）》2012年第1期。

[3] 陈爱武：《家事法院制度研究》，北京大学出版社2010年版，第5页。

[4] 陈棋炎：《亲属、继承法基本问题》，三民书局1980年版，第554~555页。

事关系法庭（Division of Domestic Relation），该法庭将家庭刑事案件纳入管辖范围，其管辖的事件包括丈夫对妻子或子女的抚养疏忽或暴力等轻微刑事案件。随后芝加哥等其他城市也开始设置专门法庭，处理收养、选任监护人、抚养费给付、子女监护及其他与少年有关的家事事件。[1]但由于同州内数法庭之间常发生管辖权竞合问题，进而引发统一家事法院运动。庞德（Ross Pound）的社会法学派（Sociological jurisprudence）成为该项运动最有力的推动者。少年法院在上述思潮影响下，也发展出"社会化程序"（Socialized Procedure）及"个别化裁判"（Individualized Justice）之理念。换言之，将法律及其他科学如医学、生物学、心理学、社会学等相结合，协同把握对象之个性，并将治疗代替惩罚的少年裁判所观念及方法，适用在家事事件上。[2]

1914年，俄亥俄州的辛西那提市设立家庭关系法庭（Court of Domestic Relations），除收养事件及与子女无关的扶养懈怠事件外，其他所有少年事件及家庭事件（包括离婚、赡养费）均被纳入其管辖范围，此举措可谓美国设立家庭法院之先驱。随后，各州市先后仿效，设置大小不一、名称、管辖也不尽相同的各类家事法庭。[3]随着第二次世界大战的爆发，美国乡村人口继续向城市大规模

---

[1] 蔡孟珊："家事审判制度之研究——以日本家事审判制度为借镜"，台湾大学1997年硕士学位论文。

[2] 张晓茹：《家事裁判制度研究》，中国法制出版社2011年版，第38页。

[3] 如在称谓上有家事法院（Family Court）、家事关系法庭（Court of Domestic Relations）等区别；在行政结构上，有的为独立的家庭法院，有的则隶属于普通法院的一部分；在管辖事件的划分上，约略可分为以下几类：①管辖少年事件及离婚、遗弃、扶养懈怠、少年非行及有关监护之成年人案件，例如俄亥俄州之特拉勒市的家事法院中心（Family Court Center）；②管辖离婚外所有有关的少年事件，如科罗拉多州登波市的少年法院；③管辖少年事件及限定的成年人事件，如维吉尼亚州的家事法院；④管辖少年事件、离婚事件以外之扶养懈怠、遗弃、非婚子女及对少年之特定犯罪，如芝加哥家事法院；⑤由市或地方法院管辖少年及家事关系事件，如费城法院。参见张晓茹：《家事裁判制度研究》，中国法制出版社2011年版，第38~39页。

迁移，城市核心家庭急剧增加，[1]同时为填补战时人力缺口，妇女大规模进入生产制造业，促进了妇女自我意识的觉醒，进一步带来了婚姻关系的松动。根据一项美国联邦安全机构（Federal Security Agency）的调查显示，1937年至1945年间，美国的离婚数量出现巨幅增长。[2]尽管法律禁止当事人通谋离婚，但法院也多以"睁一只眼闭一只眼"的态度应对，机械性地容忍当事人的离婚申请，并扩张解释离婚原因，纵容当事人为自己"开方子"。[3]故实务界和学界主张重新定位家事法院的职能，在1947年召开的全美家庭生活会议（National Conference on Family Life）上，美国律师协会（American Bar Association，ABA）提出有关离婚制度改革的提案，指出家事法院在处理婚姻及因婚姻引发的其他家庭关系事件时，应采与处理少年犯罪相同的方式，即运用"诊断及治疗"（Diagnosis and Therapy）的方法。概言之，法官需将陷入婚姻危机的当事人视为行为失范的青少年，将当事人从半刑事化离婚法庭中解放出来，用诊断和治疗的方法取代过去的定罪和惩罚。此次会议还建议为古老的家事法律哲学注入新的理论，如废止离婚的"罪与罚"观念，建立面向社会法的家事法庭，重新检讨婚姻的整体关系并辅之以其他社会资源，寻求除去或矫正其离婚之动机方法以及建立统一离婚法等。[4]

---

[1] 陈璇："走向后现代的美国家庭：理论分歧与经验研究"，载《社会》2008年第4期。

[2] Wood, Rutb N., Marriage and Divorce Laws, *Women Law Journal*, 1947, 33, p. 27.

[3] Alexander, Paul W., The Follies of Divorce: A Therapeutic Approach to the Problem, *American Bar Association Journal*, 1950, 36 (2), pp. 105~108.

[4] Alexander, Paul W., Family Life Conference Suggests New Judicial Procedures and Attitudes Toward Marriage and Divorce, *Journal of the American Judicature Society*, 1948, 32 (8), pp. 38~47.

(三) 自由的盛行：无过错离婚主义及统一家事法院运动

以历史的长焦镜头推进，美国离婚法历经了几个世纪的起伏，实现了从限制离婚时期（过错离婚）到现代开明时期（无过错离婚）的转变。离婚法的起源可追述至英国普通法。[1]但在此之前美国部分区域已出现准予离婚的司法授权。一些州允许无辜的配偶方一通过列举对方所犯下的过错行为而准予离婚，但这些离婚理由在各州各异，如纽约州在1967年之前，通奸是唯一的离婚条件，而有些州则有多达20余种的离婚条件。[2]伴随第二次世界大战后爆发的结婚潮在1970年至1980年间的急剧下降，多代同堂的垂直式家庭扩张明显减缓、传统的核心家庭数量锐减，因一方死亡而造成的婚姻解体数量减少，[3]但人类寿命的延长、对生活期待的上升、新生殖技术的出现、妇女角色的转变以及对宗教依赖的降低等因素，都影响着家庭结构和婚姻稳定。[4]

1. 过错离婚转向无过错离婚主义

截至20世纪中期，离婚诉讼被视为与侵权诉讼具有某种同源性，属于对婚姻受害方的补偿。在过错离婚背景下，焦点集中在"对维持婚姻状态的公共利益"层面，离婚被塑造成"受害者"

---

[1] 在英国，婚姻曾被视为男人和女人之间"牢不可破的联盟"，婚姻只能因死亡得以终结，直至1857年亨利八世获准离婚时，英格兰地区一直是"近零离婚社会"，普通民众均未能享此特权。See Weitzman, Lenore J., The Divorce Revolution: The Unexpected Social and Economic Consequences for Women and Children in America, The Free Press, 1985, pp. 22~26.

[2] 最普遍的离婚条件通常包括"通奸、遗弃和虐待"。See Zborovsky, Gabriella L., Baby Step to "Grown-Up" Divorce: The Introduction of the Collaborative Family Law Center and the Continued Need for True No-fault Divorce in New York, *Cardozo Journal of Conflict Resolution*, 2008, 10, p. 305.

[3] Teitelbaum, Lee E., The Family as a System: A Preliminary Sketch, *Utah Law Review*, 1996, 1996, p. 542.

[4] [美]约翰·德弗雷、大卫·H.奥尔森："美国婚姻和家庭面临的挑战——社会科学家的对策"，刘汶蓉、郑乐平译，载《江苏社会科学》2002年第5期。

第二章　家事纠纷解决机制的模式探讨

对"有罪者"的对抗,这种"错与对"的理念常常造成法院在双方当事人皆有婚姻失当行为情况下,拒绝准予离婚。[1]然而法律是"一种社会力量,它生产行为和结果",[2]过错离婚法带来的是传统的对抗式诉讼及律师在家事案件中的绝对主导地位。对抗式诉讼不仅将激化矛盾,甚至还连带产生了极化的结果,即绝对的输或赢。例如,法院裁定的养育计划安排很可能会导致当事人亲权的永久性消灭。[3]严格的离婚过错制度一方面将当事人困在失败婚姻的"怪兽之嘴"中,另一方面又为那些千方百计欲摆脱婚姻束缚的当事人铺就了"勾结和共谋"的平台。最为臭名昭著的案件便是"无名金发女郎"事件——桃乐茜(Dorothy)受雇扮演"第三者"多达百余次,在纽约各大酒店上演与丈夫们约会的"好戏",再让摄影师捕捉到"奸情",从而为那些婚姻不幸的人提供必要证据以便起诉离婚。[4]

直至 1969 年上述做法才有所动摇,加利福尼亚州(以下简称加州)迈出了勇敢的第一步,颁布了美国第一部无过错离婚法——《加利福尼亚州家庭法》。[5]截至 20 世纪 80 年代中期,各州都采纳了形式各异的无过错离婚制度。[6]一般而言,美国西部地区对离婚的限制更为宽松。然而无过错离婚并非完全无

---

[1] Guidice, Lauren, New York and Divorce: Finding Fault in a No Fault System, *Journal of Law & Policy*, 2011, 19, p.787.

[2] Wexler, David, Therapeutic Jurisprudence: An Overview, *Thomas M. Cooley Law Review*, 2000, 17, p.128.

[3] Madden, Robert G., From Theory to Practice: A Family System Approach to the Law, *Tomas Jefferson Law Review*, 2008, 30, p.408.

[4] Friedman, Lawrence M., A Dead Language: Divorce Law and Practice Before No-Fault, *Virginia Law Review*, 2000, 86, p.1497.

[5] Zborovsky, Gabriella L., Baby Step to "Grown-Up" Divorce: The Introduction of the Collaborative Family Law Center and the Continued Need for True No-fault Divorce in New York, *Cardozo Journal of Conflict Resolution*, 2008, 10, p.305.

[6] 1985 年南达科他州成为最后一个放弃单纯依据过错而准予离婚的州。

须理由，且每个州对于"无过错"有着不同的定义，有些州将"无过错"解释为两个人"不可调和的分歧"，有些州则定义为"不能挽回的破裂"。《统一结婚与离婚法》中的"不能挽回的破裂"，指的是两人分居达6个月，或夫妻之间有严重不和谐，且无法挽回。实务中，离婚只需夫妻双方均不否认存在分歧或婚姻破裂，法院也无法要求其提供任何证据，甚至一方想离婚而另一方不想离婚，即可构成"不可调和的分歧"。无过错离婚法改革粉碎了那些试图利用婚姻中的过错以操纵离婚程序的企图，将司法行政从离婚案件中的伪善和伪证中解放出来。[1]通过执行无过错离婚，肯定了在婚姻破裂情况下应准予离婚的预设，离婚程序应着眼于减少负罪感和缓解家庭内冲突，同时将对失败婚姻的责难降到最低。[2]

2. 家事法院运动：综合性家事法院体系建立

同一时期的自由主义背景下，美国家事纠纷解决机制的发展呈现出两条主线，其中统一家事法院运动（Unified Family Court Movement）便是之一。由于家事法院与美国州内法院的管辖权竞合问题引发诸多不便，美国于1959年通过《标准家事法院法》（Standard Family Court Act）并在随后启动统一家事法院运动，旨在为当事人提供一体化家事服务并尽最大可能保全家庭的完整性，主张在各州建立单独的家事法院，目前多数州均已建立专门的家事法院或法庭。[3]

对何为统一家事法院，作为发起者的美国律师协会并未给出

---

[1] Katz, Sanford N., *Family Law in America*, Oxford University Press, 2011, pp. 76~77.

[2] Hershkowitz, Donna S. & Liebert, Drew R., Divorce Reform in California: From Fault to No-Fault and Back Again?, http://ajud.assembly.ca.gov, 2013-06-23.

[3] Babb, Barbara A., Reevaluating Where We Stand: A Comprehensive Survey of America's Family Justice Systems, *Family Court Review*, 2008, 46, p. 230.

确切的定义和模板,只解释为"应该根据各法院的传统和当地实际需要,并采纳额外的要素"。[1]美国学者谢菲尔德(Schepard)教授则进一步提供了判断一个法院体系是否达到统一家事法院理想的十个标准。[2]但概括而言,统一家事法院是一个综合性的法院,由一位经验丰富的专职家事法官,负责处理所有与家事相关的事件,同时另设一个由心理专家和纠纷解决专家组成的高度组织化的团体做技术支撑和监督管理。[3]在这一运动的影响下,家事法院承担了约三分之一的司法工作量。较之普通法院,家事法院所采用的程序规则更为灵活变通,具有更少的对抗性(减少人们的敌对态度)和更多的专业帮助。[4]家事法院在州法院系统中属于正式的初审法院,与地区、郡或市镇法院、青少年法院、遗嘱检验法院及刑事初审法院并列。治安法院作为非正式的初审法院,也对家庭纠纷享有初审管辖权。家事法院管辖范围主要包括:结婚的资格、婚姻的效力、宣布婚姻无效、法定分居、非婚生子女地位、推定父亲、婚姻关系存续期间的配偶及子女扶养、亲权、收养、离婚、离婚后的配偶扶养、子女监护、探视、家庭暴力、家庭犯罪(包括婚内强奸、虐待、遗弃配偶、子女)以及青少年犯罪等问题。[5]但目前统一家事法院的目标尚未在美国各

---

[1] American Bar Association, What is a Unified Family Court?, http://www.abanet, 2013-07-10.

[2] Schepard, Andrew, Introduction to the Unified Family Courts: A Legal Home Base for Children and Families, N. Y. L. J., 1997, (16) 4, p.3.

[3] Bozzomo, James W. & Scolieri, Gregory, A Survey of Unified Family Courts: An Assessment of Different Jurisdictional Models, *Family Court Review*, 2004, 42, p.12; Babb, Barbara A. & Judith, Moran D., Substance Abuse, Families, and Unified Family Courts: The Creation of a Caring Justice System, *Journal of Health Care & Policy*, 1999, 3 (1), p.14.

[4] 张晓茹:《家事裁判制度研究》,中国法制出版社2011年版,第39~40页。

[5] 夏吟兰:《美国现代婚姻家庭制度》,中国政法大学出版社1999年版,第174页。

州全面实现，且该系统也远未达到统一化和理想化的状态。[1]

(四) 天鹅绒革命：家事解纷范式的转变

有学者将当代美国婚姻家庭面临的问题大致归为以下三类：①婚姻结构多样性。2000年美国普查数据显示，传统的核心家庭如今只占美国家庭的24%，社会上存在大量的未婚父母、单亲家庭及其他非传统家庭结构。[2]②婚姻质量下降。人们在婚姻中得到的愉悦感以及对婚姻中长期承诺的信仰都在持续下降。随着婚姻社会功能的弱化，社会甚至把离婚看作是一种救济方式。③随着社会生活形态和价值观念的改变，一方面社会对婚姻的期待及忍受度逐渐下降；另一方面离婚法改革意外地促进了离婚的自由化。伴随着离婚的自由化和普遍化，人们以婚姻永久性为理想的信念开始动摇。[3]这一循环的命题带来了美国离婚率的激增。如今，美国的离婚率是1960年的两倍。2011年，全美范围的离婚率已高达3.6‰。[4]空前的高离婚率带来了高再婚率并创造出一种混合的新型（重组）家庭。[5]

在美国离婚率惊人增速的背后，传统的对抗式模式已无法在社会变迁的洪流中幸存。自20世纪90年代末开始，婚姻俨然已成为社会的一种结构性问题。在反思传统对抗式诉讼与婚姻事件的关系的同时，家事司法系统也冀望可以积极回应家庭发

---

[1] Babb, Barbara A., Unified Family Courts: An Interdisciplinary Framework and a Problem-Solving Approach, Wiener, R. L. & Brank, E. M., *Problem Solving Courts: Social Science and Legal Perspectives*, Springer, 2013, p.75.

[2] Galatzer-Levy, Robert M. et al., *The Scientific Basis of Child Custody Decisions (2)*, John Wiley &Sons, 2009, pp.73~75.

[3] 林菊枝：《美国婚姻法》，五南图书出版公司1985年版，第118~119页。

[4] CDC, National Marriage and Divorce Rate Trends (2011), http://www.cdc.gov, 2013-05-21.

[5] Foran, Patrick, Adoption of the Uniform Collaborative Law Act in Oregon: The Right Time and The Right Reasons, *Lewis & Clark Law Review*, 2009, 13 (3), p.787.

第二章　家事纠纷解决机制的模式探讨

生的诸种变化。在过去的二十年中，美国家事解纷机制的演进享有"天鹅绒革命"（Velvet Revolution）的美誉。[1]纵观该阶段美国家事纠纷解决的发展，约略可整理出几个重要的范式[2]转变（Paradigm Shift）。所谓范式的转变，概言之是以利益为基础的冲突管理体系（Interest-based Conflict Management Systems）取代以权力—权利为基础的司法程序体系（Power-based and Rights-based Processes）。[3]按传统权力—权利论观点，婚姻关系乃契约关系，结婚意味着神圣契约的签署，履行诺言，彼此终身照顾，不得任意解除或终止；唯有当一方存有过错时，他方始拥有请求离婚的权利。而利益主义论者，则主张从家庭功能的观点检视离婚法，强调调适冲突的整合利益，保护个人在家庭内的利益并支持社会共识的家庭价值。法院处理离婚事件，不以诉讼事件方式审理，而是通过一定的程序协助夫妻及家庭成员重新面对生活，经过一定步骤和阶段后，建构新的人际关系。[4]这种从"权力—权利论"到"利益论"的转变具体表现为以下两个方面：

1. 范式改变的双重路向

（1）家事纠纷解决的理念再塑。所谓理念的再塑是指对家事纠纷的再定义（Reconception）和再定性（Recharacterized）。

---

[1] Singer, Jana B., Dispute Resolution and the Post-divorce Family: Implications of a Paradigm Shift, *Family Court Review*, 2009, 47, p. 363.

[2] 范式的概念，最早由科学史家兼科学哲学家库恩（Thomas S. Kuhn）提出。"范式观念"源自于对自然科学史的探讨，但其后续效应仍广泛地影响了经济学、法学、政治、传播、文学等等学科，促进了学科对自身后设（Meta）的反省。简言之，范式是科学家从事科学活动的"最高指导原则"，科学家不会质疑典范是否可以成立，而在范式指导下进行"解谜活动"（Solving Puzzles）。参见［美］托马斯·库恩：《科学革命的结构》，金吾伦、胡新和译，北京大学出版社2003年版，第10~11页。

[3] Costantino, Cathy A., Using Interest-Based Techniques to Design Conflict Management Systems, *Negotiation Journal*, 1996, 12 (7), p. 207.

[4] 赖淳良："从身份到契约：家事事件审理模式之初步省思"，载《台律师》2013年第5期。

再定义即指对家事纠纷的定义，需从单纯的法律事件转为社会和感情的事件。再定性则表现为对"合作""整体"和"跨学科"的强调而非一味主张积极地辩护（Zealous Advocacy）。[1] 律师逐步退出舞台的中心，并在法庭中引入心理专家和非专业的法庭工作人员辅助当事人作出决策。家事审判程序的目标和理念正悄然发生着改变，[2]试图给予当事人更具覆盖性的司法救济而非单一的经济支持，如监护、离婚和经济支持等被替换为家庭提供"对家庭法律和社会需求予以全面整体评估，以设计更为综合全面的法律救济"。[3]

（2）家事纠纷解决的模式再塑。所谓模式的再塑是指抛弃传统的对抗式诉讼体系，取而代之以敦促当事人建立积极的离婚后共同养育关系（Post-divorce Co-parenting Relationships）为目标的非正式纠纷解决方法。采纳各项新兴解纷措施，从相对发展完善的法院附设调解到家庭群体会议（Family Group Conferencing）及其他有利儿童福祉的问题解决方法等均有涉猎。一些律师也以开放的姿态接纳"合作式离婚法"。两位改革先驱指出："在过去的四分之一世纪里，无论是在字面还是隐喻层面，家事解纷机制都实现了从对抗走向合作，从法庭搬到会议室的转变。"[4]

2. 范式转变的三维层面

传统的法律干预属于"回溯型程序"（Backward-Looking

---

[1] Schepard, Andrew & Bozzomo, James W., Efficiency, Therapeutic Justice, Mediation, and Evaluation: Reflections on a Survey of Unified Family Courts, *Fam. L. Q.*, 2003, 37, p. 347.

[2] Melli, Marygold S., Whatever Happened to Divorce?, *Wisconsin Law Review*, 2000, p. 640.

[3] Murphy, Jane C., Revitalizing the Adversary System in Family Law, *U. Cin. L. Rev.*, 2010, 78, p. 891.

[4] Schepard, Andrew & Salem, Peter, Foreword to the Special Issue on the Family Law Education Reform Project, *Fam. Ct. Rev.*, 2006, 44, pp. 513~516.

Process）旨在指派责任、分配权利；与之相反，在新范式下，法官被赋予"前瞻性"（Forward-Looking）的任务，即督促家庭重组。[1]家事法官不再扮演查错者或纠错者的角色，而是冲突管理者，法院也随之上升至多元纠纷解决系统的顶端。[2]为回应法院范式的改变，律师和当事人等纠纷行动者也随之转变，以实现纠纷解决制度与现代社会的完美"咬合"。总体而言，法院层面实现了由"回溯—前瞻"的离心转变，即从划清责任朝向服务和问题解决型法院的转型；律师层面则实现了"积极进攻—防守合作"的逆向转变，即从进攻式的积极辩护策略转向防守式的合作治疗辩护策略；就当事人个人而言，则实现了"消极个人—积极个人"的向心转变，即从忍耐、压抑或恼怒转向让步、理性沟通、寻求专业咨询等。

二、现代视野下美国家事纠纷解决机制

（一）法院

为应对不堪重负的案件量，保护孩子免受对抗制诉讼的伤害，缓解日益增长的关于司法不能的指控，并减少律师在家事案件中的参与，法院尝试了许多服务项目为家事案件提供多元化的离婚程序和服务，强调治疗式法理和修复性司法在家事法中的运用。[3]其中较具特色的项目有家事调解、亲职教育、监

---

[1] Singer, Jana B., Dispute Resolution and the Post-divorce Family: Implications of a Paradigm Shift, *Family Court Review*, 2009, 47, p.375.

[2] Schepard, Andrew, The Evolving Judicial Role in Child Custody Disputes: From Fault Finder to Conflict Manager to Differential Case Management, *University of Arkansas at Little Rock Law Review*, 2000, 22, p.395.

[3] Freeman, Marsha B., Love Means Always Having to Say You're Sorry: Applying the Realities of Therapeutic Jurisprudence to Family Law, *UCLA Women's Law Journal*, 2008, 17, p.215.

护协调和程序监理人制度等。

1. 家事调解

家事调解是为因应家事案件的特殊事项,借助中立调解员,帮助当事人跳脱家人对簿公堂、法庭相争的困境,降低夫妻双方的憎恨及怨愤的一种家事纷争消解方式。[1]过去20年的研究数据表明,调解已成为家事法院最有利的助力,调解不单是解决问题的过程,也是夫妻双方结束婚姻关系与家庭结构瓦解与再建的一种仪式。对大部分家事案件而言,调解是最有效的处理家庭复杂争议的方法,调解所达成的协议相较法院的裁定,其解决方法更富弹性,调解的不拘性也为潜在的文化差异带来可能。1981年加州通过了美国第一部强制调解法,对与离婚相关的监护和探视权纠纷予以强制调解。以加州为例,该州离婚调解制度采用法院强制离婚调解和私人离婚调解双轨制。[2]离婚调解以未成年子女的最佳利益为宗旨,其目的在于帮助双方在敌对状态下,达成对子女养育问题和夫妻财产分配问题的决定,通过合作离婚的概念拟定离婚协议调解书并提交法院以节省离婚诉讼可能耗费的时间和精力。[3]

美国的家事调解员被法院赋予十分专业的专家角色,以加州为例,一方面,家事调解员除应遵循具体的调解规范外,《加州家事法》(California Family Code)和《加州法院规则》(California Rules of Court)还赋予离婚调解人诸多调解权利与义务,

---

[1] 赖月蜜:"香港、台湾家事调解制度比较研究——以家庭暴力事件为中心",载《人文及社会科学集刊》2009年第2期。

[2] 美国调解工作场域大致可分为四类:私人从事之家庭调解(Private Practice)、咨商调解、社区调解中心(Community Mediation Centers)及法院附设调解(Court-connected Venues Mediation)。参见郭丽安、王唯馨:"台湾离婚场域的观察与反省:训练与性别",载《应用心理研究》2010年第3期。

[3] California Family Code § 3161.

第二章 家事纠纷解决机制的模式探讨

如调解程序的开始与结束、调解人的专业资格、调解的内容限制、调解人权力与职责、调解模式转换等规定。其中最为重要的是调解人的调查权和建议权,《加州家事法》规定,在强制调解程序中,调解人有责任评估争议案件中儿童的需要和利益,并有权在认为适当和必要时探访儿童,并将探访调查结果与当事人之间达成的协议一并移交给法院参考,再由法院下达儿童监护权及探视权命令。[1]另一方面,对调解员的素质和专业培训也有严格标准,如至少有两年专业调解的经验;经过社区心理学、法律课程的训练或持有与心理卫生相关的从业执照。如今,加州法院调解系统已发展出独特的风格与声望,甚至被认为比私人从业者更值得信赖。[2]

然而,家事调解的前提是假设双方在决定的过程处于近似对等的地位,故而部分案件仍需经法院判决,例如配偶间的暴力行为,暴力受害者在权利失衡的情况下进行谈判,纵然有调解员的协助,当事人亦难达成平等的对话与协议。鉴于调解在家庭暴力的使用仍有一些尚待解决的问题,多数研究都将暴力列为不宜调解的情况之一。[3]此外,在家事调解基础上还发展出一种新型的评估式调解(Evaluative Mediation),即将调解与亲权行使评估(Custody Evaluation)加以混合的评估式调解。由于调解程序旨在寻求双方达成一致,而亲权行使评估乃是由专业人员作出评估建议报告,以提供法院作成审理判断的参考。综合此两者主要目的,可一方面为当事人提供专业意见,另一

---

[1] 赖彦杰:"离婚调解之研究",高雄大学 2011 年硕士学位论文。

[2] 郭丽安、王唯馨:"台湾离婚场域的观察与反省:训练与性别",载《应用心理研究》2010 年第 3 期。

[3] Teyber, Edwaed, *Helping Children Cope with Divorce*, Jossey‐Bass, 2001, p. 79.

方面积极寻求两造达成协议。[1]

2. 早期中立评估（Early Neutral Evaluation，ENE）

早期中期评估是一项正式的、保密的程序，可由法院发起或当事人自行安排。当事人双方就争议事项提交简要说明，由中立专家就案件优劣势作出评估报告。若当事人在收到评估报告后案件仍未能达成完全和解，则评估员还将制作案件计划（Case Plan），以限缩调整争议事宜便于后续案件管理。[2]明尼苏达州第四司法区（Fourth Judicial District）于2002年启动了两类早期中立评估项目。一是社会的 ENE 项目，旨在解决关于监护权和监护时间安排等事宜；二是财务的 ENE 项目，旨在解决婚内财产事宜。在立案三周内首次案件管理会议时，当事人及律师与法官就是否使用及拟使用几项 ENE 程序开展讨论。[3]

3. 亲职教育项目（Parenting Education Programs）

1978年，堪萨斯州的约翰逊郡启动亲职教育项目，试图通过关注离婚后未成年子女的需要、夫妻冲突结果和离婚调整程序以避免冲突的进一步升级。[4]法院创设亲职教育旨在协助处理离婚之后的亲权行使问题，或提供咨询服务，以帮助未成年子女面对家庭关系的变动，最大限度地减少对专业的需求和法

---

[1] Pickar, Daniel B. & Kahn, Jeffrey J., Settlement-Focused Parenting Plan Consultations: An Evaluative Mediation Alternative to Child Custody Evaluation, *Fam. Ct. Rev*, 2011, 49, p.59.

[2] Pearson, Yvonne et al., Early Neutral Evaluations: Applications to Custody and Parenting Time Cases Program Development and Implementation in Hennepin County, Minnesota, *Family Court Review*, 2006, 44, p.672.

[3] Lande, John, The Revolution in Family Law Dispute Resolution, *Journal of the American Academy of Matrimonial Lawyers*, 2012, 24, p.41.

[4] Pearson, Jessica, Court Services: Meeting the Needs of Twenty-First Century Families, Fam. L. Q., 1999, 33, p.617.

院的干预，达到改善家庭关系的目的。[1]

典型的亲职教育是一个由心理健康专家和私人非营利机构提供的独立的、为时约 4 小时的会议。平均每次项目涉及 20 名当事人及他们的未成年子女参加，每人需缴纳 30 美元的费用（该笔费用可申请减免）。当事人在亲职教育项目结束后将收到一份证明，以呈递法院以证明参与过该项目。亲职教育的目的并不在于彻底改变父母间关系，而是关注小孩对离婚的情绪校调及父母的应对措施，如父母情绪调整、商讨监护权和共同抚养安排等问题。[2]调查显示，大多父母对参与经历感到满意，甚至有约 70%的参与者赞成以强制方式参加亲职教育项目。当然，父母对该项目的信任有助于其更敏锐地感知孩子的需求。一份在该项目开展 6 个月后的调查回访数据表明，高比例家长认为项目期间所收集的信息，能更好地帮助孩子面对离婚事宜，探视也更为成功和愉快。

4. 监护协调项目（Parenting Coordination）

为协助离婚双方在婚后重建关系，法院创设了一项新的角色和程序——监护协调员和监护协调程序（又称为亲权行使协调程序）。它主要是为回应家事法庭中高冲突性的纠纷和那些欲利用法律系统解决与儿童相关的非法律性事宜等需求。长期以来，法官都因高冲突案件而备受挫折，这些案件约占案件总量的 10%，但却需要耗费法官 90%的精力。[3]鉴于父母持续的法庭争夺已严重危害到儿童福祉，且高冲突案件一般不适宜调解，

---

[1] Schepard, Andrew, Parental Conflict Prevention Programs and the Unified Family Court: A Public Health Perspective, *Fam. L. Q.*, 1998, 32, p. 95.

[2] Geasler, Margie J. & Blaisure, Karen R., A Review of Divorce Education Program Materials, *Family Relations*, 1998, 47, p. 167.

[3] Fieldstone, Linda et al., Training, Skills, and Practices of Parenting Coordinators: Florida Statewide Study, *Family Court Review*, 2011, 49: 801.

故亟须采取补救措施以满足法院和当事人的资金和资源匮乏,减少高冲突争议对孩子的负面影响。[1]

监护协调是一个相对较新的替代性纠纷解决方式,在2000年美国律师协会家庭法小组举办的高冲突家庭跨学科会议中,这份新兴的职业才开始崭露头角。2003年,佛罗里达州等14个州和地区已纷纷启动监护协调项目。[2]家庭和调解法院协会(Association of Family and Conciliation Courts, AFCC)选任专项小组负责编写《监护协调准则》(Guidelines for Parenting Coordinators),该准则于2005年出版。[3]根据《监护协调准则》的规定,监护协调程序是指以子女为中心的替代性纠纷解决程序,由一名心理专业人员或具有调解专业背景的法律人员担任协调者,在法院要求或双方同意之下,协助冲突性强、难以达成协议的父母,了解子女需求,以促进或订立双方的亲权行使计划。[4]监护协调是一项涵摄准法律的,心理健康和替代性纠纷解决程序,且兼具评估、教育、案件管理、冲突管理和决策等多项功能。通常监护协调员与家庭成员一起工作,以期能在日程安排、交通、教育和医疗等日常事宜上达成一致。监护协调员一般无权就法庭命令作出重大调整,如调整监护权或批准搬迁。出于对司法权威和持续管辖权的考虑,监护协调员的任

---

[1] Fieldstone, Linda et al., Perspectives on Parenting Coordination: View of Parenting Coordinators, Attorneys, and Judiciary Members, *Fam. Ct. Rev.*, 2012, 50, p.441.

[2] 科多拉多州也于2005年通过立法确立监护协调项目。See COATES, CHRISTINE A., A Brief Overview of Parenting Coordination, *Colorado Lawyer*, 2009, 38, p.61.

[3] AFCC, Task Force on Parenting Coordination. Guidelines for Parenting Coordination, http://www.afccnet.org, 2013-04-28.

[4] Victocia, Ho M. et al., Parenting Coordinators: An Effective New Tool in Resolving Parental Conflict in Divorce, *FLA. B. J.*, 2000, 74, p.101.

命通常依当事人协议约定，但在一些州和地区，也可依成文法、法院规则或法院命令授权。[1]

5. 程序监理人制度（Guardian Ad Litem）

在涉及儿童的家事案件中，尤其是争议性较大的案件，法院会启动程序监理人选任制度。[2]由于各州关于程序监理人的资格、职责和培训等不尽相同，以下列举较有代表性的两个州以具体说明。

（1）纽约州。根据美国纽约州律师协会的《程序监理人执行职务准则》（Law Guardian Representation Standards），法院在子女监护权事件中指定程序监理人已成惯例。程序监理人在预备阶段、开庭阶段、诉讼阶段、审理后阶段，依准则在各阶段各司其职，如需与未成年人会面，应以未成年子女可理解的方式告知其程序监理人的角色和职责，其在程序中的权利，以及可能的结果等，并检视相关文件，开展会谈和评估。[3]程序监理人除参与诉讼程序外，审理后亦需以未成年人所能晓谕的方式，解释法院的裁判结果和司法效果，未来上诉、抗告的权利及可能的改变等事宜。[4]

（2）威斯康星州。在威斯康星州，程序监理人由持有本州律师执照的律师担任。在涉及监护、儿童安置和有关儿童权益的财产诉讼中，程序监理人代表儿童参与诉讼，成为儿童最佳

---

[1] Ver Steegh, Nancy, Family Court Reform and ADR: Shifting Values and Expectations Transform the Divorce Process, *Family Law Quarterly*, 2008, 42, p. 659.

[2] Gunnarsson, Helen W., Guardian Ad Litem and Attorney for the Child, Child Representative: How is the New System Working?, *Illinois Bar Journal*, 2007, 95 (1), p. 354.

[3] 赖月蜜：" '程序监理人'——儿童司法保护的天使与尖兵"，载《台律师》2013 年第 5 期。

[4] 许翠玲："家事事件程序监理人职务之简介——以美国纽约州准则为主"，载《司法周刊》2013 年。

利益的代言者。在诉讼前，程序监理人需调查取证，或与儿童及其父母会谈，甚至还可参与协商。程序监理人与儿童诉讼代理人最大的区别在于，程序监理人以维系儿童最佳利益为守则，故最后在庭上提出的建议，有可能与儿童预想不同，但法官会基于程序监理人的调查报告和评估判断做最后决定。〔1〕

（二）律师

家事法律规则和家庭关系性质的变化导致了法庭功能的变化，随之而来的是家庭法律师服务性质的变化。一方面，律师除需承担解决家事法律纠纷一职外，还需兼任委托人权益倡导者一职，即通过预防性法律，制定有效的法律规划，提前跳过可能遭遇的法律问题。〔2〕另一方面，律师的辩护策略也从积极的进攻式转向防守的合作治疗式。

1. 合作式法律服务（Collaborative Law）

合作式法律服务这一新型服务方式由明尼阿波利斯的家事法律师韦伯（Stuart G. Webb）于1990年创立。〔3〕他在目睹法院对家事案件的过分侵略后，认为一定存在比对抗制更佳的方法，合作式离婚法律服务便是这种强烈愿望下的尝试。随后，小范围的试点实验逐步演变成一项轰轰烈烈的草根运动，其创设的合作法研究所（Collaborative Law Institute）成为一个以传播合作法理念为首要任务的非营利性机构。〔4〕2001年，得克萨斯州成

---

〔1〕 Wiscosin Bar Association, Guardian ad Litem in Family Court, http://www.wisbar.org/ for Public, 2014-02-02.

〔2〕 Madden, Robertg, From Theory to Practice: A Family System Approach to the Law, *Tomas Jefferson Law Review*, 2008, 30, p. 429.

〔3〕 Grenig, Jay E., Alternative Dispute Resolution（3）, Thomson/West, 2005, pp. 539~540.

〔4〕 Fairman, Christopher M., The Collision of Two Ideals: Legal Ethics and the World of Alternative Dispute Resolution, *Ohio State Journal on Dispute Resolution*, 2005, 21, p. 73.

第二章 家事纠纷解决机制的模式探讨

为美国第一个以成文法形式通过合作法的州。[1]如今,这种新型的解纷模式业已得到广泛支持,它为"战争式的审判"提供了一种更为亲切、温和的替代方法。合作法借鉴了调解的原则,敦促争议当事人及律师在不诉诸法院的情况下达成和解。

合作离婚的概念极为简单,当事人和其律师均以书面方式同意不上法庭、对离婚的所有事项进行协商。双方当事人均有律师代表并允许有其他专业咨询员或评估员的参与,如离婚辅导员、评估员、会计师、经认证的财务或离婚规划师、小孩监护权专家。其中最为核心的是,律师承诺一旦合作程序失败,律师将立即退出代理并不再参与任何相关后续法庭程序。[2]这意味着以动态胜负为结果的传统诉讼方式向以团队合作为导向的新型纠纷消解方式的转型。

当然,这种合作式法律服务仍须遵循一套相对严格的操作规范,如就服务原则而言,合作式法律服务建立在以下三项准则之上:①保证不将争议带入法庭解决;②在非正式披露程序下,双方当事人诚实、自愿并真诚地互享信息;③承诺为解决问题而努力,并优先考虑对方当事人及小孩的利益。[3]此外就程序规则方面,在合作程序中双方当事人均保留律师,且律师和当事人需签署两份协议方能参与合作离婚程序。合作程序开始之前,夫妻双方需签署一份参与协议(Participation Agreement),承诺自己及律师将"诚信谈判,自愿充分披露(信息),开展以利益为基础的协商",内容包括定位诉争目标和诉争策略,确定

---

[1] Mcclure, Kelly, Top10 Things Every Woman (and Her Husband) Should Know Before Filing For Divorce, *The Advocate* (*Texas*), 2009, 49, pp. 58~59.

[2] Libby, Eileen, Putting a Kinder Face on Litigation: ABA Opinion Gives Collaborative Law Practice an Ethics Thumbs-up, *A. B. A. Journal*, 2008, 94, p. 22.

[3] Tesler, Pauline H., Collaborative Family Law, *Pepperdine Dispute Resolution Law Journal*, 2004, 4 (3), p. 317.

诉争关系和长期利益。通过签署协议，双方均承诺放弃正式的披露程序（协议另有约定的除外）。同时双方还承诺"对任何出自善意的提问和要求均予以诚信回应"。此外，参与协议还包含一份聘用律师协议（Retainer Agreement），并对律师的参与范围作出限制，禁止在合作程序破裂后，原参与该程序的律师（及其律所）又在随后诉讼中代理该案。[1]可以说，参与协议的核心即是"剥夺代理资格协议"，一旦合作法律服务破裂须诉诸法院，双方当事人所委托的律师便立即被剥夺诉讼代理人资格。此举旨在鼓励当事人和律师专注于以利益为基础的协商，全身心投入合作服务程序之中，从而实现真正地抛弃对对抗式诉讼程序的偏好。[2]

2. 冲突解决式辩护（Conflict Resolution Advocacy）

目前，家事司法实务中还出现了一种由律师建议、鼓励、推动当事人参与替代性解纷程序的现象。麦克法兰（Julie MacFarlane）教授将这种新的实践模式称为"冲突解决式辩护"。[3]较之过去主要以权利为基础（Rights-based）的激进辩护，冲突解决式辩护则蕴涵更多的辩护策略，如信息收集、决策、情绪处理、协商、重塑理想结果的概念等。[4]冲突解决式辩护建立在传统的"激

---

[1] Zborovsky, Gabriella L., Baby Step to "Grown-Up" Divorce: The Introduction of the Collaborative Family Law Center and the Continued Need for True No-fault Divorce in New York, *Cardozo Journal of Conflict Resolution*, 2008, 10, p. 305.

[2] Lande, John & Mosten, Forrest S., Collaborative Lawyers' Duties to Screen The Appropriateness of Collaborative Law and Obtain Clients' Informed Consent to Use Collaborative Law, *Ohio State Journal on Dispute Resolution*, 2010, 25, p. 347.

[3] Macfarlane, Julie, The New Lawyer: How Settlement is Transforming the Practice of Law, Canada: UBC Press, 2008, pp. 35~38.

[4] Lande, John, Developing Better Lawyers and Lawyering Practices: Introduction to the Symposium on Innovative Models of Lawyering, *Journal of Dispute Resolution*, 2008, 2008 (1), pp. 1~5.

进辩护"之上,但又超越了狭隘的两造利益范畴。[1]这种新的辩护策略旨在为客户谋取最佳可能的结果,运用沟通、说服和关系共建等方法修正过去对案件过分夸大的辩护模式。当然这也对律师提出了更高的要求,它要求律师在辩论与和解程序中,采取更加细致入微、多管齐下的策略。冲突解决的辩护并非否认或反驳程序的正当性,而是将律师对正义的认知代入到程序或争议解决程序中,并适用于司法系统外的私人秩序,它更强调一种律师与客户之间的亲密关系。[2]

同时,家庭法教育改革计划(The Family Law Education Reform Project)也配合这一趋势,敦促法学院在家庭法教学中作出根本变革。如今家庭法律师被要求对家庭问题和实践有着更为透彻清醒的认识,这是过去传统家庭法教学所不曾涉猎的,这些认识包括对争议解决程序恰当和不恰当的使用;在家事案件的管理技巧;新的专业角色扮演以及对新晋现象的关注和研究等。[3]

(三)当事人

当事人范式的改变主要体现在当事人的自我代理(Self Representation)方面。自采纳无过错离婚以来,其他各州铺天盖地的快速仿效,导致任意一方配偶均可单方提起离婚而无需法定理由,这种"自行离婚"有时甚至被戏谑为"餐桌上的离婚"。1994年,美国律师协会常设委员会(ABA Standing Committee)在一项主题为"提供法律服务"的研究中指出:"自1970年中期至1990年中期,当事人自我代理的离婚案件有着稳定且显著

---

[1] Ver Steegh, Nancy, Family Court Reform and ADR: Shifting Values and Expectations Transform the Divorce Process, *Family Law Quarterly*, 2008, 42, p. 659.

[2] Macfarlane, Julie, The Evolution of the New Lawyer: How Lawyers are Reshaping the Practice of Law, *Journal of Dispute Resolution*, 2008, 21, p. 61.

[3] O'Connell, Mary E. & Difonzo, Herbie J., The Family Law Education Reform Project Final Report, *Family Court Review*, 2006, 44, p. 524.

的增长。"[1]报告还指出，那些年纪较轻，收入较低，无年幼小孩，无房产或大笔个人财产，结婚不满十年，教育情况良好的当事人更倾向于选择亲自代理。许多法庭、律师协会和法律援助计划都开设多个项目帮助当事人实现自我代理，其中包括法律诊所、教育项目、自力救济中心和 ADR 等。此外，社会上也出现大量的书籍和互联网资源鼓励当事人在离婚诉讼中的自我代理。例如 Nolo 出版社，自 1971 年开始便出版了许多关于自我代理的法律书籍、电子图书、软件、视频、博客、播客和其他网络信息资源，许多州法院也纷纷在网上推出"自助式"法律表格。

如上所述，家事纠纷改革着力在无过错离婚法和扩散机制背景下，大规模地为自我代理当事人开放法院服务，以帮助他们自行处理纠纷。尽管当事人愿意自我代理，仍需要部分法律援助。故而，出现了一种由律师提供的微范围法律服务，即"分离或离散的代理任务"（Unbundling or Discrete Task Representation）。这是当事人自我代理与律师代理的一种折中做法。[2]目前，许多州法院正在尝试这种"分拆"的法律服务，即允许律师参与处理离婚案件的一部分而非整个案件。[3]

三、美国家事纠纷解决机制的演变特征

英美法律更多徜徉在一种个人自由主义的文化氛围之中，其对私权的关切远甚于法律逻辑的推演证成。[4]零散的实务尝

---

〔1〕 Ver Steegh, Nancy, Family Court Reform and ADR: Shifting Values and Expectations Transform the Divorce Process, *Family Law Quarterly*, 2008, 42, p. 659.

〔2〕 Mosten, Forrest S., Unbundling, *Family Court Review*, 2002, 40, p. 15.

〔3〕 Elrod, Linda D. & Spector, Robert G., A Review of the Year in Family Law: Number of Dispute Increase, *Family Law Quarterly*, 2012, 45, p. 443.

〔4〕 王彬："信托错位引致银信合作失范的纠偏与规制"，载漆多俊主编：《经济法论丛》，武汉大学出版社 2012 年版。

第二章 家事纠纷解决机制的模式探讨

试虽然难以形成体系性框架以更好地指导实践,但正是这种惯于归纳的法律路径反而更加能够契合家事纠纷的新变化,使之脱离法律形式理性的桎梏,以一种实用主义的态度将家事解纷机制发展成如今的多元立体模式。正因如此,针对家事纷争上复杂多样的利益冲突,美国的家事解纷机制总能适时地给予回应性的变更。[1]具体而言,美国的家事解纷机制在漫长的历史演变中,积淀成以下几个较为显著的特征:

（一）自由主义文化烙印下的私化进程

美国学者辛格尔（Singer）指出,美国近25年来家事法的发展就是朝着私化（Privatization）的方向前进,即国家将原来加以规范的事物交由私人决定。[2]这也是一种"过渡性策略",从过时的和不公正的公法制度朝向以保障个人自主权为中心的私法制度的转变。就总体而言,这种转变突破了传统的审判框架,以家庭福祉为中心,朝向更尊重私人需要的方向发展,使私人拥有更多的决定空间。[3]在新制度中对公法所施加的限制,也能更准确地反映社会现状,更公正客观地为家庭生活分配权利和责任。[4]最明显的例证便是美国法律制度对婚姻限制的松绑,离婚制度由法院严格管控的过错制度转变为无过错制度;[5]此外,在收养、代理孕母以及争端解决领域也渐渐以尊重私人的需要与抉择取代国家的管控与规制。

---

〔1〕 齐树洁主编：《美国司法制度》,厦门大学出版社2010年版,第188页。

〔2〕 Singer, Jana B., The Privatization of Family Law, *Wis. L. Rev.* 1992, 81, pp.1444~1446.

〔3〕 Katz, Sanford N., *Family Law in America*, Oxford University Press, 2011, pp.76~77.

〔4〕 李立如："法不入家门？家事法演变的法律社会分析",载《中原财经法学》2003年第10期。

〔5〕 Jacob, Herbert, *Silent Revolution: The Transformation of Divorce Law in the United States*, The University of Chicago Press, 1988, pp.16~29.

(二) 实用主义哲学下的问题解决理念

实用主义法哲学的勃兴，源自法律自主性的衰落。第二次世界大战过后，法律职业共同体的政治共识支离破碎，自然科学的强势发展对原本自洽的法律思维产生重大冲击，迫使法律打开门户并表现出与其他学科相融合的趋势。[1]法学界内部开始分化，部分学者对传统研究范式提出质疑，这一倾向发轫于卡多佐"法律的终极原因是社会的福利"这一著名宣言。[2]正因如此，法律的客观性并非仅表现为其表面上的意义，而在于其现实中的向度和解决问题的能力，这种极富工具主义色彩的解决方法突破了法律的确定性，其赋予法律可修改、可变迁的历史能动性，使得法律可以"从经验、研究和反思中获得他的知识，简言之，就是从生活本身获取"。[3]

这一理念也深切地影响到家事纠纷解决机制设计，表现为家事解纷机制并不以逻辑推演和体系完善见长，而是以解决实际问题为中心主旨，其对于家庭问题的变化，具有更强的回应性，即支持合作的、跨学科的、以利益为导向的纠纷解决机制。长期以来，伴随着家庭给法院带来的诸多挑战，对家事解纷机制的设计和构建充分释放了全美法学专家的创造力，学界和实务界创造了仅字面便有几十种类别的家事争议解决程序，包括多模式调解、心理教育项目、合作式法律服务、跨学科仲裁小

---

[1] [美] 理查德·A. 波斯纳：《法理学问题》，苏力译，中国政法大学出版社 2002 年版，第 528~540 页。

[2] 卡多佐作为实用主义在法学领域的推动者，其本身表现出了双重性的特征，即在简易案件中，其判决更倾向于形式主义、遵循既往的先例；而在疑难案件中，则表现出现实主义的倾向，将实质正义、社会常识和公共政策的考量统统融入司法实践中。参见 [美] 本杰明·卡多佐：《司法过程的性质》，苏力译，商务印书馆 1998 年版，第 39 页。

[3] [美] 本杰明·卡多佐：《司法过程的性质》，苏力译，商务印书馆 1998 年版，第 70 页。

组、监护协调、早期中立评估等。[1]

（三）社会框架下的多元合作模式

在家事纠纷解决程序中，除了法律人的参与之外，其他相关专业人员，例如心理咨询、儿童心理教育或社会工作师等，所扮演的角色亦同等重要。[2]早在设立少年法庭之初，便汇集了社会各界的通力合作。在1925年纪念库克县少年法庭成立25周年的会议上莱斯罗普谈道："也许正是在此时，我们应该记得，且从一开始就很清楚，法庭的艰巨任务是同最复杂最微妙的社会生活问题紧密纠缠在一起的。没有智慧的公众利益和公众合作的支持，法庭就不能为其宗旨服务。"[3]社会框架下的多元合作模式的最大优点在于，可以借助各领域专业人员的协助，提升当事人的自决（Self-Determination）与增权（Self-Empowerment），协助当事人走出负面情绪的泥沼，了解处境与需求，以正面的、积极的态度面对离婚后父母子女关系。[4]在程序多元发展的背景下，传统法院所具备的正确适法、迅速裁决的能力固然十分重要，但为应立法者与社会期待的新角色，法院也必须灵活运用多元程序，积极整合专业服务网络，提升制度功能与弹性，并在组织程序、法规架构、人力编制以及相关专业人员与组织的整合上都进行相应的变革与调整。

---

[1] Salem, Peter, The Emergence of Triage in Family Court Services: The Beginning of the End for Mandatory Mediation?, *Family Court Review*, 2009, 47, p.371.

[2] Johnston, Janet R., Building Multidisciplinary Professional Partnerships with the Court on Behalf of High Conflict Divorcing Families and Their Children: Who Needs What Kind of Help?, *U. Ark. Little Rock L. Rev*, 2011, 22, p.59.

[3] [美] 斯蒂文·A. 德津："美国少年法庭百年风雨"，韩建军译，载《国外社会科学文摘》2000年第5期。

[4] 李立如："亲属法变革与法院功能转型"，载《台大法学论丛》2012年第4期。

四、对美国家事纠纷解决机制的反思

自20世纪中期以来,随着社会变迁以及传统对抗式诉讼的式微,法律与家庭的互动也有了新的发展,但解纷范式的改变引起了学界的警惕与担忧,如多元化纠纷解决与法律规范的断层问题,新范式对低收入家庭的影响,新解纷模式是否有沦为"富人玩具"的危险,家事法院是否具备相应的制度能力以胜任上述整合性任务等。[1]也有学者担心,法院在完成上述"转型"后,反而可能丧失法院所具备的公正裁决及保障个人权利功能,[2]具体而言有如下几个方面:

(一)资金不足

资金问题乃掣肘家事法院服务发展的一项重要因素。美国全国州法院中心(National Center for State Courts)研究员诺拉(Nora)指出,就目前而言,资金问题,尤其是目前法院爆发的资金危机,已严重制约了家事法院服务的有效供给。部分法院过度依赖志愿者(或其他替代方式)以维持现有的法律服务。尽管我们对最后何种服务将取得压倒性胜利尚无定论,但可以肯定的是,家庭将会持续性地需要家事法院提供的服务。[3]

(二)对无过错离婚的反思

美国学界曾一度出现对无过错离婚的讨伐,要求法律恢复到过去的过错离婚状态。反对者认为,从过错离婚的"一法适用每个人"状态跳跃至"排他性地适用"无过错离婚,这种观

---

[1] Johnston, Janet A., Reevaluating Where We Stand: A Comprehensive Survey of America's Family Justice System, *Family Court Review*, 2008, 46, p. 230.

[2] Geraghty, Anne H. & Mlyniec, Wallace J., Unified Family Courts: Tempering Enthusiasm with Caution, *Fam. Ct. Rev.*, 2002, 40, p. 435.

[3] Press, Sharon, Family Court Services: A Reflection on 50 Years of Contributions, *Fam. Ct. Rev.*, 2013, 51, p. 28.

念存在一个错误的逻辑预设前提,即若过错离婚是坏的,那么无过错离婚一定是好的。[1]无过错离婚所带来的离婚率激增,正暗示美国家事纠纷解决系统可能正在遭遇一个司法扩张后的"现代化陷阱"。[2]美国社会学家魏斯曼(Lenore Weizman)在《离婚革命》(The Divorce Revolution)一书中尖锐地指出:"无过错离婚法反而带来了离婚率的飙升,妇女在离婚后生活水准下降,而男人的生活水准却反而在离婚后上升。"[3]尽管无过错离婚法反映了两性趋向平等的社会现实,但在实务中离婚妇女取得的赡养费却愈来愈低,母亲在小孩监护权上也不再享有优势,离婚法的改变反而使妇女儿童陷入无法预期的弱势地位。

(三)对多元化纠纷解决的冷思考

尽管现行解纷程序中的一些措施,如家事调解和养育计划的最初宗旨都是为了降低家庭内的冲突级别,然而这些只是人们的美好愿景。[4]美国学者墨菲指出,诉讼外家事纠纷解决机制可能会导致低收入家庭,特别是那些无律师代理的低收入家庭成员,在非正式的调解与处理程序中丧失其原本可在诉讼程序中享有的法律权利。

家事法院对于非正式纠纷解决机制的扩大依赖,也增加了未受检验的国家公权力介入家庭纷争的风险,例如调解委员会通常可以自由决定邀请哪些相关人员参与调解,受邀者可能包括社区居民,寄养家庭的父母亲,大家庭定义下的直系或旁系

---

[1] Parkman, Allen M., Reforming Divorce Reform, *Santa Clara Law Review*, 2001, 41, p. 383.

[2] Maldonado, Solangel, Cultivating Forgiveness: Reducing Hostility and Conflict after Divorce, *Wake Forest L. Rev.*, 2008, 43, p. 441.

[3] 纪欣:《美国家事法》,五南图书出版公司2009年版,第115页。

[4] Maldonado, Solangel, Cultivating Forgiveness: Reducing Hostility and Conflict after Divorce, *Wake Forest L. Rev.*, 2008, 43, p. 441.

亲属等。一旦这些人被调解委员会带上调解桌，与当事人是平等的调解参与者，在调解桌上谈论他们的关注论点并试图满足自身利益时，调解协商则很容易异变为满足所有参与者的利益，而不单单只是针对案件当事人与未成年子女的需求和利益的考量。[1]

此外，学界对家事调解的实际效果和调解员的素质也提出质疑。有学者通过邮寄问卷的方式，对1500名家事律师进行调查，有20%的律师表示调解程序实际上增加了整体的诉讼费用。另外，在对程序是否节省当事人的诉讼时间问题上，30%的律师认为造成了时间的延宕。此外，不同司法管辖区域的调解委员所接受的训练和调解技巧具有差异性，半数的受访律师对调解委员的技能感到不满。[2]

第二节 日本模式：强制性制度变迁

从历史上看，日本经济社会历经了三次蜕变，第一次是大化革新时的仿唐化，第二次是明治维新时的仿欧化，第三次是自20世纪两次世界大战以来的仿美化，分别把当时世界上最强盛国家的典章文物、经济和社会制度成功移植到日本国土上。日本作为典型的转轨经济国家，通过威权经济的发展模式，借助政治的强力型构司法制度的路径，名副其实地成为"规制型国家"。纵观日本近代法制发展史，第二次世界大战可谓日本社会发展和变迁的分水岭。日本在"二战"前主要承袭以德国为

---

[1] Murphy, Jane C., Revitalizing the Adversary System in Family Law, *U. Cin. L. Rev.*, 2010, 78, p. 910.

[2] Kisthardt, Mary Kay, The Use of Mediation and Arbitration for Resolving Family Conflict: What Lawyers Think about Them, *J. Am. Acad. Matrimonial Law*, 1997, 14, pp. 372~373.

代表的大陆法系，"二战"后因战败而接受美国监管，其战后的民主化改革可以看到诸多英美法的观念。[1]"二战"后的日本对家事法领域进行了深入的规制，并逐渐形成立法规制较为完备和详尽的程序，这也为日本家庭关系的和谐稳定提供了可靠的保障。然而，日本家事纠纷解决机制的变迁沾染了相当浓烈的政治性元素，无论是制度理念还是运作机制都借助了政治的强制力进行建构，凸显了一种工具理性的色彩。

一、日本家事纠纷解决机制的演变流程

（一）"二战"前的日本家事法律移植模式

自日本在 19 世纪末期向世界敞开国门后，主要从德国，再是从其他国家系统地接受了西方法。日本建立在 1889 年第一部宪法之上的新法律体系，可能是非西方国家尝试对西方法规模最大的也是最成功的一次继受。但这并非对西方法的完全照抄，而是吸收了本土的或保守的因素，如日本的天皇制度，形成了半人半神的世袭天皇下的民族主义政体以及家族制度（Kazoku Seido），它由父权制家庭组成，并受特权家长控制。这两种制度将本土因素融入了继受法，都属于日本的独创。[2]

日本明治中期，曾派遣多名学者赴英美留学。彼时的欧美国家正处在"国亲思想"萌芽阶段，即强调由国家代替家庭向破损家庭、解体家庭和纠纷家庭伸出援手，并逐渐以制度化的形式加以固定，如美国在芝加哥建立的全美第一所少年裁判所。

---

[1] 熊涌梅："因应二十一世纪的日本司法制度——日本司法改革会议之建议摘要"，载《法官协会杂志》2002 年第 2 期。

[2] ［日］千叶正士：《法律多元：从日本法律文化迈向一般理论》，强世功等译，中国政法大学出版社 1997 年版，第 109~110 页。

日本学者在学习了西方感化监狱、少年裁判所等制度之后，回国后也纷纷尝试创办家庭学校或国立感化院。1921年，日本开始酝酿制定"以温情本位为道义立场的非诉讼形式调解及审判立法"。1939年随着对华侵略的扩大，围绕战死者的遗族间经常为抚恤金产生的纠纷，日本提出"人事调停"法律草案。[1]《人事调停法》于同年4月正式生效，要点可归纳为：第一，解决亲族之间的纠纷，依照当事人的申请进行调停。第二，若调停申请将破坏淳风美俗、被认定为权利滥用或有其他不正当目的的，裁判所可驳回申请。第三，调停委员应由德高望重或其他适格者担当，并每年由地方裁判所长选任。日本学界普遍认为该法乃"以维持日本传统的淳风美俗和亲族间健全的共同生活为目的而向旧制度妥协的产物"。[2]

（二）"二战"后政府强力引促下的日本家事法变革

自1945年第二次世界大战结束后，在英美法的强烈影响下，日本制定新宪法。新宪法对长期建立在家父长和家族制度上的亲族法及继承法进行了全面的修改，宣告个人尊严与两性平等时期的到来。[3]日本政府随后于1946年设临时法制调查会，并在司法部设司法法制审议会以议决"民法修正要纲"，在要纲第42条建议设立"处理亲族继承事件的家事审判制度"，将原有的家事审判所法律调查委员会改组，议决"家事审判法案"。日本在制定《家事审判法》之初，在地方裁判所内特设支部为家事审判的国家机构，即家庭裁判所负责处理家事纷争事

---

[1] 赵立新：《日本法制史》，知识产权出版社2010年版，第289页。

[2] [日]重松一义："日本家事调停制度的半世纪历程"，黄毅译，载徐昕主编：《司法：调解的中国经验专号》（第5辑），厦门大学出版社2010年版，第233~234页。

[3] [日]田村健二、田村滿喜枝：《新・離婚の人間學》，河出书房新社1994年版，第54页。

第二章　家事纠纷解决机制的模式探讨

宜。家事裁判所的创设完全可以说是一种脱胎换骨的事物，[1]此举主要借鉴美国的做法，且兼具欧洲各国监护法院的性质。[2]创设家事审判制度的理念在于"解决家庭内部纠纷，与其通过人事诉讼这样严格的程序来确定权利义务存在与否，不如让法院站在监护人的立场行使裁量权，利用职权查明案件，根据各人家庭的实际情况形成法律关系，这样更为合适"。[3]

1948年，日本废除原有人事调停制度的同时实施新的《家事审判法》。[4]由于少年法也被全面修改，为保障少年的健全发展，1949年家庭裁判所正式运作后，将少年事件也纳入管辖范围，裁判所被赋予家事事件（包括少年事件）调停与审判的双重责任。家事裁判所以维护个人尊严与两性本质上的平等作为基础，谋求家庭和睦及健全的家庭生活为目的，随着社会发展，最高裁判所给予家事裁判所人力与物力支持外，对于家事程序亦新设各项制度以因应实际上的社会需要。[5]与此同时，日本离婚法律制度在"二战"后也发生了根本性转变。"二战"前主要以男性为中心的离婚惯例，对离婚的规制多委托于亲族集团，而"二战"后离婚法制则以社会民主化、男女平等化为前提，引入了破裂主义和协议离婚制度。[6]伴随着离婚的自由化，

---

[1]　廖中洪主编：《民事诉讼体制比较研究》，中国检察出版社2008年版，第141页。

[2]　Appleton, Richard B., *The New Family Courts of Japan*, *The Journal of Criminal Law*, *Criminology and Police Science*, 1951, 42（2），pp. 225~226.

[3]　关于家事审判制度的沿革和宗旨参见［日］山木戸克己：《家事審判法：法律學全集（38）》，有斐閣1958年版，第1页；［日］佐上善和：《家事審判法》，信山社2007年版，第4页。转引自［日］竹下守夫："日本民事诉讼法的修订经过与法制审议会的作用"，载《清华法学》2009年第6期。

[4]　李青："中日'家事调停'的比较研究"，载《比较法研究》2003年第1期。

[5]　郭颜毓："亲属会议之研究"，政治大学2004年硕士学位论文。

[6]　［日］大村敦志：《家族法（2）》，有斐閣2004年版，第143页。

日本离婚率较"二战"前有所攀升，故引发了学界和社会各界对家事纠纷解决方式的反思。[1]

1951年日本在家事裁判所内设置"家事调查官"制度，负责对家事事件的调查，以充实家事裁判所技能。同年对《家事审判法》作出修改，对不服调停委员会或家事裁判所在调停前措施的当事人或关系人，处以罚款以示惩罚。1956年《家事审判法》再次修正，增加家事债务的履行确保，此乃《家事审判法》实施以来为因应实务需要而设置，在实务中被广泛应用，对履行审判结果发挥着积极的作用。[2]

由于家事审判官需同时处理数件案件，故而势必无法对每件个案全程参与，而须借助调停委员力量，如基于其知识经验、陈述意见并随时将事件发展结果报告裁判官，以及听取关系人意见等。鉴于调停委员在调停程序中所扮演的重要角色，日本于1974年修正调停委员制度。立法一改过去调停员由家庭裁判所任命，属于临时指定的社工性质而较难留住优秀人才，且考虑调停员的职责有准裁判官之性质，故改由最高裁判所任命家事调停员，并将其编制划分为裁判所的兼职人员，同时还可领取相关的委员津贴，申报出差费、住宿费，使其成为薪酬制，以确保留住优秀人才。[3]

然而在《家事审判法》施行数十年后，有感于法条的疏漏所造成解释适用上的混乱，且实务中对如何处置当事人不出席现象及事前处分有无强制力等问题均存有争议。因此，日本于1980年对《家事审判法》部分条款予以修正，同时由最高裁判

---

〔1〕［日］六本佳平：《日本法与日本社会》，刘银良译，中国政法大学出版社2006年版，第293页。

〔2〕林菊枝："家事审判制度之比较研究"，载《政大法学评论》1976年第13期。

〔3〕邓怡君："离婚事件调解模式之探讨"，载《学员法学研究报告》2005年。

第二章　家事纠纷解决机制的模式探讨

所制定的《家事审判规则》也一并于1981年施行。有关家事审判法的主要修正内容涉及审判前保全处分制度，并赋予其形成力和执行力，提高对不出席当事人课征的罚金额度等内容。[1]

(三) 政府推动下的现代化家事法变革

自20世纪90年代起，日本经济结构改革成为重大的时代课题，出现了有必要借助管制松绑，以促进更自由的经济活动的提议，为了解决此类纷争，具有事后性的司法机能受到广泛期待。[2]日本于1999年启动的司法改革成为跨世纪的重大举措，有着加速"全盘美化"的趋势，正式在内阁下设司法改革审议会。在司法改革审议会经历了63回议事，整合了历次司法制度改革之建议与主张，听取了各界的意见，并赴美国、英国、德国、法国等海外进行实地考察后，确立了新世纪日本司法制度改革之三大目标——司法制度、司法人力（法曹养成）和司法运作，并分别就上述目标提出了具体改革措施。[3]此次司法改革的基本理念为"使每一位国民皆能脱离统治客体意识，以一个自律且负起社会责任的统治主体身份，互相协力参与建设自由公正的社会"。[4]其中完善家事裁判所功能成为改革措施中的重要一环，具体包括：厘清家事裁判所与地方裁判所的管辖，将婚姻亲子事件移由家事裁判所管辖；引入程序参与员制度，使其参与离婚诉讼事件的审理；确保民事调停委员、简易法院

---

[1] 蔡孟珊："家事审判制度之研究——以日本家事审判制度为借镜"，台湾大学1997年硕士学位论文。

[2] [日] 中村睦男："日本司法制度改革之最近动向"，李仁淼译，载《月旦法学杂志》2011年第7期。

[3] 林腾鹞："新世纪日本司法制度大改革"，载《东海大学法学研究》2004年第21期。

[4] [日] 笹仓宏纪："日本司法改革之动向（上）——引进裁判员制度的历程与课题"，陈志泓译，载《月旦法学杂志》2007年第11期。

中司法委员及家事裁判所中的参与员等选任的多样化；引入各专门领域非法曹人员参与家事裁判的专门委员制度；修正民事、家事调停委员会、司法委员与参与员的选任方法，以确保在年龄、职业、知识、经验等方面有层级多样的人才参与。[1]

一直被学界和实务界所诟病的"家事审理二元模式"也借此得到了通盘考察和修正。日本过去家事裁判所程序与普通诉讼程序为二元模式，如当事人提起离婚诉讼前，需先向法院申请调停。若未申请调停而径行起诉的，除受诉法院认为移付调停不适当外，原则上均移付家事裁判所调停。若调停不成立，则需另行向法院提起离婚诉讼。如此一来，单一事件却被人为割裂成由家事裁判所进行的调解程序和由普通法院进行的离婚诉讼程序之二元状态，不仅增加了当事人的负担，更降低了纷争的处理效率。随着时间的推进，二元模式的弊端逐渐显现，日本实务界和学界在"家事审理一元模式"问题上达成统一，认为家事事件应由同一法院依循一元程序予以处理，方能避免由地方法院和家事裁判所二元管辖导致的程序混乱和复杂，同时也可增进民众对司法过程的理解，并减少当事人利用家事纠纷解决机制的困难。[2] 2003年，日本司法改革审议会提出，将人事诉讼移交家事裁判所管辖及设置新人事诉讼法的改革建议。[3] 日本《新人事诉讼法》于2004年4月1日起正式施行，该法将家事裁判所的审判对象扩大，即将所有与家庭相关的案件（过去的

---

[1] [日] 飯考行、工藤美香："市民の司法参加と社會・序說−世界の陪審・參審制度の素描と裁判員制度の位置づけ"，载《（日本弁護士連合會司法改革調査室）司法改革調査室報》2003年第2期。

[2] [日] 松本博之：《日本人事诉讼法》，郭美松译，厦门大学出版社2012年版，第18~19页。

[3] [日] 竹下守夫："日本民事诉讼法的修订经过与法制审议会的作用"，载《清华法学》2009年第6期。

人事诉讼程序及解释上被归属于人事诉讼程序之事件）都统一划归由家事裁判所专属管辖，适用具有非讼程序性质的家事审判程序处理。家事裁判所除具备普通法院之司法功能外，还兼具社会机能，通过家事调停委员、家事调查官等具有人类行为科学相关知识、经验的专家，协助当事人找出问题根源，并调整当事人人际关系与环境。在《新人事诉讼法》实施后，日本还审酌德国实行的新《家事事件与非讼事件程序法》，于2011年5月25日废止旧《家事审判法》（以下简称"旧法"）而另订《家事事件程序法》（该法于2013年1月1日正式施行，以下简称"新法"）和《非讼事件程序法》，旨在整合现有家事程序规范并冀望裁判所可以公正迅速地解决家事纷争。[1]原《家事审判法》条文简略，全文共计31条，新《家事事件程序法》分列5编，共计293条，进一步修正了原法有关法律准用的简单规定，增加了有关管辖、法官回避、当事人能力及程序行为能力、程序代理人及辅佐人、程序费用等具体内容。[2]

二、现代视野下日本家事纠纷解决机制

日本家事裁判所内特设家事部和少年部，旨在个别、具体地妥善处理家事事件和少年事件。[3]家事裁判所处理的家事事件按照适用程序的不同可分为家事审判事件和家事调停事件；按照事件类型又可分为家事事件、人事事件和少年事件。

---

〔1〕 邓学仁："从德日法制论我国家事事件法治程序监理人"，载《法学丛刊》2012年第2期。

〔2〕 以管辖为例，新《家事事件程序法》包括有关住所地的确定、优先管辖、管辖法院的指定、移送等详细条款。参见杨佳莉："日本家事程序法最新动态简介"，载《人民法院报》2014年2月7日。

〔3〕 Supreme Court of Japan, Guide to Family Court of Japan（2013），http://www.courts.go.jp，2013-04-12.

（一）家事裁判所的审理案件范围

日本《裁判所法》第31条第3项规定，日本家事裁判所处理的家事事件，可分为以下三类：

第一类，《新人事诉讼法》规定的人事诉讼类案件，其中根据《新人事诉讼法》第2条，涉及人事诉讼案件包括有关婚姻关系、亲子关系、收养关系以及其他以身份关系的形成或确认为目的之诉讼。

第二类，《家事事件程序法》中规定的家事事件，包括成年监护、保佐、辅助、亲子、亲权、扶养、继承等27类，并分别制定相关适用程序。新法参照旧法[1]将家事事件分为甲类（Ko-Type）和乙类（Otsu-Type），并附表1（即旧法之甲类事件共134件）和附表2（即旧法之乙类事件共16件）的形式列出，[2]其中将部分原归属旧法乙类事件的家事事件移至新法甲类事件中。[3]

第三类，《少年法》规定的审理少年案件等，日本《裁判所法》第31条第2、3款规定的少年保护事件及《少年法》第37条第1项规定的第一审刑事诉讼案件（即成年刑事案件）。[4]

---

〔1〕 旧《家事审判法》第9条第1项将家事法院管辖的案件分为甲类和乙类两种，其中甲类案件属于非讼性质比较明显的一类，如禁治产及失踪的宣告、监护人的指定、遗嘱的确认等案件外。乙类案件包括：①夫妻同居、夫妻间的协助、婚姻费用的分担、离婚财产分配、夫妻财产契约管理人的变更及夫妻共有财产的分配、指定祭祀财产的继承；②亲权人的指定和变更、子女监护人的指定和变更、扶养费的请求；③扶养请求、扶养义务人的指定、扶养顺序的确定、抚（扶）养费的增加的请求；④与继承有关的遗产分割、（生前）推定继承人的废除、取消等。

〔2〕 沈冠伶："家事事件之类型及统合处理（一）"，载《月旦法学教室》2012年第11期。

〔3〕 Honma, Yasunori, Introduction to a New Legislation-The Law on Family Affairs Procedures, *Wasda University Institute of Comparative Law*, 2012, 12, p.2.

〔4〕 对有关成年人犯罪是否应归属少年法庭管辖，日本学界和实务界有不同的意见。参见胡忠文："少年处理程序法规范之研究"，中正大学2004年硕士学位论文。

第二章　家事纠纷解决机制的模式探讨

（二）家事裁判所的程序参与主体

1. 家事法官

日本家事裁判所配有相当数额的法官及候补法官，就家事事件而言，担任家事审判的法官与参与家事调停的法官在程序上皆为家事法官。[1]家事事件处理一般由独任法官审理，但有法律明文规定的，也可由三位法官以合议方式处理。家事法官除应具备一般法律实务的分析、整理、判断等基本能力外，还需对亲族法等法律法规有全盘掌握。除熟知法律要件外，法官还需将视野拓展至现代家庭问题和发生的社会背景等。[2]家事法官主要负责处理家事事件的审理、主导家事调停的运行以及分配相关人员任务等程序指挥权。[3]依新法第56条规定，家事裁判所可依职权进行事实调查。在当事人提出申请时，依职权对其认为有必要的证据进行调查。家事法官一般任期10年，且可被重复任命，退休年龄为65周岁。

过去日本法官的遴选多采用职业法官制，现已逐步转向英美的法曹一元制（One Unified Legal Profession），[4]即打破原先的职业法官模式，而从具有律师资格但从事法官职业以外的法律职业者（主要为律师）中选任法官。[5]此外，日本在家事裁判所还设有兼职法官（Chotei-Kan），兼职法官在处理家事审判

---

[1]　[日]齊藤秀夫、菊池信男："注解《家事審判法》"，青林書院1987年版，第63页。

[2]　[日]野田愛子："家事調停における家事審判官の役割"，载[日]沼辺愛一等主编：《新家事調停讀本》，一粒社1998年版。

[3]　参见《家事事件程序法》第52条规定。

[4]　[日]井上正仁："日本司法制度改革之经过及概要"，蔡秀卿、陈运财译，载《月旦法学杂志》2005年第2期。

[5]　邱联恭：《司法现代化与程序法》，三民书局1992年版，第34~35页。

和调停事件中,享有与家事法官同等的职权。[1]兼职法官主要在从业已满5年或5年以上的律师中选任,任期2年,亦可被重复任命。

2. 家事调查官

为弥补家事审判官在心理、社会、教育学等方面专业知识的不足,特设家事调查官制度,以辅助法官共同处理家事案件。家事调查官须通过候补调查官考试,考试内容涉及心理学、社会学及教育学等方面。通过考试后还须接受两年的训练,内容包括:了解实务运作情形;接受有关制度、法律、相关学科及调查实务等基础训练;学习家事调查官必须具备的知识及技能;进行调查实务训练并综合应用等。成为正式调查官后,仍须参加各项在职培训,以保证知识储备的增量,协助法官处理家事纠纷。[2]在调停工作方面,家事调查官的主要职务分为如下三项:

(1) 行使调查权。调查官承家庭裁判官之命进行事实调查(如当事人的生活背景、性格等),调查依进行时间可分为调停期日前的"事前调查"与调停进行中的"事中调查"。其中"事前调查"主要为使调停程序顺利进行,而先对当事人能否到场,有无为子女利益而需采取紧急措施的必要情形的调查。"事中调查"是指案件复杂或经由调停委员询问未能掌握实情,仍有必要的继续调查。调查官根据调停官的要求,从案件的具体需求出发,对相关人员的性格、经历、生活状况、财产状况以及家庭和其他环境情况进行调查,灵活运用医学、心理学、社

---

[1] Nottage, Luke, Judicial Education and Training in Japan, http://blogs.usyd.edu.au/Japaneselaw, 2014-02-11.

[2] 蔡孟珊:"家事审判制度之研究——以日本家事审判制度为借镜",台湾大学1997年硕士学位论文。

会学、经济学和其他的专业知识综合分析后,向家事裁判所报告调查结果。

此外,家事调查官对少年事件也负有调查责任,此类调查始于对少年非行行为原因的探究,终于处遇方式的选择。[1]日本《少年法》第 9 条规定,家事调查官在调查过程中,需要运用医学、心理学、教育学、社会学等专业知识。此处待调查内容为社会调查,即为确认导致非行原因而发生的调查;此外还涉及人格调查,调查对象包括少年的性格及生活环境整体等要素。[2]为更好地观察少年的行动状况,家事裁判所还设中间处分,即实验观察(Tentative Probation),主要是防止因裁判所直接作出的保护处分的裁决可能对少年未来发展造成不妥,故裁判所决定延长最后处分的时间。[3]在实验观察期间,家事调查官需对少年生活状况做进一步的个案观察,辅之以忠告、辅导等措施,通过直接确认和间接询问等方式了解少年的生活状况,并报告法官。

(2)行使调整权。又可进一步分为"引导当事人恢复理性的心理调整"与"案件关系人的环境调整"两类。心理调整是指在当事人因意气用事,不能冷静面对现实而拒绝调停或不能自主判断而为合意时,由家事调查官引导当事人回归理性的调整活动,心理调整多在调停中进行。环境调整是指家事裁判所认为有调整事件关系人与其他环境必要时,通过家事调查官联络社会福利机构,采取其他措施的联络调停活动,如社会咨询或个案调整,可由社会福利工作者根据个别情况调研、制定治疗方案,目的在于使当事人的生活状态、家庭关系都处于较安

---

〔1〕 尹琳:《日本少年法研究》,中国人民公安大学出版社 2005 年版,第 131 页。
〔2〕 [日] 團藤重光、森田宗一:《新版少年法》,有斐閣 1984 年版,第 95 页。
〔3〕 [日] 澤登俊雄:《少年法入門》,有斐閣 1994 年版,第 122 页。

定的情况下参加调停。[1]

（3）到场陈述义务和协助义务。根据《家事事件程序法》的规定，家事裁判所认为必要时，可命令家事调查官于审判或调解期日到场并陈述意见。在当事人无正当理由不到场时，家事调查官即劝谕其到场；在当事人遇有其他困难时，调查官可运用其他社会援助。

3. 家事调停官与家事调停委员

家事调停程序一般由一名家事审判官与两名家事调停委员所组成的调停委员会进行。一般多由家事审判官任调停委员会主任，调停职权范围包括：针对不同家事案件的特点，指定适合该案件的调停委员；在调停委员对于处理家事案件相关的程序或实体法不确定时予以指导；掌握调停进展的具体情况；进行必要的事实调查与证据调查；必要时进行代替调停的审判等等。调停法官主导家事调停程序，须灵活运用相关人员的辅助，协调整个调停程序的有效进行。

日本家事调停作为一项国民参与司法的重要方式，调停的实际实施者主要来源于社会公众。家事调停委员的任命资格为：具有律师资格；具有解决家事纷争的专业知识和经验；具有丰富的社会生活知识和经验，且人格高尚；年龄原则上在40岁至70岁之间。另因调停委员须具有一定程度的可信赖性，故还须满足一定消极要件。[2]最终符合资格的人选，由最高裁判所任命，任期两年。家事调停委员通常为男女各一名，这主要是考虑到家事纠纷多是由两性关系而衍生的问题，为了保障纠纷得

---

[1] 邓怡君："离婚事件调解模式之探讨"，载《学员法学研究报告》2005年。

[2] 消极要件是家事调停委员不可为下列人员之一，禁治产人及准禁治产人；曾被处徒刑以上者；公务员曾受免职之惩戒处分者；法官曾受罢免处分者；律师曾受除名处分者；医师经吊销执照者。

到公平妥当的处理,故有选任不同性别调停委员之必要。

由于家事调停官须同时处理数宗案件,对于每一案件势必无法全程参与,而由调停委员随时将案件发展和调停的情况向其报告,实现对案件的控制。调停程序在相当程度上依赖调停委员切实发挥功能,其重要性可见一斑。家事调停委员主要任务包括:参与调停委员会具体案件的调停工作;从专家立场出发听取案件当事人及相关人员的意见,并阐述自己对案件的调停意见;必要时进行案件事实调查,咨询当事人或证人。调停委员在履行职责时,应当保守秘密。若无正当理由而泄露调停委员会的评议过程、泄露其中成员的评议意见以及评议意见的投票数等秘密信息的,将以秘密泄露罪课处10万~30万日元的罚金或判处一年或一年以上的监禁。[1]

4. 精神科技官和内科技官

日本家庭裁判所中均配备"医务室"并设精神科技官,也有裁判所同时设精神科技官与内科技官,其职务为诊断当事人的身心状况,并将诊断结果以书面或口头形式提出报告,且还可在其中附加自己的意见。在家事裁判所认为有必要时,可命令技官于审判或调停期日列席,当场陈述意见。因裁判所技官的参与,使得家事调停更易达成目标。

5. 家事参审员

为扩大民众的参与,日本家事审理程序也会邀请家事参审员参与家事程序并陈述意见。[2]由于家事事件的处理不仅需仰赖职业的法官或律师,也需通达人情世故的普通民众,以寻求亲属感情的弥合和纠纷的圆融解决,同时也为扩大民众参与司

---

〔1〕 参见《家事事件程序法》第292~293条。

〔2〕 参见《家事事件程序法》第40条。

法的途径,故在家事审理中积极运用司法参与员制度。[1]家事参审员可参与家事审判事件和人事诉讼事件,列席上述程序并陈述意见。但参审员仅可提供咨询建议,以资法官参考,其对审判并无评议权和决定权。[2]

(三) 家事审判程序概述

1. 审理对象

根据《家事事件程序法》的规定,对该法附表1中所列事件适用家事审判程序,如申请变更子女姓氏、放弃继承、申请变更名字、监护人的指定以及收养的批准等事件。此类事件具有较强的公益属性,属于传统的非讼事件领域,要求家事裁判所从监护人角度出发审视案件,衡量当事人个别具体情况并配合事件的实际需要,作成合目的性、妥当性裁判,且这些案件中两造的对抗属性较弱,较难通过双方达成一致解决,故只能通过家事审判程序解决。[3]

2. 当事人

家事审判程序由当事人以书面形式向家事裁判所提出申请,启动家事审理程序。书面申请中应列明申请事由和其他具体事项。关于申请表格,当事人可在家事裁判所服务台领取,相关信息也可通过传真和电话方式获得(为日本家事裁判所特有的服务)。在提交申请书后,当事人还需交付一笔申请费,约800~1200日元,同时还需购买邮票,以便将相关文件邮寄给对方当事人和相关人。[4]

---

[1] 林道晴:"参與員の活用について",载《家庭裁判月報》1990年,第14页。

[2] 邱联恭:《司法现代化与程序法》,三民书局1992年版,第42页。

[3] Supreme Court of Japan, Guide to Family Court of Japan (2013), http://www.courts.go.jp, 2013-04-12.

[4] Supreme Court of Japan, Guide to Family Court of Japan (2013), http://www.courts.go.jp, 2013-04-12.

第二章 家事纠纷解决机制的模式探讨

3. 审理程序

家事审理程序由家事法官主持,并可邀请家事调停员和家事参审员参与,在听取其意见后作出家事裁判,适当时也可由家事法官独任审理。[1]家事事件的审理,依《家事事件程序法》第33条规定,适用程序不公开审理原则,但经当事人同意允许列席旁听,这主要是从保护公民个人隐私权出发,为其提供可自由抒发意见的私密场所。

由于旧法所规定的家事事件具有较强的非讼性格,[2]且在该法中明定程序准用《非讼事件程序法》以凸显家事审判中的非讼程序性质,主要有限制处分权主义、酌采职权探知主义、实体真实主义、本人直接参与主义及全面解决主义等。[3]新法对原程序法理进行了部分修正,承认听审请求权在非讼事件中的适用,故新法法理兼具诉讼性和非讼性。由于家事裁判所的审理过程,不仅是法官依职权探知事实的进程,亦是当事人之间进行辩论和质证的过程。为提高程序的透明度,强化以公益性为基础的职权正当性,故在非讼法理中引入辩论主义的积极方面,即给予当事人提供证据材料、提出见解的机会。如《家事事件程序法》第47条规定,当事人或与案件结果有利害关系的第三人,经家事裁判所许可,可向书记官请求阅览或复写家事审判案卷,请求其交付案卷正本、副本、抄本或其他与家事

---

[1] 冷罗生:"日本现代审判制度",中国政法大学出版社2003年版,第161~168页。

[2] 这种非讼性格主要表现在:①要求法官行使裁量权;②因事件的继续性,需求因应情事为裁判之撤销变更;③迅速解决之需求;④公益性要素强烈。参见[日]佐上善和:"利益調整紛争における手続権保障とその限界",载《法律時報》1980年第7期,第28页。

[3] 许士宦:"日本婚姻事件处理程序概说(上)",载《植根杂志》1994年第1期。

审判相关联事件的证明书（当案卷中包含录音录像资料时不适用交付，只能请求复制）。且当事人提出阅览或复写申请时，法院原则上应当许可。同法第63条规定，家事裁判所在进行事实调查时，如果发现调查结果对当事人继续行使家事审判程序权利可能产生重大影响时，应通知当事人及有利害关系的第三人。[1]

此外，就审判前的保全处分事宜，新法一改过去适用审前保全规则需援引诸多准据法，且对保全处分的效力学界和实务界解释各异的现象，单设一节专门规定审前保全事项。由于家事事件与人们的日常生活息息相关，且需由法院形成、创设关系人日后生活的准则，有时因牵涉多数关系人，期间利害关系交错复杂，又兼具强烈的情感对立等情形，待法院作出裁判需花费较长时间。而在此期间，成为审判对象的财产可能被隐匿、变卖或做其他处分，导致日后强制执行实现权利的困难；或该时期内，当事人因无法领取生活费、抚养费等而导致生活困难。为因应上述情形，在家事审判程序终结前，采取保全措施，以阻止妨碍审判目的达成的行为，预先排除事件关系人生活上的危险状态，而设置审判前保全处分制度。[2]新法第105条至115条对审前保全处分的申请、效力和抗告等作出规定。

为提高家事程序运行的便捷性和亲民性，《家事事件程序法》还引入电话会议制度，扩大调停的适用范围。根据新法第58条、第258条、第270条规定，在当事人居住地相隔较远，于审判或调停日期内同时到达难度较大的情况下，家事裁判所

---

[1] 杨佳莉："日本家事程序法最新动态简介"，载《人民法院报》2014年2月7日。

[2] [日] 齊藤秀夫、菊池信男：《注解〈家事審判法〉》，青林書院1987年版，第600页。

可以采取电话会议或视频会议的方式,大幅提高了程序利用的便捷性。[1]

同时为保护未成年人利益,《家事事件程序法》对子女抚养费分担、子女姓氏变更、许可收养、指定监护人等事宜,规定子女满15周岁以上的,家庭裁判所在裁判前应当听取子女意见陈述。不过在实践中,家事裁判所通常对10周岁以上的子女意愿也会加以考虑。[2]《家事事件程序法》还新增未成年人程序代理人制度,如第42条规定,由于未成年人受判决结果的直接影响,可以有利害关系的第三人身份参与审判或调停程序。法官可以依当事人或未成年人的申请,或依职权选任未成年人的程序代理人。代理人需站在客观立场上,为未成年人提供程序运行的必要信息,并释明审判或调停的发展前景。在综合考虑未成年人年龄及智力精神水平的基础上,帮助其行使意见表明权。代理人应防止未成年人意见遭受父母的不当干预,在纷争解决过程中安抚其不安情绪,提供精神慰藉和支持。[3]

(四)家事调停程序概述

1. 调停对象

在日本,家事调停对象极为宽泛。《家事事件程序法》第244条规定,除了本法附表1中规定的事件外,有关人事诉讼事件、其他一般家事事件以及本编(第3编)所规定的事件均为家事调停的对象。具体而言,可将家事调停对象分为以下三类:

---

[1] [日]加藤幸江、角野佑子:"家事事件手続法が施行されます",载 http://www.clo.jp/img/pdf/69/13.pdf,访问日期:2014年3月21日。

[2] Atoshi, Minamikata, Resolution of Dispute over Parental Rights and Duties in a Marital Dissolution Case in Japan: A Nonlitigious Approach in Chotei (Family Court Mediation), *Family Law Quarterly*, 2005, 39 (2), p. 489.

[3] 杨佳莉:"日本家事程序法最新动态简介",载《人民法院报》2014年2月7日。

第一，人事诉讼案件，包括婚姻无效和撤销、离婚之诉、协议离婚的无效和撤销、婚姻关系存在与否的确认；嫡生子女的否认和承认、认领子女之诉、认领无效之诉、撤销认领之诉、父亲确认之诉、亲子关系存否确认之诉；收养关系无效和撤销、离缘之诉、协议离缘无效或撤销之诉、收养关系存否确认之诉。

第二，《家事事件程序法》附件2中所列明事项，包括亲权人的指定和变更、离婚财产分配、子女监护权问题，请求支付抚养费、婚姻费用的分担等。此类事件有较强的对抗属性，且案件可通过双方协商让步达成一致，故此类案件既可审判又可调停。[1]

第三，与家庭有关的普通民事案件，主要指亲属间、准亲属间涉及人身和财产关系的纠纷。包括：遗言无效确认；遗留份额削减请求；因不履行婚约和单方面结束事实婚姻关系而产生的赔偿费的请求；夫妻中一方向过错另一方要求赔偿费；亲属间的金钱借贷和租赁房屋、土地等案件。[2] 对此类案件的范围的确定可参考高野法官的"三要件"基准予以判定。一是人的范围确定。即有亲属关系或存在与之有类似关系的人之间存在的纠纷。这种关系不仅是过去的"曾经拥有"（如离婚后原夫妇），还有准亲属关系（如非法同居夫妇、已缔结婚约），还涉及遗产受赠者与遗产继承人就遗产继承而发生纠纷等。二是这些关系人之间的纷争，不仅涉及身份（缔结婚约等准身份关系）关系纠纷，也包括亲属间财产关系纷争。三是纷争存在可调整

---

[1] Supreme Court of Japan, Guide to Family Court of Japan（2013），http://www.courts.go.jp, 2013-04-12.

[2] [日] 山木戶克己：《家事審判法》，弘文堂1967年版，第84页；[日] 小山升：《民事調停法》，有斐閣1977年版，第119页。

的空间。〔1〕

2. 调停前置原则

当事人就"有关家庭事件"提起诉讼时，除《家事事件程序法》附表1所规定的审判事件外，首先必须向家事裁判所申请调停，即调停前置主义。〔2〕新法第257条规定调停前置主义，对未提出调停申请而径直提起诉讼的，家事裁判所必须依据职权先进行调停。但若裁判所认为该事件不适合调停的，不受本条限制。

采用调停前置原则主要是基于以下几点考量：第一，对家事纠纷特殊性的全面检讨。若直接利用对抗性较强的诉讼程序解决家事纷争，与维持家庭和睦、健全家族共同生活的宗旨不符。第二，基于家庭身份关系案件具有的非合理性，对其处理不能以诉讼的一般方法，即通过要件事实的认定，采取刚性、划一的方式逐一解决，而应由家事裁判所的调查官、医务室技官等专家活用人际关系等诸学科知识，按照调停程序进行人际关系的疏通、调整，以使纠纷解决后依然维持圆融的人际关系。第三，出于对经济弱势地位的妇女、儿童或高龄老人的保护立场，调停委员会应该在选择高费用、长耗时的诉讼程序之前，先行调停，以便简易、迅速地解决纠纷。〔3〕

3. 调停流程

调停程序开始后，家事调停官或调停委员首先应对当事人阐明调停的意旨，使当事人对调停有正确的认知。在调停程序

---

〔1〕 陈飚："日本家事调停制度研究"，载《河北法学》2010年第1期。

〔2〕 Supreme Court of Japan, Guide to Family Court of Japan (2013), http://www.courts.go.jp, 2013-04-12.

〔3〕 [日]梶村太市、德田和幸：《家事事件手续法》，有斐阁2004年版，第45页。

进行中，调停委员须平等听取当事人陈述纠纷，并使其能畅所欲言，而后将双方当事人的陈述与家事调查官所提交的事前调查报告比较，以确定案件事实。经调停委员会评议后作出合乎法律与情理的调停方案，并以此确立调停的基本方向。可先由当事人各自提出解决方案，再逐步劝导修正方案，以接近调停委员会评议的调停方案。调停过程中，需尽可能地使当事人恢复冷静、客观自省，理解对方当事人立场，以达成自主解决纷争的合意。在实际调停过程中，家事调停官有时需同时处理数起案件，无法出席每一次调停会谈，但可通过审阅调停员提交的调停会谈笔录，保证对调停程序的掌控。《家事事件程序法》第272条规定，家事调停委员会在发现当事人没有达成合意的可能或者认为达成的合意不合适时，可以调停不成为由，终结调停程序。但家庭裁判所根据本法第284条第1项规定作出"代替调停的审判"则不在此限。在根据前项规定终结调停程序时，家庭裁判所必须将调停终结通知告知当事人。自当事人收到通知当日起，若在两周内当事人就同一事件又提起诉讼的，将申请家事调停的日期视为提起诉讼的日期。在当事人双方未能达成合意，即调停失败的情况下，应按照原先案件的类型别属而进入因应的家事审判程序、人事诉讼程序或普通民事诉讼程序。[1]

4. 调停方法

家事调停的方法可分为同席调停和别席调停两种。在日本，让当事人直接交流的同席调停，更符合自律地解决纷争这一现代法目标。但一方面，要让当事人冷静地进行合意实则非常困难，两造之间情绪对立的情况极为普遍；另一方面，让当事人

---

[1] 陈飏："日本家事调停制度研究"，载《河北法学》2010年第1期。

慢慢打开心扉、创造一个冷静商谈的平台，又需花费相当的时间，通常被认为效率低下。故实务中多实行"别席调停"，即把当事人分别请至不同的调停室内，听取各自主张并尝试说服当事人的"背对背"做法。但是，别席调停在运用上也存在问题。其一，对当事人而言，同席调停更能促进相互理解和交涉，即便未能达成调停，但沟通过程本身对纷争解决有着积极的正面意义。其二，从调解技巧上看，虽然当事人或许不想与对方见面，但也却愿意听取对方意见，或试探对方态度以获取更多信息，进而作出对己方有利的决策。其三，别席调停由于调停委员的介入，而存在信息操纵之虞，较难判断双方意图是否被正确传达。

事实上，无论是日本的理论界或实务界人士都倾向于最大限度地为双方当事人提供公平的保障，实行"同席调停"，即一般情况下应尽可能地把当事人邀请至同一调停室，听取双方各自主张，在协商、互让的平和氛围内获得对方的理解和认可。[1]家事调停实务方面也有朝此方向努力的实践性尝试，如大阪家事裁判所的同席家事调停，在离婚调停、遗产分割调停上都取得了极高的成功率，[2]这些都为长期以别席调停为主流的家事调停活动提供了诸多启示和借鉴。

（五）家事调停与诉讼的转换与衔接

有学者总结，日本民事司法体系的特点便在于调停和审判明确地被分离为两种内容不同且在制度上互相隔离的程序，但

---

[1] 陈飏："日本家事调停制度研究"，载《河北法学》2010年第1期。
[2] [日]井垣康弘："家事調停の改革"，载《判例タイムズ》1996年，第8页；[日]井垣康弘："同席調停の狙いと成功の条件"，载[日]井上治典、佐藤彰一主编：《現代調停の技法》，判例タイムズ社1999年版，第172~191页。

却保持了功能上的互补与衔接关系。[1]一方面,在审判程序框架内,调停程序摆脱了过去诉讼程序所遭受的种种形式性制约,获得了纠纷解决在实质上的妥当性;另一方面,诉讼、审判程序则能较少地受到来自价值取向不同的纠纷解决方式的干扰,从而有效地提供程序保障的功能。

1. 移付调停

作为围绕家事事件的纷争解决程序,调停与诉讼均为自成一体的独立的程序。为了确保两者间的互动与衔接,立法规定了移付调停制度,即赋予家事裁判所职权启动调停程序的权力,其理由和采用调停前置原则的理由一样,即无论事件审理进行到何种阶段,当判断尚能通过调停解决纷争时,法院应尽快进行调停。《家事事件程序法》第274条对移付调停作出规定,即对(依本法244条规定可予调停的事件)尚在审理中的家事诉讼案件,家事裁判所在听取当事人意见后,认为能够进行调停的,可随时依职权将事件移付调停。可见,即使此前已经过家事调停程序,若法院认为案件应当再次进行调停的,仍可依据职权对案件移付家事调停。

值得一提的是,对于附表2中的家事案件一旦调停不成立,将依法自动转介进入审判程序,无须当事人另行提出家事审判之申请。根据现行程序法构造,对于人事诉讼事件调停不成立的,案件不会自动转介进入人事诉讼程序,而需当事人另行提起人事诉讼。[2]自当事人收到调停不成立通知之日起,两周内提起诉讼的,自申请之日起便视为已经提起诉讼,以确保提起

---

〔1〕 王亚新:《对抗与判定:日本民事诉讼的基本结构》,清华大学出版社2010年版,第191页。

〔2〕 [日]松本博之:《日本人事诉讼法》,郭美松译,厦门大学出版社2012年版,第115页。

诉讼期间的有关法律效果。另外，在移付调停的情形下，由于当事人间调停未能成立的，将重新启动被中止的诉讼程序。

2. 相当于合意之审判

对于婚姻、收养之无效或撤销等关系身份之特定事件，在经调停委员会调停，于当事人之间达成合意，且对无效、撤销事实无争议时，家事裁判所经调查必要事实，听取家事调停员意见，可作出与当事人合意相同的裁判，即所谓"相当于合意之审判"。[1]《家事事件程序法》第277条规定，人事关系诉讼（除离婚和离缘诉讼外），在满足以下条件时，家事裁判所在调查必要事实的基础上可以作出与合意内容相同的裁判，即为"相当于合意之审判"。但是身份关系事件中若一方当事人死亡的则不在此列：①双方当事人同意接受判决且该判决与自己所诉请内容一致的；②双方当事人对无效或撤销的原因或者身份关系存否等原因事实，没有争议的。

法院作出相当于合意之审判的原因主要在于，在人事诉讼中，除离婚、离缘等事件外，其他如婚姻、收养、离婚协议或收养终止等无效或撤销的事件以及认领子女、亲子关系不存在等确认亲子关系等事件一般不允许个人按照自己意思为自由处分。由于不承认当事人的任意处分权，即使当事人在调停程序中达成合意，也无法成立调停。家事裁判所就当事人间无争议的原因事实为必要的事实，调查并听取调停委员意见后，认为两造合意正当时，可作出相当于合意之审判。[2]此类事件经过判决程序确定后，"相当于合意之审理"与确定判决具有同一效

---

[1] 合意に相当する審判，Adjudication Corresponding to Agreement。

[2] 邱璿如：“家事事件审理程序之新建构——以日本有关人事诉讼并由家庭法院审判之议论为借镜”，载《台湾本土法学杂志》2002年第9期。

力,[1]而使得形成、确认的特定身份关系发生终局确定结果。若调停无法达成合意,或相当于合意之审判因当事人提出异议而失效时,则当事人必须重新提起人事诉讼。至于离婚、离缘事件,原本即可由当事人协商处理,故一旦调停成立便与确定判决具有同一效力。在调停不成立时,家事裁判所听取调停委员之意见后,可审酌相关情形依职权作成审判。

3. 代替调停之审判

对于部分事件,如果当事人就重要争议已经初步达成合意,但受限于细节问题而最终导致调停不成立时,若完全放弃之前调停的努力,反而会消减家事调停的实际效果。故《家事事件程序法》第284条规定,家事裁判所,在认为调停不成乃合理的情况下,家事裁判所考虑双方之利益平衡并审酌其他具体情况,为求纷争之解决,在认为适当时可依职权进行必要裁判,即为"代替调停之审判"。[2]该条第2项规定,当家事调停的程序由调停委员会主持时,在进行"代替调停之审判"前,家庭裁判官还须听取组成家事调停委员的意见。当然,这并非强制当事人接受调停,仍是以裁判的形式,向当事人明示法院所判断妥适解决纷争的具体内容,故称为"代替调停之审判"。[3]此项裁判程序为家事裁判所的职权,由家事法官主导,对特殊事件可灵活使用该项审判功能,以发挥纠纷消解的功能。[4]

日本学界在实践中总结出五类可适用"代替调停之审判"的特殊事件。第一,本人未出席而导致调停无法成立的事件中,

---

〔1〕《家事事件程序法》第281条。

〔2〕 調停に代わる審判,Adjudication in lieu of Conciliation。

〔3〕 [日] 杉井静子:"家事事件手続法の施行により",载《司法書士》2013年第3期。

〔4〕 蔡孟珊:"家事审判制度之研究——以日本家事审判制度为借镜",台湾大学1997年硕士学位论文。

如离婚收养等事件因与个人身份密切相关而排斥他人代理的，但如果当事人一方居住遥远或在医院、监狱等地方，虽无法出席调停，但实质上就调停事项已达成合意的，此为运用该类审判较常见的事件；第二，已有明显符合离婚或终止收养法定事由的事实，但有责一方当事人提不出合理事由，却坚持不愿离婚或终止收养之情形；第三，就离婚或终止收养等主要部分已达成合意，但就附随事项如亲权人之指定，财产分配、抚慰金、子女抚养费的负担等，无法达成合意之情形；第四，在调停程序中，双方当事人曾一度达成合意，但一方无正当理由推翻合意且不出席调停之情形；第五，在涉外离婚或终止收养事件中，准据法的外国法不承认得以调停离婚、终止收养时，可代以审判。[1]

三、日本家事纠纷解决机制的演变特征

日本家事解纷机制是在强制性制度变迁的过程中，结合本国国情和民族特点不断演化的产物，因而其凸显了一种兼收并蓄的特点。整体而言，日本的家事解纷机制的演变特征主要集中在以下几个方面：

（一）行政指导下构建的家事解纷机制

日本作为后发型国家，无论是早先的明治维新，还是第二次世界大战后的赶超型发展战略，政府都以相当主动的姿态推动司法制度的革新，确立日本政府干预型的司法发展模式，政府的外力成为制度创新的主要动力。在日本，"对于后发国家而言，法律变迁实际上就是政府为了寻求制度效率改进而进行的一种既有的国家治理结构的主动调整，其具体内容就是大规模

---

[1] [日] 沼辺愛一：《新家事調停讀本》，一粒社1991年版，第636~637页。

的立法以及司法体系配合改革的相应改变"。[1]

一方面，政府的强力推动和政策的激励诱导，成为家事解纷机制发展的动力源泉，而行政指导在这一过程中更是发挥着举足轻重的作用。政府在日本社会中占据强势地位，这与日本人受到等级身份制观念的影响密切相关。[2]不可否认，这一极具日本民族化特殊底蕴的行政指导模式，能够填补法律空白，及时应对家事纠纷的紧急需要，并进行适时性的规制和引导。这一倾向反映在家事纠纷解决机制的设计上，便是法律的变动不居。自日本1947年公布施行《日本国宪法》，强调家庭内部需实现保障所有家庭成员的"个人尊严"与"两性平等"的概念以来，[3]日本政府便以家庭为中心，对整个家事裁判体系进行构建，效仿美国家事法院理念和模式，将少年事件和家事事件合并，新设家事裁判所。[4]此后，家事诉讼程序的各项规则更是历经了数次修正，但正是这种不胜其烦的行政主导下的法律修正，使得日本家事解纷机制总是能够及时地回应社会的发展变迁，有效地防止了纠纷带来的人际关系动荡和利益冲突的发生。

另一方面，强制性制度变迁所不能回避的是国家是否有精力和能力去设计和推行由诱致性制度变迁过程中所不能提供的

---

[1] 康锐：《我国信托法律制度移植研究》，上海财经大学出版社2008年版，第140页。

[2] 李丽辉：《法律与民族性：日本法律近代化何以可能》，法律出版社2012年版，第155页。

[3] 这与长久以来战前的《明治民法》所支持的"家父长制"有所冲突，并导致民法典的修正无法配合《日本国宪法》的公布施行时间完成。故日本于1947年公布有时限的过渡期法令，即《关于日本国宪法施行后民法之应急措施法》，借此弥补《日本国宪法》公布后与民法典全面修正完成前的法律空洞。参见[日]中川淳：" 現代家族の法學"，加除出版社2000年版，第13页。

[4] [日]中村英郎："日本の民事訴訟法に与えたアメリカ法の影響"，载《早法》2007年第2期。

第二章　家事纠纷解决机制的模式探讨

适当性制度安排。尤其是在行政指导泛滥的日本，当行政指导权力恶性膨胀的时候，极有可能出现行政权代替立法权的情形，无形中赋予了行政指导以绝对的强制力，更是使之拥有了扩充和改变法律条款的权力，极易诱发行政的恣意。此外，政府的制度供给还会受限于供给者的科学知识储备，即使政府出于维护公共利益的目的，希望设计并安排妥适的裁判程序以保证制度的均衡，但不同程度的信息偏好以及既有知识的不足，也会导致政府难以建立起完备的纠纷解决制度。[1]

（二）灵活制度移植中的本土化建构

二次世界大战以后，日本以美国型民主主义、自由主义和个人主义为典范，尽最大努力使日本的社会现实向理想的模板靠拢。[2]其制度变迁表现出一种外力推动下的制度移植过程，但是这一移植并不是僵化不变的，而是表现出一种较为明显的实用主义立法哲学倾向，同时随着经济复苏、经济繁荣后公民意识的高涨、社会结构的变迁，更助长了司法平民化、公平化、快速化的需求呼声与改革动力。[3]

日本战败后社会贫穷、国家政治及个人思潮混乱，造成少年犯罪激增，联合国总司令部[4]建议扩增少年审判机构并修正少年法。为因应少年审判的立法趋势，最高裁判所认为家事审

---

〔1〕 林毅夫："诱致性制度变迁和强制性制度变迁"，载盛洪主编：《现代制度经济学》（下卷），中国发展出版社2009年版，第276页。

〔2〕 [日] 真田芳宪：《日本的法律继受》，江利红译，载 [日] 中西又三、华夏主编：《21世纪日本法的展望》，江利红译，中国政法大学出版社2012年版，第21页。

〔3〕 林腾鹞："新世纪日本司法制度大改革"，载《东海大学法学研究》2004年第21期。

〔4〕 第二次世界大战后联合国对日本实施占领政策，在东京设置的管理机构，即联合国司令部（General Head Quarter of Allied Powers, GHQ）于日和谈条约生效（1952年）之前管理日本。

121

判部也应从地方法院独立出来，建议单设少年审判机构。同时为克服法律移植过程中存在的各种水土不服问题，促进外国法制的本土化，日本还进行了一系列的法律修正活动，[1]汲取先进的学术建议并吸收他国的创意和构想，重视安定家庭生活而降低对法律形式的严格性要求，运用人类科学知识的实用主义也逐渐成为社会各界的共识。吸收了美国、挪威等国法律的日本家事调停制度终于成为集大成者，日本家事裁判所也或可称为世界上最完备的综合家事法院模型之一。[2]

日本家事裁判制度在20世纪90年代进入全盛时期，在完成移植法律本土化的同时，积极探索具有本国特色家事纠纷解决体系的建立。这也是在日本家事裁判制度移植中，难能可贵的部分，其总能很好地处理殊异法律文化和制度背景的对接，实现了非正式规则和正式法律制度的有效整合。在制度构建过程中，尽可能地降低制度移植过程中的摩擦成本，并根据日本民族特色和家事纠纷解决的特殊性，在裁判所内部和社会这两个层面上同时进行家事纠纷体系的构建，融合英美法系国家（地区）的家事解纷要素于大陆法系国家（地区）裁判制度中，最终构筑成极富日本元素的家事裁判体系，也为其他国家和地区家事司法规则的完善提供了示范的样本。

四、对日本家事纠纷解决机制的反思

（一）调停委员的中立性维持

调停委员的中立性直接关系到家事调停的正当性，因此也

---

[1] 段文波："日本民事诉讼体制发展简史"，载陈刚主编：《比较民事诉讼法》（2006年卷·总第6卷），中国法制出版社2006年版，第242~243页。

[2] [日]小岛武司："家事法院的诉讼法意义——职权探知·调停中心主义"，陈刚等译，载陈刚主编：《自律型社会与正义的综合体系——小岛武司先生七十华诞纪念文集》，陈刚等译，中国法制出版社2006年版，第236页。

第二章 家事纠纷解决机制的模式探讨

引发了对调停委员角色定位的争论。"积极角色"主张者认为,在当事人双方经济能力有差距时,积极地调停有助于保护弱者,保障实质上的公平性。同时积极地调停有助于未成年人及时表达自己意见和观点,还能防止当事人恶意延长程序。"消极角色"论者则主张,由于当事人各自不同的价值基准,调停委员积极地判断、评价都是以狭隘的价值基准来面对当事人,反而不利于对案件的客观认识。此外,尽管调停委员在实际调停中会与调停主任商讨并交换意见,但在何种情况下必须商讨、询问并无明确规定且较难把握。

应予肯定的是,积极地调停更利于紧张关系的排解和纠纷的迅速解决。因此,我们需将关注重点转向对调停委员中立性的理解及实践中的个案分析。例如,在当事人间经济能力差距较大时,若案件关系到未成年子女抚养等基本利益时,调停委员积极地介入更利于实质正义的实现,故应被允许。但是这种介入应与谈判内容相隔离,并尽可能地让当事人在无压力环境下,作出真正的自我决定。因此对积极介入的尺度,应理解为在弱势当事人进行判断时,为其排除障碍和噪音,使其能作出相对真实意义的自我决定,这也是家事调停人际关系调整机能的应有之意。[1]

(二) 家事裁判官的缺席问题

在调停委员会中,家事裁判官作为调停主任是不可或缺的成员,其被赋予指挥调停委员会,推动调停顺利进行等职责。但事实是,日本每年平均大约有 4 万件家事调停案件,这个数字对裁判官而言,人力明显不足,故裁判官不参加调停的情况

---

〔1〕 蔡孟珊:"家事审判制度之研究——以日本家事审判制度为借镜",台湾大学 1997 年硕士学位论文,第 152 页。

也很普遍。[1]尽管家事裁判官会与调停委员进行评议和信息交换，但其任务也不仅局限于纠纷的解决，还包括通过参与调停，让当事人感受到其所代表的"正式的法"的保护与调整。[2]当事人将纠纷诉诸法院，而不是求助于其他ADR形式的解决，就是希望借助正式的法律、法官参与纠纷的解决。尽管现实中，要求裁判官出席所有的调停场合未免有些强人所难，但也并非毫无变通的办法。例如，裁判官可出席首次家事调停，向当事人说明调停的意义和目的，以及他在此期间所肩负的职责（如随时掌握并指导调停的进程，从法律视角进行监督等），以便提供给当事人一种"正式的法"的即视感。

（三）对家事调停的反思

为尊重当事人的合意和各家庭的迥异需求，而不是以僵硬的规则和抽象的标准来约束行为、规制程序，家事调停还需承担所谓填补空白的任务。然而，由于实体规则不明确，很容易因当事人的经济差距而产生隐藏在合意表面下的不正义。此时，在家事调停下作出的"合意"，可能是以形式上的正义来掩盖甚至加剧实质上的不平等现象。因此，要特别注意"作为独立自主个体的相关合作人之间的契约关系，以及他们与机构负责人之间的合同关系，后者并不是把问题的解决办法强加给相关人员，而只是陪伴和帮助他们处理问题"。[3]同时，我们从高调停率的反面观察到，家事裁判所适用的调停中心主义还将滋生一个这样的问题，那就是可能会有损于法律所形成的基准。高调

---

〔1〕［日］久貴忠彥："家事調停的現狀和課題"，載《判例時代》第1426頁，转引自李青："中日'家事调停'的比较研究"，载《比较法研究》2003年第1期。

〔2〕［日］南方曉："研究ノート：人事訴訟法と家事調停"，載《法政理論》2005年第2期。

〔3〕［法］弗朗索瓦·德·桑格利：《当代家庭社会学》，房萱译，天津人民出版社2012年版，第48页。

停率的背后，意味着家事审判并未发挥其期待的功能，而导致法院明晰法律的作用稍显欠缺，结果是不可避免地产生过度依赖调停解决纠纷的这种偏离法律理想的疑问。[1]

小　结

"大胆比较，不必担心不当"[2]正是出于这种确信，作者将美国和日本的家事纠纷解决机制大胆划归为诱致性制度变迁和强制性制度变迁两类。从上述分析中可见，美国和日本分别代表着诱致性制度变迁和强制性制度变迁的轨迹。这一殊异的制度变迁契合本国独特的国情，在既有制度环境和社会环境中，演化成具有各自民族特色的路径依赖性。回归到美日两国的发展上，美国的自由主义理念赋予了司法自治的权力，加之其自身成熟的法治社会所蕴含的强大自我纠错和风险吸收能力，故而在诱致性变迁过程中，家事纷争消解制度更多地沿袭了公民自治的理念，一旦司法制度对社会表现出不适应时，便可诱发社会各界对家事纠纷解决模式的能动倾向，自发推动现行模式的变更以消除当下的司法不能现象。而在日本，则是完全不同的另一种路径。日本"爱美而黩武、尚礼而好斗、喜新而顽固、

---

[1] 有关家事调停数据参见[日]最高法院实务总局家庭局："家事法院案件概况"，载《法曹时报》第11版。转引自[日]小岛武司："家事法院的诉讼法意义：职权探知·调停中心主义"，陈刚等译，载陈刚主编：《自律型社会与正义的综合体系——小岛武司先生七十华诞纪念文集》，陈刚等译，中国法制出版社2006年版，第238页。

[2] "One may compare without fear of being unjust"，参见[法]皮埃尔·勒格朗、[英]罗德里克·芒迪主编：《比较法研究传统与转型》，李晓辉译，北京大学出版社2011年版，第3页。

服从而不驯"的"菊与刀"式的双重民族性格,[1]成为强制性制度变迁的精神积淀,强烈的耻感文化让日本更倾向于赶超型的发展战略,以致不惜"以政治强力硬性降低制度变迁的成本,提高制度变迁的效率"。[2]日本家事纠纷解决机制的整体变迁基本上都是在政府的强力引导下完成的,以强力对美国和英国的法律进行移植并实现有效的本土化对接。

当然,任何国家的家事诉讼体制的发展走的都不是单一的进化路线,而是在发展中充满了太多偶然、断裂和碎片。[3]纵观家事裁判制度发展,可知目前世界各国多针对自身的社会状况,将家事纷争尽量集中在相同的程序中处理,并以设置独立于普通法院外的家事法院为理想目标,采取异于处理普通民事事件之程序法理。家事纠纷的审理重心也多逐渐由离婚事由存否本身转向有关亲权、监护权归属、养育费负担或财产分配等附带请求事项,[4]并发展出以治疗为理念和以儿童最佳利益为中心的多元化家事纠纷解决机制。

然而,我们对局部的观察是为了对整体作出判断,研究所有的原因,是为了审视所有的结果。[5]通过对上述美、日家事解纷制度发展进路和司法现状的微观剖析,可以发现家事纠纷解决领域各个组成部分之间的交互联系。然后,将上述联系既

---

[1] [美]本尼迪克特:《菊与刀》,田伟华译,中国画报出版社2011年版,序言页。

[2] 梁木生、彭伟:"论强制性制度变迁的弊端及其应对",载《湖北经济学院学报》2005年第6期。

[3] 廖中洪主编:《民事诉讼体制比较研究》,中国检察出版社2008年版,第193页。

[4] [日]西岡清一郎:"最近の離婚訴訟の実情と家庭裁判所への移管について(人事訴訟・家事審判の手続の諸問題)",载《民事訴訟雑誌》2001年版。

[5] [法]孟德斯鸠:《论法的精神》,张雁深译,商务印书馆2012年版,第45页。

作为一种概括又作为一种启发，重新回到对于某种特定制度和细节的理解上，正是这样一种尝试，激励我们进一步思考我国家事诉讼纠纷解决的司法现状和未来构建问题。

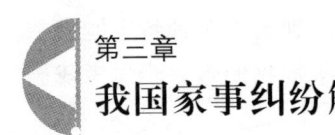

第三章
我国家事纠纷解决机制的现状与局限

本章拟从立法现状、司法回应以及更微观层面的个案分析入手，考察数据变迁背后法官、当事人与制度之间长期而复杂的动态博弈关系。

第一节 家事纠纷解决机制的立法现状

一、实体法方面：法源分散

法源分散一直是困扰我国家事诉讼程序已久的问题，我国关于家事调解的规定主要散见于《婚姻法》《民事诉讼法》等法律和相关司法解释中。在实体法上，我国调整婚姻家庭关系的法律包括《婚姻法》《收养法》以及《妇女权益保障法》《未成年人保护法》《老年人权益保障法》中的相关条款，继承关系受《继承法》调整。我国现行《婚姻法》于1980年通过，并在2001年进行了补充和修改。此外，最高人民法院分别于2001年、2003年、2011年相继颁布了《关于适用〈中华人民共和国婚姻法〉若干问题的解释（一）》（以下简称《婚姻法司法解释（一）》）《关于适用〈中华人民共和国婚姻法〉若干问题的解释（二）》（以下简称《婚姻法司法解释（二）》）及《关于适用〈中华人民共和国婚姻法〉若干问题的解释（三）》（以下简称《婚姻法司法解释（三）》）对婚姻法修改后的一些程序性和实践中急需解决的问题作出解释。

作为调整婚姻家庭关系的基本法，现行《婚姻法》已严重滞后于时代的发展，《继承法》也只三十几款条文，在颁布之后未曾修订，更显得有些力不从心，而赡养方面的法律规范也是屈指可数。究其原因来自于历史和现实两个方面，有些缺陷是立法当时就存在的，有些缺陷则是出于情势变更，立法未能适时修改、补充造成的。[1]立法的落后和不完备造成刚性法律在家事诉讼程序适用上的捉襟见肘。

二、程序法方面：程序一元

在程序法上，婚姻家庭和继承关系类纠纷调整主要适用《民事诉讼法》。法院适用普通程序或简易程序审理家事纠纷案件。当事人对一审裁判结果不服的，可向上一级法院提起上诉。就审理方式而言，家事案件的审理更偏重于调解。如最高人民法院《关于适用简易程序审理民事案件的若干规定》第14条明确要求，对适用简易程序审理的婚姻家庭纠纷和继承纠纷，人民法院在开庭审理时应当先行调解；最高人民法院《关于人民法院民事调解工作若干问题的规定》第2条规定，对于可能通过调解解决的民事案件，人民法院应当调解。

在司法管辖权上，婚姻家庭案件和继承案件在级别管辖上与普通案件并无殊异，都没有实行专属管辖；在地域管辖上，继承案件属于专属管辖的范畴，而婚姻家庭案件实行普通管辖。[2]

---

[1] 马忆南："中国婚姻家庭法的传统与现代化——写在婚姻法修改之际"，载《北京大学学报（哲学社会科学版）》2001年第1期。

[2] 傅郁林："家事诉讼特别程序研究"，载《法律适用》2011年第8期。

在诉讼规则上，仅有少数民事诉讼规则被明确排除适用于家事案件，[1]如根据最高人民法院《关于民事诉讼证据的若干规定》第 8 条的相关规定，有关涉及身份关系的诉讼不适用民事诉讼证据的自认规则，主要因为身份关系的诉讼案件事实具有较强的非讼性和公益性，一般不允许当事人自行决定。

三、行政法方面：多头主管

修改后的《婚姻法》第 11 条规定，对于可撤销婚姻，婚姻登记机关和人民法院都有权主管，但《婚姻法》第 12 条对于无效婚姻的主管机关却未有规定。由于《婚姻法》规定不明，加之受已失效的旧《婚姻登记管理条例》第 25、28 条（婚姻登记管理机关有权受理宣告婚姻无效的申请）的影响，目前有不少人仍然认为婚姻登记机关可以受理无效婚姻纠纷。甚至有的法官认为："婚姻登记未撤销，法院不能判决其婚姻无效。"实践中婚姻登记机关仍然可受理宣告无效或可撤销婚姻案件，特别是对因婚姻登记程序引起的所谓婚姻行政诉讼案件，当事人一般都要先去婚姻登记机关，请求其撤销婚姻登记。对于婚姻登记机关不撤销，或者对其撤销不服的，才提起行政诉讼。因而由婚姻登记机关处理婚姻纠纷的现象较为普遍。[2]然而，实务界有关婚姻无效或可撤销问题究竟归属行政诉讼还是民事诉讼尚未有定论。有学者主张应实行婚姻登记的行政诉讼与民事诉讼"双轨制"救济途径，将行政诉讼的范围扩大到法定无效婚

---

〔1〕 蒋月："家事审判制：家事诉讼程序与家事法庭"，载《甘肃政法学院学报》2008 年第 1 期。

〔2〕 王礼仁："家事案件审判体制改革之构想——以婚姻案件审判现状为背景"，载《法律适用》2008 年第 11 期。

姻和可撤销婚姻之外的其他登记程序瑕疵婚姻。[1]也有学者指出民事程序解决婚姻效力具有合法性和优越性，并可弥补行政诉讼的所有缺陷，而行政诉讼没有存在的价值。[2]

在实践中，还大量存在婚姻登记瑕疵的纠纷，如使用他人身份证或伪造身份证登记结婚，如妹妹或弟弟未到结婚年龄，而使用姐姐或哥哥身份证登记结婚的情况，[3]对此类纠纷可依《婚姻法司法解释（三）》第1条第2款通过行政复议或行政程序结案。[4]但也有学者认为婚姻登记实为民事登记，婚姻登记瑕疵纠纷是民事纠纷，应当通过民事程序解决。较为妥适的做法应是予以诉的合并，即将婚姻登记效力与离婚事件做合并处理，不仅可减少当事人讼累而且也能防止程序的"空转"。[5]

第二节 家事纠纷解决机制的司法现状

我们正处于转型社会，百年来的努力就是将传统中国改造成为现代化的中国。[6]而我们现代化过程的一个重要特点就是这一过程是"突然"开始的，往往要在很短时间里解决发达国家在过去很长时间才能解决的诸多问题。社会往往会呈现出一

---

[1] 樊非、刘兴旺、刘佳佳："婚姻登记行政诉讼司法审查研究——以婚姻法与行政法竞合为视角"，载《法律适用》2011年第4期。

[2] 王礼仁："登记婚姻效力行政诉讼误入'沼泽地'"，载http://article.chinalawinfo.com，访问日期：2014年3月22日。

[3] 如安徽省宁国市法院便出现一起弟弟借用哥哥小名字和出生日期与原告办理结婚登记手续，一起生活二十多年后，又以自己真实姓名提起离婚诉讼的真实案例。

[4] 该条规定，当事人以结婚登记存在瑕疵为由提起民事诉讼，主张撤销结婚登记的，告知其可依法申请行政复议或提起行政诉讼。

[5] 王礼仁：《婚姻诉讼前沿理论与审判实务》，人民法院出版社2009年版，第576、621页。

[6] 孙立平：《现代化与社会转型》，北京大学出版社2005年版，第71页。

种多元化状态。[1]一方面，在现代化进程较快的地区，社会呈现出某种断裂或者失范状态，道德同质状态也承受着巨大挑战。如随着工业化、城市化节奏的加快，人口流动日益频繁，新型家庭问题不断涌现，极大地冲击了家庭关系的稳定性。另一方面，在发展相对缓慢的地区，惯习却依然在很大程度上扮演着重要的角色。一些具有浓郁村落特色的习俗被保留下来，"接脚夫""外嫁女""彩礼"等问题成为家事裁判实践中价值取向和司法裁决的难点。这种多元状态对于家事纠纷消解产生着深远的影响。具体表现为：

一、社会嬗变下的挑战与课题

社会的跳跃式发展，给家庭带来了前所未有的冲击，一是主要表现为新型案件的不断涌现，给离婚审判工作提出新的课题；二是在离婚数量井喷式增长的背景下，法官处理单个离婚案件的时间和精力被迫压缩，无法摆脱上述二者无限循环的窠臼。具体主要表现为：

（一）婚姻工具化带来假离婚现象

一般而言，虚假离婚包括通谋离婚和欺诈离婚两种情形，本书所指假离婚多为通谋语境下的离婚，即夫妻双方本无离婚的真实意思却因双方的共同利益而暂时解除婚姻关系。在实践中多表现为当事人规避房产调控、骗取拆迁安置利益、恶意躲避债务、"稀释"共同财产、逃避赔偿责任以及其他"假离婚"等事由，如非法与他人生育子女，躲避国家处罚；通过"假离婚"的形式，造成一方生活困难的假象，获取如低保、廉租房

---

[1] 吴洪淇："证据科学的走向：国际视野与中国语境——对证据问题研究领域的初步分析"，载《证据科学》2009年第4期，第491页。

第三章　我国家事纠纷解决机制的现状与局限

救助、房屋拆迁补偿等社会性福利。此外，随着当事人隐私保护意识的增强，多数离婚案件虽以"性格不合"为诉由，但有相当一部分的"性格不合"实际上是婚外情或者其他难以启齿的隐私或生理疾病的托词，如何判断"夫妻感情破裂"也成为困扰法官的一大难题。

（二）闪婚衍生的闪离现象

随着自由主义社会思潮的兴起和婚姻登记手续的简化，闪婚作为一种快餐式的爱情已经逐渐成为一种现代社会的婚姻模式而被人们广泛消费。所谓闪婚，是指两人在短暂相识后，未经过一定时间的交往和相互了解而确立婚姻关系的一种婚姻形式。[1]陈锋以南昌市安义县S村为调查样本，对2006年至2010年以来该村的婚姻形式进行统计，结果表明"闪婚"占结婚总数的80%左右，"闪婚"已经成为当地农村青年婚恋的主要模式。[2]邢成举以赣南B村为调研样本，发现"现在结婚越来越简单，不讲什么规矩，只要把彩礼给了女方，当天给了彩礼，当天就可以把新娘带回家"。[3]魏程林和赵晓峰以赣南Y村2000年至2010年的闪婚闪离现象进行统计，得出"采取闪婚形式的家庭更倾向于闪离""闪婚家庭普遍婚姻持续期间短暂，多则两年，少则一个月"的结论。[4]从现有的离婚案例来看，闪婚家

---

〔1〕　王会："农村'闪婚'现象及其村庄社会基础"，载《南方人口》2011年第3期。

〔2〕　值得一提的是，在陈锋对S村近5年中60多对"闪婚"中没有发生一例离婚情况，故而作者得出结论，"闪婚"与离婚率并不一定成正比关系。参见陈锋："家庭经济与婚姻模式的互嵌与融合——对江西安义农村'闪婚'现象的分析"，载《南京人口管理干部学院学报》2012年第1期。

〔3〕　邢成举："文化流变、仪式变迁与农村'闪婚'现象的发展——基于赣南B村农村闪婚现象的考察"，载《晋阳学刊》2012年第1期。

〔4〕　魏程琳、赵晓峰："'闪婚闪离'：农村青年婚姻变革的社会基础及趋势——基于赣南Y村个案调查"，载《西南石油大学学报（社会科学版）》2013年第1期。

庭的离婚率是一般婚姻家庭的 10 倍，闪婚所衍生的闪离现象引发婚姻的动荡。

(三) 城市化发展带来的婚姻动荡

随着工业化、城市化的节奏加快，人口迁移与流动导致家庭成员之间地域的分隔，城市人口因工作变动在不同的地区、单位之间流动，逐渐形成陌生人社会，这造成家庭关系因距离而淡漠，婚外情滋生和离婚率上升。在农村地区，大量民工进城务工一方面导致因夫妻一方或双方外出打工造成的长期分居，另一方面带来了农村老人赡养、留守儿童教育等一系列社会问题，极大地冲击了家庭关系的稳定性。此外，随着农村经济的发展，农民的生活水平得到提高，部分人的生活观念、价值取向发生改变，导致行为偏差（酗酒、赌博等），[1]家庭责任感缺失、家庭暴力事件层出不穷。

二、习惯与规则的矛盾冲突

法律多元观点的提出，进一步打破了国家中心主义法理观的狭隘，民俗习惯作为一种地方性知识，波动着法律的表达和实践，二者在司法实践中呈现出既矛盾又抱合的姿态。在乡土秩序中，法治仍然是一种国家公权力强行楔入的陌生规则，它的运行，将直面中国传统乡土秩序显性或隐性的对抗。[2]在闽南地区，一些浓郁的村落特色习俗被保留下来，如在"外嫁女""接脚夫""彩礼"等问题处理上，法律规则所描绘的应然图景

---

〔1〕根据调研资料显示，在沿海地区，配偶一方的赌博、吸毒、酗酒等偏差行为占离婚诉因中的比例约为 12.3%。参见蒋月：《婚姻家庭法前沿导论》，科学出版社 2007 年版，第 174~175 页。

〔2〕黄鸣鹤：《法庭的故事》，团结出版社 2006 年版，第 140 页。

第三章 我国家事纠纷解决机制的现状与局限

与民俗习惯的实然情境出现了分裂与断层，[1]若企图用这种外生于社会的法律制度，重建乡村法治秩序也极易遭到乡土秩序的挤兑。

在闽南地区，顽固的家族制所带来的"嫁出去的女，泼出去的水""从夫居"等观念长期存在，往往不承认外嫁女享有征地补偿款。[2]封闭的族群关系网络背后隐含着村民对本村土地权的资源独占观念。[3]如在厦门市后溪镇仑上村的一起案件中，村民以村规民约对抗法律，认为"对户口本不在本地的外嫁女及其子女应被排除在发放补偿款人员之列"。由于《村民委员会组织法》规定，乡、民族乡、镇的人民政府不得干预依法属于村民的自治范围，在村民自治下的村规民约也就成了一个"烫手山芋"。[4]如何保护外嫁女的合法权益，成为司法工作的难点和重点。[5]关于订婚彩礼钱是否要退还的问题，"男方拒女方，

---

[1] 黄宗智：“中国民事判决的过去和现在”，载《清华法学》2007年第10期。

[2] 杨福忠：“法律在农村被边缘化问题研究——以外嫁女权益纠纷为切入点的初步考察”，载《法学杂志》2010年第11期。

[3] 许娟：“村籍与公正”，载《中南民族大学学报（人文社会科学版）》2012年第2期。

[4] 张开泽：“从制度视角看农村外嫁女权益纠纷”，载《中山大学学报论丛》2007年第12期。

[5] 以往大多数原告都认为征地补偿款是以户口是否在本村为衡量的依据，但现在村委会提出抗辩，指出外嫁女实为一种寄户的性质，公安机关随意让户口迁出迁进，无视村内的实际管理情况，让村里在征地补偿上很难开展工作。这实际上也是行政管理和村规民约上的一种冲突。目前司法实践来看，法院受理的征地补偿款案件均为女方户口仍在本村，即女方结婚后户口仍放在娘家，未迁至夫家且在夫家没有享受征地补偿款分配的，才有权向法院起诉征地补偿款且需有初步证据证明其与村小组存在依附关系。法官在判决时也会综合考虑相关受益产生的时间点和外嫁女的村籍双重标准，如果相关的收益产生于女子外嫁之前，即便她们外嫁了且亦将户口迁走，但仍然应该享受分红或补偿款；若"外嫁女"户口从未迁出，在嫁入方也未取得承包地和分配征地补偿款资格的，原籍地村、组不得取消其分配资格。此外，对集体组织成员资格的判断，在尊重村（居）民自治的前提下，结合户籍因

彩礼不退还；女方拒男方，彩礼全退还"，这是一般处理彩礼纠纷的风俗习惯，厦门市同安区人民法院通过对几例礼金案的调解，以当地风俗习惯为出发点，将是否退还彩礼细分为三种类型：第一种是未登记结婚，未过门的，一定要退还；第二种是已经登记结婚，但未过门，也属于要退还彩礼的类型；第三种是已登记结婚且已过门，无论过门时间长短，原则上可不予退还。以双方有无举行婚礼宴请视为是否过门的标志，因为在闽南地区，宴请即意味着夫妻共同生活的开始。当法律规则与民俗习惯发生冲突时，若法官无视这些风俗习惯对当事人社会关系的实质意义，而单纯地运用法律来评价当事人的权利义务关系时，往往会遭到当事人乃至整个乡土社会的一致反对。这也意味着法官在处理此类冲突时，需要花费更多时间和精力，探究纠纷背后的真正动因。

三、家事纠纷解决机制的疲态表达

（一）家事调解功能式微

在研究者的观察中，实践中的家事调解有流于形式之虞，法院审理家事案件已由过去的调解结案为主变成调判结合。如部分法官在庭上，仅简单地询问当事人是否愿意调解，若当事人不同意调解，也就随手要求书记员在笔录上载明"当事人不同意调解"，即视为已践行调解程序。家事调解虚应法定程序，并未发挥出纷争处置功能。就家事调解模式来看，不乏劝阻型调解和道德教育式调解，但较难见修复式调解和心理咨询式调

（接上页）素和生活保障基础作综合考量。生活保障基础，是指村（居）民与集体组织形成较为固定的生产、生活关系，包括长期在集体组织所在地生产、生活或虽暂时不在集体组织所在地生产、生活但其生活保障仍须依附于该集体组织等情形。

解。从法官认知情况看,不论是决策层还是审判一线的法官们,对家事调解的价值认识模糊,对家事调解工作的方法、原则和价值取向等并未表现出与普通民事调解的明显区别,且法官多为被动性地解决当时、当地的现实困难,而未体现对纠纷性质、人际关系的分析。如何体察家庭纠纷的本质并关照人性及子女利益,本应成为法官家事纠纷工作的重心,但实践中法官常常在自诩要做的事情与实际担任的角色之间存在着某种显而易见的差别。

(二) 隐藏在离婚纠纷下的"二次离婚诉讼"规则

在我国离婚案件的审判实践中,有一项隐性规则即"二次离婚诉讼"的审判规则,若当事人为第一次起诉离婚,对离婚问题及财产分割和子女问题,无法达成协议的,法官一般判决双方不准离婚(强制地驳回当事人的离婚请求),在6个月后,当事人再次提起离婚诉讼的,法院一般准予离婚。

严克新法官对杭州市滨江区人民法院2007年至2009年审结的307件离婚案件进行统计分析,结果显示初次起诉离婚,法院未予解除婚姻关系的案件中,当事人再次起诉比率较高,占22.14%,且第二次起诉后,法院解除婚姻关系的比例更是高达80.88%。[1]无独有偶,这种现象在各地基层法院均普遍存在,司法实务中已经默认离婚案件"二次诉讼"的审判规则。学者邵新功通过实证研究指出:"对于首次离婚请求,判决不予离婚已经成了一项常规做法。"[2]亦有学者将该现象称为"离婚案件的模式化处理",[3]甚至形成哈金在小说《等待》中描述的那

---

[1] 严克新:"离婚案件'二次诉讼'规则的成因及建议",载 http://court.gmw.cn/html/article,访问日期:2014年2月16日。

[2] 邵新功:"人民法院在处理离婚案件中的一些问题的反思",载 http://wr.cccv.cn,访问日期:2014年2月16日。

[3] 王启梁、张熙娴:"法官如何调解?——对云南省E县法院民庭的考察",载《当代法学》2010年第5期。

样,故事主角多次试图离婚,足足等待了18年才实现他离婚的愿望。[1]通常的做法是,对于存在争议的离婚诉请,如对事实认定困难或当事人对抗激烈,主审法官会判决驳回诉讼请求或动员当事人撤诉,并告知双方可在6个月后再行起诉,半年后未和好的,法官会判决准许离婚。[2]甚至有法官声称:"判决维持夫妻关系,并不会形成错案。既然没有法律规定的情形,就可以给当事人一次机会,若婚姻关系果真无法维系,当事人自然会再次起诉,届时做判决离婚比较妥当。"[3]

但学界对此多有质疑,如贺欣认为"二次离婚诉讼"规则是法官最大化自身利益的产物,"判决不予离婚成为法官最大化个人利益和保护自己的策略。对首次离婚请求判决不准予离婚和对再次离婚请求判决准予离婚同样服务于同一个目的——增加结案数和降低对法官不利的风险"。[4]从司法实践上看,"二次离婚诉讼"规则产生的诱因在于我国婚姻法律制度对离婚纠纷诉讼供给不足,《婚姻法》所采的离婚限制主义态度及关于离婚标准规定模糊,[5]"二次离婚诉讼"规则成了法官一种退而求其次的"避险"手段。

(三) 家事司法实践中的"麦当劳化"现象

美国社会学家瑞泽尔曾对麦当劳在美国社会所扮演的重要

---

[1] HA, JIN, Waiting, Pantheon, 1999,转引自黄宗智:"中国法律的现代性",载朱晓阳、侯猛编:《法律与人类学:中国读本》,北京大学出版社2008年版,第54页。

[2] 马湘莺:"调解还是判决——关于汨罗市人民法院离婚案件的调解结案率低的分析",北京大学2005年硕士学位论文。

[3] 王晓玲:"冲突围城:M法院离婚案件调查报告",载徐昕主编:《司法程序的实证研究》,中国法制出版社2007年版,第208~209页。

[4] 贺欣、冯小川:"离婚法实践的常规化——体制制约对司法行为的影响",载《北大法律评论》2008年第2期。

[5] 刘敏:"二次离婚诉讼审判规则的实证研究",载《法商研究》2012年第6期。

角色进行了生动的描述。所谓"麦当劳化"是指快餐餐厅的准则正逐渐主宰着美国社会及世界其他更多领域的过程，表现为四大特征，即追求效率、可计算性（可量化）、可预测性以及可控制性。[1]麦当劳化是关注形式理性的一种极致，正如同韦伯将科层体制视为形式理性系统的模式，今日的快餐餐厅正好是代表该种理性的最佳典范，突出了现代化的进展。可以说，当代法院统一的服装、统一的流程、格式化的文书、标准化的语言与仪式、对空间与时间的使用与规定、规模性的法律产品以及对效率的追求似乎都显示了麦当劳化的努力。[2]从立案录入开始，电脑系统程序便开始了紧张的倒计时，法官疲于奔波在由一道工序不断向下一道工序进行加工处理的过程中，时间与效率的紧张关系造成一种法律产品的消费主义假象。在家事纠纷中，法官和法院在审理案件中的单一化和机械化，一方面让身处其中的人们感到一种例行公事的刻板和生硬，而丧失家事纠纷解决应具备的温情和精致，另一方面，对过程的控制又反过来控制了人，被服务者（当事人）也被当作物来对待，被驱赶着通过接受服务的全过程。

四、儿童权益问题的关注不足

（一）漠视儿童的意见表达权

自我国实行自由离婚主义以来，协议离婚逐渐成为离婚的主流形式。2003年《婚姻登记条例》第11条和第13条中规定，离婚协议书应当载明双方当事人自愿离婚的意思表示以及对子女抚养、财产及债务处理等事项协商一致的意见，对当事人确

---

[1] [美] 乔治·瑞泽尔：《后现代社会理论》，谢立忠等译，华夏出版社2003年版，第22页。

[2] 邓玮："法律场域的行动逻辑：一项关于行政诉讼的社会学研究"，上海大学2006年博士学位论文。

属自愿离婚的,并已对子女抚养、财产、债务等问题达成一致处理意见的,应当当场予以登记,发给离婚证。这也意味着,在协议离婚的婚姻解体下,儿童利益和意见表达权被忽略,只要父母达成一致,即可宣告婚姻的消解。立法者对父母达成的一致是否符合儿童福祉也不做考量,在实践中,可能出现极不利于儿童的情势。《关于人民法院审理离婚案件处理子女抚养问题的若干具体意见》(以下简称《子女抚养意见》)第 5 条规定:"父母双方对十周岁以上的未成年子女随父或随母生活发生争执的,应考虑子女的意见。"表面上看,这一条款相对《婚姻登记条例》而言,较能照顾到儿童意见是一种进步,但实际仍具有浓厚的"父母本位色彩"。具体分析如下:①在确定婚后儿童抚养权归属时,对儿童意见考虑以父母发生争执为前提,若双方意见一致,则不再牵涉咨询儿童意见的问题;②法律硬性将 10 周岁作为儿童是否满足表达意见权的分水岭。《收养法》第 11 条规定,"收养年满十周岁以上未成年人的,应当征得被收养人的同意",而 10 周岁以下的儿童均被强制剥夺了发言权;③10 周岁以上的儿童,在父母发生争执时,意见表达权也不是完整的,仅限于诉讼离婚中,并不适用于协议离婚。[1]

另外在抚养权的认定上,强调父母双方的具体情况,甚至还规定在涉及父母一方丧失生育能力,或无其他子女的情形下,父方或母方享有优先抚养权,体现较浓厚的父母权力本位思想。[2]在探望权上,《婚姻法》第 38 条第 1 款规定:"离婚后不直接抚养子女的父或母,有探望子女的权利,另一方有协

---

〔1〕 陈苇、谢京杰:"论'儿童最大利益优先原则'在我国的确立——兼论《婚姻法》等相关法律的不足及其完善",载《法商研究》2005 年第 5 期。

〔2〕 王洪:"家庭自治与法律干预——中国大陆婚姻法之发展方向",载王文杰主编:《月旦民商法研究——新时代新家事法》,清华大学出版社 2006 年版。

助的义务。"其立法本意仍然将探望权视为与直接抚养权相对应的一项父母的法定权利而非子女的权利。相较其他国家和地区，我国在儿童保护问题上过多委诸家庭（父母）自治，公权力干涉不足，在父母滥用权利、不履行法定义务或者无力行使其权利义务时，公权力明显缺位。[1]

（二）诉讼程序上排斥儿童诉讼主体地位

《民事诉讼法》第57条规定了无诉讼行为能力人可以由其监护人作为法定代理人代为诉讼，此项规定明显排斥儿童独立的诉讼主体地位。有时离婚诉讼中亦会发生父母利益与子女利益冲突的情况，此时儿童权利处于无法主张的危险中，很有可能导致对其权益的侵害。

（三）探视权制度设计上忽略儿童主体地位

由于婚姻的消解只代表当事人夫妻关系的终结，而不意味着父母子女关系的终止。自然血亲之间的关系基于血缘上的紧密联结性伴随一生，除非父母子女一方死亡方可终止。《婚姻法》第36条第1款规定："父母与子女间的关系，不因父母离婚而消除。离婚后，子女无论由父方或母方抚养，仍是父母双方的子女。"《婚姻法》第38条规定，离婚后不直接抚养子女的父母，有探望子女的权利，另一方负有协助的义务，行使探望权的时间、方式由当事人协商确定；不能达成协议时，由法院判决。父或母探望子女的行为对子女的身心健康造成不利影响时，由人民法院依法中止该父母探望的权利；中止事项消失后，恢复该方探望的权利。《婚姻法司法解释（一）》第25条规定，在判决书、裁定或调解书履行的过程中，当事人请求中止对方的探望权时，法院在征询双方当事人的意见后，可以裁定中止。

---

[1] 王洪："家庭自治与法律干预——中国大陆婚姻法之发展方向"，载王文杰主编：《月旦民商法研究——新时代新家事法》，清华大学出版社2006年版。

这两条规定构成了我国探视权制度,但我国的探视权制度仍然以"父母本位"为基础,偏重保护父母的利益。第一,探视权的主体只能是父母且只能是离婚后未取得直接抚养儿童权的一方,儿童不是主体,而只能被动地接受探视。对于子女拒绝探视情况,立法和司法并未做深入考量。第二,对于探视权协议的形成,完全由父母协商确定,也无须考虑儿童的意见。

五、离婚后探视权的执行困难

《婚姻法》第48条规定:"对拒不执行扶养费、抚养费、赡养费、财产分割、遗产继承、探望子女等判决或裁定的,由人民法院依法强制执行。有关个人和单位应负协助执行的责任。"同时,《婚姻法司法解释(一)》第32条规定:"婚姻法第四十八条关于拒不履行有关探望子女等判决或裁定的,由人民法院依法强制执行的规定,是指对拒不履行协助另一方行使探望权的有关个人和单位采取拘留、罚款等强制措施,不能对子女的人身、探望行为进行强制执行。"有学者认为,《婚姻法》中对有关探视权的执行规定,无论从理论还是实践层面都缺乏可操作性,[1]主要集中在执行标的特殊性、执行措施的模糊性、执行内容的持续性及执行内容的交叉反复性等方面,具体表现为:

(一)执行标的特殊性

一般民事案件的执行标的要么是物,要么是行为,而探视权的执行内容是法律规定的一项权利——探望子女的权利,探视权的执行标的是一项抽象的权利,同时该项权利的行使涉及诸多主体,如子女、抚养子女的父或母一方、长期与子女生活

---

〔1〕 于东辉:"我国探视权法律制度研究",载《山东社会科学》2009年第7期。

的第三人（如祖父母等）。执行标的的特殊性和泛化性，带来执行上的困难。

（二）执行措施的模糊性

《民事诉讼法》规定的各种执行措施如查封扣押财产、冻结划拨存款、提取工资收入、搜查财产、代履行等强制执行措施并不适用于探视权案件的执行。[1]对于无故阻挠、刁难甚至隐匿子女、拒绝对方当事人行使探视权的人，虽可采取相应的强制措施，如受到妨害民事诉讼的训诫、罚款、拘留等惩罚，但需要进一步思考的是，若将直接抚养子女方予以拘留或刑事处罚，是否会影响儿童的最佳利益和未来发展。同时从另一方面观察，对那些无故不履行探视权的父母方，亦缺乏相应的监管和强制。执行强制措施的不完善，很大程度上制约了探视权的实现。

（三）执行内容的交叉反复性

当事人行使探视权具有长期性、反复性等特征，这与执行案件的期限性之间存在悖论。执行案件的期限一般为二年，一旦被执行人或协助执行义务人不及时履行义务，当事人需再次申请，如此循环反复，导致案件长期处于不稳定状态，不仅增加法院的工作量，也徒增当事人的讼累。

小　结

可见，在司法实践中，法官通常会考虑到当事人之间身份关系的特殊性，相关法条以及实务经验也承认家事诉讼与普通民事诉讼的殊异性。但家事诉讼程序立法规定较为散乱，缺乏

---

[1] 车发强："论探视权案件的执行"，载《山东社会科学》2012年第5期。

系统性和完整性，仅有若干条款适用离婚诉讼，且在使用程序上既零散又不科学。[1]另外，调解也只设为离婚裁判的前置程序，少数民事诉讼规则被明确排除适用于家事案件，[2]致使整个解纷体系的紊乱和程序的割裂适用，不符合身份关系诉讼对程序统一性的要求。由于传统"对抗·判定"的诉讼结构[3]缺乏对家事案件特殊性需求的关照，家事案件亦需要经过举证、质证、辩论再进入例行调解程序，既未考虑到家事案件当事人之间的"情绪调整"或"社会适应性调整"，又未关注到家庭未成年人等相关成员的利益维护。[4]故而有必要对既有审判程序予以适当修正，消除固有的内敛性和封闭性，以适应家事案件对温情、精致审判的需求。

---

[1] 滕威："对我国设立家事诉讼程序制度的宏观思考"，载《金陵法律评论》2010年第1期。

[2] 蒋月："家事审判制：家事诉讼程序与家事法庭"，载《甘肃政法学院学报》2008年第1期。

[3] "对抗·判定"是两个基本要素，存在于民事诉讼程序最根本的层次上，并直接地规定了整个程序结构的性质。"对抗"是指诉讼当事人双方被置于相互对立、相互抗争的地位上，在他们之间展开的攻击防御活动构成了诉讼程序的主体部分；而"判定"则意味着由法官严守中立的第三者角色，对通过当事人双方攻击防御而呈现出来的案件争议事实作出最终裁断，这个裁断具有一经确定即不许再轻易更动的强烈的终局性。参见王亚新：《对抗与判定：日本民事诉讼的基本结构》，清华大学出版社2010年版，第51页。

[4] 陈爱武："论家事审判机构之专门化——以家事法院（庭）为中心的比较分析"，载《法律科学（西北政法大学学报）》2012年第1期。

第四章
基于闽、赣两地基层法院的样本分析

如前文所述,社会科学研究方法中,存在量化研究法与质化研究法两种方法,质化研究的基础理论来源于自然论(Naturalism)典范,研究自然情境中进行的社会生活之技术,是一种整体取向(Holistic Approach)的研究。[1]质化研究的目的不在于验证而在于探索,借助参与者的观点了解世界和现象,主要采用参与观察和深度访谈等方法收集资料,此外质化研究的方法还包括传记研究、现象学研究、扎根理论研究、民族志与个案研究等诸多方法。[2]

第一节 研究方法与大纲

一、研究方法

如何观察制度运作的细节?有学者指出,情理法兼顾之家事纠纷解决诚属不易,其效益之追求及检视,亦有赖回归微观

---

〔1〕 Crewell, J. W., *Qualitative Inquiry and Research Design*: *Choosing Among Five Traditions*, Sage, 1998, p. 57.

〔2〕 潘慧玲:"社会科学研究典范的流变",载《台湾教育研究咨询》2003年第1期。

面之具体案例及实际经验，踏实感受及诚实面对既有家事纠纷机制之优点与局限，方能有所突破。[1]

(一) 深入访谈法

访谈是质化研究中最主要的资料收集工具，它是评估人们知觉、意义、对情境的定义及对真实建构的方法，它也是我们理解别人最有利的方法之一。[2]访谈是一种研究性交谈，研究者借助口头谈话的方式，由被研究者收集、构建第一手资料。深入访谈法强调在自然情境下，研究者与被研究者双向沟通的互动，这亦是研究者与访谈对象互相理解的过程。通过收集有关口语与非口语的讯息，深入地全面理解研究的现象。其中依对访谈内容结构的控制程度，可将其分为结构式（封闭式）、半结构式（半开放式）和无结构式（开放式）三类访谈法。[3]

研究者在本章中综合运用了半结构访谈法、开放式访谈法形成口述访谈材料并辅之以法庭实际观摩的案件、法院案卷和统计报表等法院内部材料，以研究者和旁观者的双重身份进入调查样本。通过访谈的互动方式，了解基层司法实践者对家事裁判的认知和感受，记录下的访谈内容可以弥补文献资料和研究者自身智识的局限。研究者尝试着采取与受访者直接接触的互动方式，感受受访者的基本信念、态度等，解读他们的行动策略，掌握受访者的叙说脉络，进入受访者的世界。当然，在访谈的过程中，研究者尽可能使用最少的提示和引导问题，让受访者在一个无限制的环境里，针对访谈主题尽可能地论述自己的意见。

---

[1] 陈竹上："我国家事调解之发展及家事事件法实施后之契机"，载《法扶会讯》2012年第3期。

[2] 林世华等：《社会科学研究法——量化与质化取向》，心理出版社2006年版，第272页。

[3] 陈向明：《社会科学质的研究》，五南图书出版公司2002年版，第35页。

第四章　基于闽、赣两地基层法院的样本分析

（二）"过程—事件"个案研究法

实践主义法学研究范式及其问题出发型研究策略均不同程度地指向研究的基本要素，即作为分析素材的法律实践。个案是法律实践之最形象、最生动、最真实的展现，也最能直接揭示出法律运行的深层结构。[1]对于家事纠纷解决的分析，个案亦是一个极佳的切入点。然而，对个案的理解深度往往有限，易将思维限定在狭隘的认识基础上，较难突破研究者的"先见"或是过于发挥"想象力"作出过度阐释，从而使得对宏大问题的论述没有完全建立在实证基础上。[2]故而"个案研究"的方法重要的是能够超越特殊性与普遍性，微观与宏观之间的扩展性议题，并且要确保这样的扩展能够解释日趋复杂的现代社会。[3]

对此，学界提出了不同的修正方案，如卢晖临教授和李雪教授在"个案研究"反思的基础上提出"扩展个案方法"（Extended Case Method），主张对宏观和微观两个因素的经验考察，时刻体察宏观权力等因素对日常实践活动的渗透力，理解微观个体活动如何被宏大的机构所形塑，并主张跳出个案本身，走向宏大场景。[4]而孙立平教授在"个案研究"基础上发展出"过程—事件"的个案研究法（Case Study on Process Event），[5]

---

〔1〕　曾令健："法院调解社会化研究——一个法社会学的述评"，载《学术论坛》2017年第5期。

〔2〕　王启梁：《迈向深嵌在社会与文化中的法律》，中国法制出版社2010年版，第2页。

〔3〕　王晓丹："纠纷与台湾法律的现代性——以民事调解法律文化为例"，载《法律继受下的诉讼外纠纷解决研讨会（ADR）：从威权到民主》，政治大学2009年版。

〔4〕　卢晖临、李雪："如何走出个案——从个案研究到扩展个案研究"，载《中国社会科学》2007年第1期。

〔5〕　首位提出"过程—事件"方法的是我国学者孙立平。参见淡卫军："'过程—事件分析'之缘起、现状以及前景"，载《社会科学论坛（学术研究卷）》2008年第6期。

147

主张摆脱传统的结构分析或制度分析方法,从社会的正式结构、组织和制度框架外,从人们的社会行动中所形成的事件与过程之中去把握现实的社会结构和社会过程。[1]其主张"可以展示事务逻辑的事件性过程……关注、描述、分析这样的事件与过程,对其中的逻辑进行动态的解释",[2]"力图将所要研究的对象由静态的结构转向若干事件所构成的动态过程"。[3]"过程—事件"的个案研究法在一定程度上,是对过去"结构—制度"分析框架的反思和批评,[4]"过程—事件"的分析框架遵循一种迈向实践的研究方式,旨在超越静态、结构化的研究关系。[5]

本章主要以"个案研究"的观察方法展开解释与分析,并辅之以"过程—事件"的分析框架。从微观角度而言,"个案研究"的方法将研究回归到最小的人类交往过程,而"过程—分析"的分析范式则致力于将复杂的纠纷解决过程简化为行动者

---

[1] 谢立中:"结构-制度分析,还是过程-事件分析?——从多元话语分析的视角看",载《中国农业大学学报(社会科学版)》2007年第4期。

[2] 孙立平:"'过程—事件分析'与中国农村中国家—农民关系的事件形态",载《清华社会学评论》,鹭江出版社2000年版,第7页。

[3] 孙立平:"'过程—事件分析'与对当代中国农村社会生活的洞察",载王汉生、杨善华:《农村基层政权运行与村民自治》,中国社会科学出版社2001年版。

[4] 自20世纪60年代起,法人类学对纠纷解决的研究旨趣发生从"规则中心"转向"过程中心",对于纠纷的理解也随之发生变化,或者亦可谓从"结构—功能分析"逐渐转向"过程—事件分析"。在前者看来,纠纷是对秩序的破坏,是社会结构中的反常形态;而对于后者而言,纠纷是人们追求利益的固有特性的体现,是社会生活过程中的普遍现象。参见张晓红、郭星华:"纠纷:从原始部落到现代都市——当代西方法律人类学视野下的纠纷解决",载《广西民族大学学报(哲学社会科学版)》2009年第5期。故有学者指出,"过程分析"不同于"规则分析"的地方在于,前者重视人的作用,认为纠纷是当事人利用法律实现自身利益的过程,因此注重对纠纷当事人和纠纷解决人言语、争论、讨论、行为的观察和分析;而后者则重视规范的作用,认为规则决定了纠纷的结果,因此注重寻找法律,并思考法律与规则的关系。参见王鑫:《纠纷与秩序:对石林县纠纷解决的法人类学研究》,法律出版社2011年版,第29~32页。

[5] 孙立平:"迈向实践的社会学",载《江海学刊》2002年第3期。

第四章 基于闽、赣两地基层法院的样本分析

的行动,通过研究其策略选择、语言表达以及彼此理解和解释的内在驱动力等,进而呈现对立当事人间是如何互动、如何消解矛盾的。即通过旁听家事纠纷的个案,观察当事人双方与法官对话的过程,从中建立社会行动者在社会关系中"说"法律的过程分析。[1]

(三) 叙事研究法

人类存在着两种不同的认知模式和思维模式,各自提供了不同的整理体验和构建显示的方式。传统的倚重逻辑—科学的认识即所谓的"范式性认知"(Paradigmatic-Cognition);而通过故事来认识是所谓的"叙事性认知"(Narrative-Cognition)。[2] 叙事性研究作为一种有着鲜明特征的质性研究方法,充分运用了语言和故事的优势,为研究者提供了发挥社会学想象力的空间。所谓叙事是指以时间为主线将故事串联,研究者将自身的体验转化为在时间上具有意义的情节片段的一种基本方式。[3] 其真正的旨趣在于,它认为"偶发的、意外的、内在的不可预测的事件,可以消除或改变历史看似最持久的趋势,暗示了社会进程内在具有偶变性、不连续性和结果的开放性"。[4]

在本研究中还辅助采用叙事研究方法,即将受访者所述的经验现象的基本要素、结构加以整合,形成脉络化的叙事文本。但有鉴于叙事研究所承受的辛辣批判以及实践逻辑所具有的模

---

〔1〕 强世功:"法律是如何实践的:一起民事调解案的分析",载王铭铭、王斯福主编:《乡村社会的公正、秩序与权威》,中国政法大学出版社1997年版。

〔2〕 成伯清:《走出现代性:当代西方社会学理论的重新定向》,社会科学文献出版社2006年版,第26页。

〔3〕 成伯清:《走出现代性:当代西方社会学理论的重新定向》,社会科学文献出版社2006年版,第24页。

〔4〕 应星:《村庄审判史中的道德与政治:1951~1976年中国西南一个山村的故事》,知识产权出版社2009年版,第185~186页。

糊感和权宜性,本章还将运用"个案研究法"和"话语分析法",以弥补视野狭隘和避免陷入经验主义误区。

二、访谈大纲

研究者首先通过文献分析解构出本研究的相关问题,在正式访谈前就访谈问题的范围和内容进行商议,以期能提出符合研究目的的问题设计并初步拟定访谈大纲。访谈大纲主要由四部分构成,分别是:参与动机及理念;对家事诉讼程序的认知;对家事调解程序的认知以及对我国家事解纷的未来展望及建议。访谈第一部分主要为受访者的背景资料等基本情况。第二、三部分以家事解纷的核心内涵为主线,并就影响家事纠纷解决的相关因素,如律师、当事人参与、政策因素、执行等为主要分析指标,将访谈设计为诉讼程序和调解程序两部分。第四部分则希望借助受访者多年的实务经验,提供政策建议,作为重塑我国家事纠纷解决机制之实务政策上的参考。

三、访谈对象

就访谈对象的设定方面,主要选取厦门市T区人民法院、厦门市Z区人民法院和南昌市X区人民法院的法官和书记员,其中法官11名,书记员1名。在访谈对象的选择上,有如下几个考虑:①访谈对象为研究者朋友,或朋友的朋友,即间接朋友;②访谈对象有家事纠纷解决的经历。同时尽可能的兼顾年龄、性别和工作经历等因素。但受制于研究者时间和精力等研究条件的限制,本书所进行的访谈对象样本选择和数量有限,故而只能做局部样本分析。访谈地点一般设在受访者的办公室,有时也在会议室,有时因为彼此相熟而发生在饭桌和学术报告会议上。会谈时间每次约在30~40分钟左右,但有的访谈对象

第四章 基于闽、赣两地基层法院的样本分析

因接受了数次访谈，或因访谈对象不善言辞，或研究者与访谈对象每次都是匆匆碰面，故有的访谈过程比较仓促。有的访谈过程进行了录音，对于那些没有录音的访谈，在访谈时研究者都及时做了文字记录。

表4-1 访谈对象资料[1]

编号	年龄	学历	性别	从事审判年限	访谈时间
T1（半退休）	57岁	大专	男	30余年	2011年12月/2012年5月/2013年12月
T2	31岁	硕士	女	6年	2011年12月/2012年5月/2013年12月
T3	31岁	本科	女	9年	2011年12月/2012年5月
T4	27岁	本科	男	2年	2013年12月
T5（已调离）	36岁	硕士	女	12年	2011年12月
T6	26岁	本科	男	1年	2013年12月
Z1	40岁	本科	男	10余年	2013年11月
Z2	53岁	硕士	男	20余年	2013年11月
Z3	32岁	硕士	女	1年	2013年11月
H1	35岁	硕士	男	10余年	2012年1月 学术会议中座谈聊天，非正式访谈

---

[1] 郭志通："大陆女性配偶在台婚姻冲突历程研究"，载杨国枢、叶启政主编：《台湾的社会问题》，巨流图书公司1991年版。

续表

编号	年龄	学历	性别	从事审判年限	访谈时间
X1	32 岁	本科	男	7 年	2012 年 8 月
X2	45 岁	大专	女	16 年	2012 年 8 月

第二节 法院的形式理性

在韦伯看来，形式理性指的是支配理性选择行为的意识活动形式，是可以计算的，即可对这种意识活动形式进行量化、符号化、逻辑推论或效益预测。而实质理性指的是就理性选择行为的内容而言，即理性选择行为所要追求的目标和结果的实现程序。[1] 近二十年来中国家事解纷虽在实际运作中呈现出诸多中国特色的一面，但就整体而言，在形式上一直朝向西方法治传统靠近，换言之，是一个韦伯意义上的各个机构具有清晰层级（Hierarchy）的科层化组织结构。[2]

一、符号化法院

最早基督教思想家奥古斯丁（Augustine）给"符号"一个一般性的解释："符号是这样一种东西，它使我们想到在这个东西加诸感觉印象之外的某种东西。"意思是说，符号是代表某一

---

[1] 刘少杰：《经济社会学的新视野——理性选择与感性选择》，社会科学文献出版社 2005 年版，第 75~80 页。
[2] 刘思达："法律移植与合法性冲突——现代性语境下的中国基层司法"，载《社会学研究》2005 年第 3 期。

第四章 基于闽、赣两地基层法院的样本分析

事物的另一事物。[1]人类总想给自己周围的事物赋予意义,这时的"赋予意义"完全是根据与人类自己的关系进行的,哪怕对象属于自然界,也将根据它与人类的关系,来判断其价值,然后编入人类世界。[2]在研究者的观察中,从法院的外围建筑到内部设置再到细微的法庭摆设无一不被赋予了法律上的"符号"的意义。

以 T 区人民法院为例,在围墙和栅栏包围中的 T 区人民法院,若远远看去像极了美国国会大厦,大楼广场前放着一只独角兽石,这是法院符号化的第一个象征,石雕称"獬豸",似羊非羊、似鹿非鹿,"能辨曲直,见人斗即以角触不直者,闻人争即以口咬不正者",象征着对中国传统法律文化中断狱决讼的传承。法院前门、后门均配有武警站岗,在经过一道安检门后,大幅以山河为主的浮雕壁画,高耸、宽大、方正的办公大厅似乎想要极力昭示"法律坚如磐石,法官执法如山",这便是法院符号化的第二个象征。法院另外一个符号化的象征为法官袍和法槌。2001年,象征着审判者思想成熟和独立判断的法官袍取代了过去的类似西服的法官工作服,法袍标志着法官是一种统一的职业,应借由统一的服饰而体现。[3]作为司法改革的一部分,法槌计划也在随后启动,自2002年6月起全国各法庭陆续配置法槌,圆形槌体与方形底座的组合,暗示法律的原则性与灵活性互相结合,自此法官被赋予"头顶天平,手执法槌,端

---

[1] 俞建章、叶舒宪:《符号:语言与艺术》,上海人民出版社1988年版,第12页。

[2] [日]池上嘉彦:《符号学入门》,张晓云译,国际文化出版公司1985年版,第6页。

[3] 贺卫方:"法官的法袍代表了什么(上)——北京大学法学院贺卫方教授的演讲",载《中国律师》2002年第1期。

坐于法台之上定分止争"[1]的司法形象。人类作为"从事构造化活动的动物",热衷于给自己所处的"外界"赋予某种意义和价值,并把自己所居住的世界秩序化;同时人类也是使用符号的动物,通过使用"符号",创造超越现实的"虚的世界"发现了掌握无限自由的可能性。[2]这些精心设计的符号,彰显着司法者对人员、过程的安排及对司法结果的美好愿景,但形式上的意象并不代表真实的诉讼,表达与实践因背离而产生的鸿沟将在下文论述。

二、数目字管理

黄仁宇曾在《万历十五年》一书中指出传统中国治理的最大的问题在于没有"数目化管理",并以此回应韦伯所提出的问题——"西方资本主义的理性算计精神"。[3]如今法院的量化考核机制将现代社会的"数目字管理"推向极致,目标是"向管理要效率,向管理要质量"。以T区人民法院为例,共有12项考核标准参与全市基层人民法院案件质量与效率评估考核。这12项考核指标分别为上诉、抗诉率,申诉上访率,改判发回率,案件未结,当前存案工作量,审限内结案率,调解率,撤诉率,执结率,执行标的到位率,人均结案率以及已结案件归档率。每月月底按上述12项指标完成情况打分,并在全市排名。在上述指标外,还有一项每月需纳入考核的"陪审率",即所谓衡量公平正义的指标,也日益成为法官行政考核的"心头

---

[1] 历莉:"中国道路中国梦:法槌系着法治梦",载《人民日报》2013年5月17日。

[2] [日]池上嘉彦:《符号学入门》,张晓云译,国际文化出版公司1985年版,第133页。

[3] 黄仁宇:《万历十五年》,生活·读书·新知三联书店1997年版,第23页。

第四章 基于闽、赣两地基层法院的样本分析

爱"。这种严密、科学的绩效考核制,将 30 年前发轫于农村的"承包责任制"植入行政科层管理制度中,法院在去行政化的呼声中顶风前行,稳步推进"行政化"。[1]

从院长到书记员,层层签订责任状。年终时法院结合岗位目标管理规定,对庭、科室、法官及所有工作人员进行考核考评,考核结果将影响到法官或其他人员的奖金、福利、评优甚至升迁。[2]此外,还有其他各种五花八门的若干考评,如人民法庭考评定级标准、干警着装管理规定等均采用数字化量化考核。可以看到,在中国法院行政化管理大背景下各级法院绩效考评已出现"同构化"趋势。[3]法院也从边界模糊的监控状态过渡到职能分明、各司其职的理性专门化控制阶段,并通过精心编制的考核纪律实现对法官的约束与控制,实现法官的自我治理。[4]这种科学管理模式类似于福柯笔下的"环视监督装置",即借助中央塔楼的可移动性视线,不可遮挡和不可预测的扫射,造成对那些处于一览无遗境地的周围各级单位内活动的威慑结果,甚至构建起某种特殊的权力关系,即使在无人操作的条件下也能实现自动化控制。只不过这个塔楼在今天变成了法官的目标岗位责任制度。[5]

---

[1] 蒲云波:"高墙深院",载 http://www.ibeidou.net,访问日期:2013 年 11 月 31 日。

[2] 邓玮:"法律场域的行动逻辑:一项关于行政诉讼的社会学研究",上海大学 2006 年博士学位论文。

[3] 所谓同构化是指不同等级法院(从基层法院到最高法院)考核法官的工作质量和努力度指标具有一致性。参见艾佳慧:"社会变迁中的法院人事管理:一种信息和知识的视角",北京大学 2008 年博士学位论文。

[4] 邓玮:"法律场域的行动逻辑:一项关于行政诉讼的社会学研究",上海大学 2006 年博士学位论文。

[5] [法]米歇尔·福柯:《规训与惩罚》,刘北成、杨远婴译,生活·读书·新知三联书店 2003 年版,第 56 页。

综上所述，基层司法体系组织及管理变革基本上是朝着一种现代或者说是西方法治所要求的形式理性方向发展的，这一变革的动力既来自公正司法本身的逻辑压力，又来自全球范围内获得认可的外部压力。[1]但法院的形式理性势必带来法官在审理案件中的单一化和机械化，在家事纠纷领域，这种形式理性出现了一种回归，即为实现家事纠纷的圆融解决，法院开始反思剧场化的庭审模式。尽管从司法广场化到剧场化庭审模式，是社会分工日趋精细，社会关系日益复杂背景下的必然产物，"现代法治注定是要选择司法的剧场化"。[2]但就家事纠纷领域而言，司法广场化的回归将成为家事司法活动类型发展的又一趋向，即"马锡武审判方式"的回归。所谓"马锡武审判方式"是指一种混合了法庭的强制和当事人自愿的服从的调解，法官运用道德——意识形态的劝诫和物质利益刺激，不仅以法官的身份施加压力，还借助社区和家庭力量，使得当事人及其亲属达成预期一致的结果。[3]设置圆桌调解会议、布置温馨的家事调解工作室等都试图在形式上打破司法的封闭性，同时用服务性和亲和性掩盖法院的庄重性、威严性。

---

〔1〕 刘思达："法律移植与合法性冲突"，载《社会学研究——现代性语境下的中国基层司法》2005年第3期。

〔2〕 舒国滢："从司法的广场化到司法的剧场化——一个符号学的视角"，载《政法论坛》1999年第3期。

〔3〕 [美]黄宗智："离婚法实践：当代中国法庭调解制度起源、虚构和现实"，载黄宗智主编：《中国乡村研究》（第4辑），社会科学文献出版社2006年版，第17页。

第四章　基于闽、赣两地基层法院的样本分析

第三节　法官的实践理性

一、法官对家事纠纷解决的程序认知

对离婚案件，当事人最常争吵的议题主要集中在离婚、未成年子女监护、子女抚养费及损害赔偿方面。[1]美国学者对当事人间强烈争议的议题统计结果显示，96%的当事人对于孩子抚养费无法达成协议；93%的当事人对财产分配有异议；对未成年子女监护存在争议的当事人占比为91%；对子女会面存在争论的当事人占88%。可见，当事人诉请离婚的争点多集中在未成年子女监护，探视权与抚养费等问题。[2]

就家事纠纷解决认知看，多数法官均表示，对待家庭问题需要从多重角度分析，不能简单将家事问题看作"一刀切"的外科手术，因为落在细节上，家事纠纷的焦点集中在感情纠葛、夫妻共同财产分割以及抚养费等问题上，另外法律规则的操作性和预见性都是目前较为棘手的问题。

"家事纠纷还是与普通民事案件不同，主要在于家事纠纷多少牵扯到感情因素，还有就是夫妻财产如何查明的问题，比如一些对外的经济纠纷，如借条、欠条之类，这些不单纯是两个人内部的事情，还有就是子女抚养问题，婚外情问题。"（Z1）

"家事问题要分两个方面。一是亲情问题。我们不能简单用感情要素来规范，比如赡养问题，现在立法中提出精神赡养问

---

〔1〕　黄翠纹、邓学仁："以调解方式处理离婚事件之研究"，载《台湾警察大学警学丛刊》2006年第2期。

〔2〕　Irving, H. H. & Benjami, M., An Evaluation of Process and Outcome in a Private Family Mediation Service, *Mediation Quarterly*, 1992, 10 (1), p. 35.

题，精神赡养在司法层面中无法兑现，在立法上我们抽象地用情感抚慰来表现，但落实在司法层面最终都成了判决一个月支付多少钱，导致立法和司法的差距很大，司法最后只能落到一个月给个几百块钱。我认为司法规则制度必须及时总结婚姻家庭几十年的各地的风俗，应赋予各省、各地方不同做法的自由，还必须尽量预见到80年代、90年代的独生子女问题，以后的亲情问题将会更严峻。现行最高人民法院婚姻法的解释太抽象，可操作性太差。二是财产问题。财产问题在家庭的关系上有几个概念是模糊的。比如说，夫妻共有财产不仅包括现实的财产也包括虚拟财产（债权、债务），但立法对家庭共有财产的规定十分模糊，家庭共有财产、夫妻财产的不明晰，造成了家庭成员之间对于自己财产的权益的模糊感。此外还有家事代理的问题，普通的家事代理和重大的家事代理，我们以什么界限和标准来推定是重大？"（Z2）

对于家事纠纷的处理难点，多数受访法官普遍认为，案件既已起诉到法院，证明感情可挽回余地较小，故而关注点和难点多集中在夫妻共同财产和小孩监护权等问题上，还有执行等后续事宜。但对感情破裂的判断，双方财产、债务的划分以及后期执行等都是家事审判中的难点。此外，一些新型家庭财产，如公司股份、知识产权的归属和价值判断也是司法难点之一。

"当事人的争议焦点无非是解决财产问题或感情问题。但感情问题其实是没有量化标准的。对判断"感情破裂"在规则中不可能用纯心理的概念来代替法律的规定。最高人民法院在司法解释中列举了十几项判决感情破裂的因素，这些都可以进一步提炼上升为法的规则，最后设立兜底条款，从情感之治上升为规则之治。"（Z2）

第四章 基于闽、赣两地基层法院的样本分析

"纠纷难点可能涉及两方面,一是夫妻共同债务,争议焦点在于债务是否存在,是否是虚假债务,很多是因为离婚诉讼伪造借条的,还有即使债务存在,还要判断是否属于夫妻的共同债务。二是共同财产问题。有些当事人结婚几十年,很多财产无法查清楚,而且原有的财产是否还存在,有没有花掉也很难查清。对于数额较大债务问题认定要慎重,不仅要有借条,还要有债权人出庭作证,还要有转账支付凭证。还有对于夫妻一方所在公司的股份、借贷、投资如何认定的问题也是很头疼的。"(Z1)

"难点在财产查明过程中举证责任的分配问题。法官调查只能是有限度地解决问题,比如结婚数十年,财产太多,法院要查到什么限度?还有就是当事人申请调查取证问题太多,比如妻子申请法院查老公各个银行的账户存款,但没有提供具体的银行线索,所有银行全部都要查吗?另外,我在办案中碰到那种夫妻盖房的,有土地使用权证,却没有产权证,是否可以分割?目前的想法是关于房子的使用收益权可以分割,所有权不能分割。"(Z3)

"清官难断家务事,都挺困难的。比如我们对一方有暴力倾向的,立法没有类似(人身)禁制令的规定。还有就是执行问题,对支付抚养费的执行,行使探视权的执行等都是实务中的难点。"(T2)

二、法官对家事纠纷解决的角色认知

受访者普遍认为纠纷解决者应当具备社会经验并注重情理的二元回归。过去法官可以依靠"法官的身份"这种硬性标签所带来的权威性,对当事人进行纠纷疏导,当事人也多屈从于这种权威。而现在法官的身份似乎并不能带来这种纠纷解决中

的话语优势，当事人接受法官的方案也不再是因为对权威的崇拜和屈从，而是认可法理、情理。在家事纠纷中，当事人情绪尤为波动和敏感，纸面的诉求可能并非是当事人之间的真正矛盾所在，所以法官还需懂一点心理学、社会学的知识，耐心倾听当事人意见，有技巧地引导当事人表达自己的真实意愿，同时利用自己的社会生活经验，运用情理、法理打动和说服当事人。

"作为法官肯定要有一定的生活经验，判断家事问题需要日常的生活经验。还有就是要特别注意在家事解纷中的情、理、法的结合，婚姻关系多涉及伦理道德问题，很容易引起社会的负面评价，要谨慎处理。现在的一个趋势是，家事纠纷重心转向保护弱势一方，对于家庭暴力要坚决制止。"（Z1）

"法官除应具备基本法律素质外，还应当有亲和力和转换法言法语为方言土语的能力，尤其是很多当事人对硬性法律规定不能很好理解，我们要跟当事人解释法律判断和当事人情感判断之间的差距。"（Z3）

"做当事人感情倾诉的对象，有时候他们负面情绪倒完了，事情也就解决了。"（Z2）

"懂点心理学、社会学对我们有好处，因为碰见的案件多，有些时候你也能看到当事人争执不下的症结在哪里，知道他们的底线、焦点，也能抓到双方底线的差距。"（T2）

"我觉得法官其实就是建议人和中间人。从法官专业的角度可以提出建议，不一定有法律效力，但可供当事人参考。当事人若觉得你足够可以信任，就会认真思考，很有可能同意你的方案。"（T1）

在研究者的观察中，法官在面对当事人文化程度不高的情况下,会尝试使用循序渐进的启发式提问。此时法官的技巧是让当事人专注事实,通过发问让当事人注意力集中在案件的事实层面,而不是继续纠结在是非对错问题上,还可以通过反复询问当事人同一个问题,以求获得明确的答案。

三、法官对家事纠纷解决的调解倾向

在法官调解策略选择的背后,既有直接的司法场域中的政策倾向以及诸多由此而来的奖惩措施等资本的控制,又有这种选择的良好社会效果所赋予他们的政治资本所给予的间接引导,还有教育经历赋予他们的对法律的态度及认识所形成的偏好,更重要的是上述因素在他们的心理结构中所形成的性情倾向对实践样式的选择给予的控制。[1]换言之,这其中既有法官个人主观偏好的引导又有外界政策的驱使,是一种外在结构和内在倾向的相互作用的结果,具体可表现为以下几个方面:

(一) 外界调解政策和内在考核指标

在大调解运动背景下,调解被当作一个政治任务布置下来。[2]为了政治达标,T区人民法院推出了"调解一票否决制",即以各分庭为单位,调解率未达到标准(70%)的,取消评选先进法庭的资格。这多多少少引起了法官们的反感和不满,"好像脑门上套了个紧箍咒,甩也甩不掉"(T2),结果便是多数法官对交通事故案件更存好感,认为"这类案件赔偿数额和标准确定,当事人的期望值不高,故调解成功率也相对较高"(T1)。私底下,有些法官甚至会"恳求"当事人选择调解,

---

[1] 武红羽:《司法调解的生产过程:以司法调解与司法场域的关系为视角》,法律出版社2010年版,第31~33页。

[2] 吴英姿:"法院调解'复兴'与未来",载《法制与社会发展》2007年第5期。

"你也帮帮我,我也很难做"(T1)。

有学者指出,为应对高结案率的要求,各级法院不惜将本年度不能完成的积案,想方设法拖至来年的统计中,或者在本年度的下半年人为地加强调解的适用,这已在法院系统内部形成众所周知的"潜规则"。[1]有法官自嘲道:"我是被调解率追着屁股的法官。"(T2)在绩效考核制度的压迫下,法官的审判工作一直为调解率奔波,调解率几乎成为一切努力的中心。尤其是面对一些理由明显不足的上诉人、申请人,法官通常会主动联系,以期说服当事人撤诉或调解,以提高撤诉率和调解率。数字化的绩效考评所施加的政治压力和个人压力,将造成法院调解偏离其最初的本意,而演变成一种审判的惯性和惰性。[2]

(二) 法官个体的调解偏好

判决和调解之间有一种长期的制度互补又相互竞争的关系。就现实而言,判决一般更适用于陌生人之间的纠纷,而调解等方式更适用于熟人之间的纠纷。[3]但在实践中,调解对法官而言,却是一种既爱又恨的复杂情感。一方面法院对调解率的片面追求,扭曲了诉讼结构和裁判规律,并直接影响法官的个人绩效;另一方面调解是一种方便审判权行使的手段,是法官安全结案、简化工作的工具。在我们的调查中,法官在内心深处对家事调解仍存在偏好。

---

[1] 冯磊:"中国法院最大化什么?——以S市中级人民法院的工作考核制度为视角",载张卫平、齐树洁主编:《司法改革论评》(第10辑),厦门大学出版社2010年版,第94页。

[2] 也有学者持不同意见,如汤鸣在调查中发现影响法官决定调解的因素首先是对案件情况的客观判断,然后才是基于自我利益的衡量。参见汤鸣:"家事纠纷法院调解实证研究",载《当代法学》2016年第1期。

[3] 苏力:"关于能动司法与大调解",载《中国法学》2010年第1期。

第四章 基于闽、赣两地基层法院的样本分析

"很多案件判不了,判不好,只能调解,有时候与其写一份遮遮掩掩的判决书,不如多软磨硬泡几次做好调解。"(T1)

"稍麻烦点的案件,判决书有时候一写就是十几页,甚至几十页,调解书才两三页,而且行文也不用像判决书一样规范严谨,比较省事。"(T3)

但也有年轻法官表示,对离婚案件的调解很是头疼,没有表面上看到的那么轻松,案件下隐藏纠葛缠绕的关系、真伪难辨的理由,都需要法官抽丝剥茧、逐一排查。

"能进法院的离婚案件大多都前期在社区或者村里司法所调解过的,就是因为双方想争口气不愿让步,才闹到法院来,其实很难再往下调。很多时候我就这么一问,你们双方要调解不要?因为知道调了也白调,也不想费力调,不如干脆多开几次庭,能判就判了。"(T6)

"有些案件根本不像起诉状描述的那样,比如双方因相亲认识,感情基础不好或双方性格不合。其实里面原因多着呢,这时候调解就要看情况了,一般我们也只在财产和子女抚养方面做做工作。"(T4)

可见在某些时候,调解与判决的取舍却发生着异质。彭文浩(Palmer)认为,调解尽管有其无可比拟的魅力,但却不是万能的。[1]我们赋予法院调解过高的期望,以至于在某些疑难案件的阴影下,法院调解演变成一种规避正式制度的行为,原本属于当事人的调解选择权悄悄变成了法官的结案选择权。通过调解让当事人达成和解,原告撤诉,可以规避法律的禁止性

---

[1] Palmer, Michael, The Magic of Mediation, *The Vermont Bar Journal & Law Digest*, 1996, 18, p. 56.

规定，或者采取一些在法律上缺乏依据的处理办法解决案件。[1]这使得调解在某种意义上更具有人治的因素。此外，将调解和判决设定实施在同一程序中，也会造成个性迥异的二者关系的紧张和冲突。诉讼调解的现实与立法者设置调解制度预期的理想状态发生断裂，同时又造成诉讼制度的变异，使实体法与程序法对审判活动的约束双重软化。[2]

四、法官在家事纠纷解决中的策略运用

清代著名幕僚汪辉祖在其撰写的《学治臆说》一书中特别强调了他在解决民事纠纷中的百试不厌的中庸之道，也就是强调不走极端路线，要取其中庸。其对于诉讼的缘起和解决有这样的见解："盖听断以法，而调处以情，法则泾渭不可不分，情则是非不妨稍借。理直者既通亲友之情，义曲者可免公庭之法，调人之所以设于周官也。"[3]在家事纠纷解决过程中，法官的个体性因素预设了其在双方当事人心目中的地位，这也就是亚里士多德所说的修辞人格的作用，当人们心目中建立起对修辞者的信任时，说服就会通过人格得以实现。[4]在我们的调查中，年纪更长的法官的个体性因素对家事解纷的影响更大。他们依靠经验，凭借道德、良心，倚重感情更多地是通过在情理上取得共识的方式来达成双方利益的妥协，一定程度上扩展了法律的张力，弥补了判决的缺陷。尽管多数法官都认可自身的审判

---

[1] 吴英姿："司法过程中的'协调'——一种功能分析的视角"，载《北大法律评论》2008年第2期。

[2] 李浩："民事审判中的调审分离"，载江伟主编：《中国民事诉讼法专论》，中国政法大学出版社1998年版，第398页。

[3] （元）张养浩撰：《为政忠告》，辽宁教育出版社1998年版，第54页。

[4] 武飞："调解中的法官修辞"，载《法学》2010年第10期。

经验和生活经历对处理家事问题至关重要,但年轻法官被体制(法官人手短缺)推到"风口浪尖"上,也不得不使出浑身解数做好家事纠纷解决工作,他们则更为理性和严谨,更偏爱说法释义,在家事纠纷中的表现也颇为"可圈可点"。

(一)庭前阅卷、找准争点

受访者普遍表示,在庭审之前,都会通过阅卷等方式,试图提前介入案件,或者邀请与当事人有关的亲朋好友参与诉讼,以争取获得当事人的信任和认同,了解在纸质诉状背后真正的原因。

"通过庭前阅卷,查清基本事实,了解家事纠纷的起点、焦点、重点和难点。"(Z3)

"对双方争议的焦点,法官心里大致会有个概念和方案,真正的争议焦点常常隐藏在诉讼状的背后,纸面上看不出来的,有时候要找双方询问,要多倾听,分辨琐事、鸡毛蒜皮的小事情和原则性问题,总之法官心里要有个谱。"(T4)

"比如说赡养纠纷,造成赡养纠纷的很多。有的家庭子女很多,但家长总会偏爱一两个,想着钱要给他、地要给他,房子也要留他一份,平时也总让其他子女帮衬着点这个,其他小孩给自己孝敬的心意,也全部留给喜欢的这个,俗话说'皇帝爱长子,百姓爱幺儿',其他子女就觉得父母一碗水端不平,心理肯定会不痛快,这做父母的偏心都偏到'胳肢窝'去了。这种情况下,赡养纠纷可能不光是养不养的问题,还有一些赌气的成分,我们做法官的在处理这些家庭问题上,还是凭着多年的经验,有时候感觉很重要。"(X2)

"家庭纠纷尤其是离婚纠纷,有时候做他亲戚朋友、长辈、甚至单位领导的工作,可能比做他本人的工作更重要。比如在村里比较有名望的人,或者是当事人平时比较尊重的人,这些

人说得上话，也说的在理，当事人听得进去。"（T2）

实践中，受访者表示有时还会借助自己的人情资源，以促成家事纠纷的解决。

"我的父亲是法院辖区内一村里的族长，在受理一起离婚案件后，我就邀请父亲以族长身份参与这起离婚案件的调解，运用公亲的公信力，最终双方调解和好了。"（T3）

（二）多重调解方式穿插混合

受访者普遍表示，在自己主持的调解活动中常运用到"背靠背"和"面对面"的调解方法，并会根据实际需要交替进行。其中"背靠背"方式多遭到理论界诟病，如"在这一过程中，法官常利用其判决的权力向当事人试压以促成调解"，[1]"导致法官与当事人讨价还价，甚至对当事人哄骗，通过说好话说服当事人接受调解。"[2]但在笔者的观察中，那些具有实践理性智慧的基层法官，有着自己的调解逻辑，受访者认为，背靠背的调解过程就是为了平息双方矛盾，夸大对当事人不利的因素，降低期望值，尽量获得当事人的认同，以达成调解协议。

"一旦双方发生争吵，我在当庭阻止无效时，会立即隔离双方当事人，避免情绪恶化，采用'背对背'调解方式，待差不多双方情绪缓和，有利益对接的可能时，再采用'面对面'调解方式。"（Z3）

"一般两种方法都会用到，在双方冲突比较激烈的时候，我

---

[1] 刘思达：《法律移植与合法性冲突——现代性语境下的中国基层司法》，载《社会学研究》2005年第3期。

[2] 王利明：《司法改革研究》，法律出版社2001年版，第361页。

会安排一方当事人出去，先想办法安抚情绪，然后讲清楚法律是怎么规定的，尤其是对一方不利的内容，让他不要产生那么高的诉讼预期。这种方法如果用'面对面'的方法，很难处理，毕竟大家底牌都亮出来，就难同意调解了。"（T2）

"单独和一方交谈，可以谈的更深入一点，因为有时候有批评教育的内容，这样单独谈话不会折损当事人的面子，容易促成调解。"（T3）

"碰见不合作的当事人，我一般各打五十大板，回家好好反省。"（T5）

在摸清当事人底线，拉近双方意见之后，法官一般选择采用"面对面"调解方式，为的是进一步敲定具体细节，并在方向上引导当事人尽快达成一致。受访者表示，有时候需要在调解中积极提出自己的方案，一是促成当事人反思；二是为当事人提供一条出路，不能过于纠缠细节。

"有些离婚、分家析产案件，财产太细小太琐碎，比如结婚时候的聘礼和嫁妆、手链手镯戒指还有就是冰箱、煤气灶、电风扇，再有就是各种虚虚实实的债务，欠各自亲戚、单位的钱，这些只能当着双方的面来一一确认。"（T2）

"我有时会主动提出一个调解方案，比如会提议小的债务，谁手里的归谁；财产的话，首饰类的我一般提出给女方，电器类可以适当分给男方，一般会多照顾些女方。当然这些都由当事人自愿决定，绝不强迫。但有时候只有主动提出方案才能打破僵局，缩小分歧。"（T4）

"我会先提自己的建议，前面各打五十大板后，再做些安抚工作，设身处地为当事人分析问题，比如有一件离婚案件，女方因为男方严格控制生活费而起诉离婚（女方上交了所有嫁妆和工资卡、存折等，男方每周只给20块钱让她回娘家），我就劝男方要改一改，不能控制这么严格，现在社会都不兴这套了，尤其是女方回娘家，也是要面子的。回头也指出女方的一些不足，说她有时候性子太急不懂得忍耐。这样做之后，当事人觉得有人评理了，也会认真考虑我的建议。很多时候当事人其实只是一味坚持自己原有的意见，法官不提方案谁也不肯让步，怎么打破僵局。"（T1）

一名有着三十多年审判经验的基层法官，将他的家事调解总结为三个步骤，即先由原告提出一个调解方案，交由被告修改建议，再反馈给原告；之后再由被告提出调解方案，由原告修改并告知被告；最后由法官提出一个方案。

"我的这三个方案可以并联也可串联，一般在前两轮调解后，能基本摸清楚当事人的底线，进而提出比较客观中肯的调解条件，这么三轮后，我觉得我们法官也算是仁至义尽了。"（T1）

实际上，法官在家事纠纷中扮演着多重角色，时而是"消防员"，当双方出现情绪化和互相指责的语言时，要及时喝止并当场批评；在谈判陷入僵局时，又承启"破冰船"的作用，打破双方的坚冰状态。[1] 有学者指出，在调解中，法官最需要的并不是将法律条文烂熟于心而是人际技巧以及对当地语言、习俗、文化和社会背景的熟悉。调解程序中法官对非法律技能的依赖使司法实践的社会事实较其正式结构和程序更为灵活。[2]

---

〔1〕 黄鸣鹤："习惯在调解过程中的作用"，在《人民法院报》2010年12月10日。

〔2〕 刘思达："法律移植与合法性冲突——现代语境下的中国基层司法"，载《社会学研究》2005年第3期。

第四章　基于闽、赣两地基层法院的样本分析

当事人之所以认同调解或者不对调解提出异议，容忍甚至鼓励法官的话语及偏好成为主宰调解结论及利益分配的根据，与当事人在司法场域中所处被支配的位置有关，也与当事人对法官的依赖以及对权威的服从有关。换言之，当事人对法官信任程度越高，对法官在调解中的权力越少质疑，其对法官调解的方式和提议就越能认同。[1]

（三）对乡约民俗的默认和保护

法律失效乃当前中国制度实践的一种日常形式，即制度的表达与实践相背离。法律失效的原因在于，正式法所代表的一套民众所不熟悉的知识和规则，在很多情况下，它们与乡土社会的生活逻辑并不一致，导致的结果便是一方面在农村社会，人们往往规避法律或者干脆按风俗习惯行事，另一方面国家在力图贯彻其政策和法律的同时，退让妥协之事也往往有之。[2] 事实上，格式化的国家法对民间法的征服在很大程度上破坏和打压了民间法的生存空间，这无疑也导致自我切断了国家法吸收本土资源的营养，使得国家法"宛若附在水面上的油脂"。[3] 故而，法官常在民俗习惯中寻求纠纷解决的可能，试图在行动框架中达到二者的平衡。

福建省闽南地区的农村，"接脚夫"风俗并不罕见，儿子去世后，家长为守寡的媳妇再找一个丈夫，招入后夫的目的是为了"招夫养老"。2007年厦门市同安区便发生了一起因"接脚夫"引起的典型赡养纠纷，1990年原告刘老汉的二儿子因故去世并留下妻子和刚满周岁的儿子，故刘老汉夫妇做主帮儿媳妇

---

[1] 武红羽："司法调解的生产机制——以个案为例的研究"，载《西南政法大学学报》2010年第6期。

[2] 梁治平："乡土社会中的法律与秩序"，载王铭铭、王斯福主编：《乡土社会的秩序、公正与权威》，中国政法大学出版社1997年版。

[3] 田成有：《乡土社会的民间法》，法律出版社2005年版，第86页。

找了丈夫,此后,小邵便作为"接脚夫"进了刘家。小邵进门后,双方签订了一份《合约书》,约定小邵落户刘家,且要承担扶养家中老幼的义务。随后村里补发土地补偿款,刘老汉将补偿款平分两份,每份6000元分别给了大儿子和小邵。然而2007年后,小邵便再也未对二老尽赡养义务,刘老汉夫妇无奈下只好将小邵告上法庭。在老人提供给法院的材料里,有一份村民集体签名的声明"小邵自进我家门不尽孝道,从不承担老人生活费及医疗费"全村近百位村民在这份材料上签名,村民们认为按照当地风俗,招入后夫是为了"招夫依靠"。[1]有学者认为,"接脚夫"风俗有利于农村实现"老有所养",属于"善良风俗"可作为判案依据。[2]"接脚夫"巧妙地解决了生活的难题,是一种不违反法律而又符合伦理的多方共赢的"残缺家庭重组模式"。[3]但也有学者从"接脚夫"这一民俗的历史渊源展开分析,认为"接脚夫"具有强烈的人格交换和买卖婚姻色彩,并非良俗不能予以司法确认。[4]但就该案的判决书[5]来看,司法确认的实为双方签订的《抚养合约》并形成事实上的赡养关系,而非确认"接脚夫"这一风俗。

"在农村,有时候赔礼道歉会有一些约定俗成的方式,比如放鞭炮、挂红或端茶等,在我们福建某些地方,道歉的方式是

---

[1] 参见厦门市同安区法院档案(法院内部资料),载许翠霞、王勤芳:"从'接脚夫'的习俗谈善良风俗的认定——由厦门同安区一则审判案例谈起",载《河北经贸大学学报(综合版)》2009年第4期。

[2] 郑金雄:"尊重善良风俗促进老有所养",载《人民法院报》2008年5月13日。

[3] 黄鸣鹤:"习惯在调解过程中的作用",载《人民法院报》2010年12月10日。

[4] 许翠霞、王勤芳:"从'接脚夫'的习俗谈善良风俗的认定——由厦门同安区一则审判案例谈起",载《河北经贸大学学报(综合版)》2009年第4期。

[5] (2007)同民初字第1271号;(2007)厦民终字第2461号。

第四章 基于闽、赣两地基层法院的样本分析

过错方请上一台社戏,在社戏开演前,当着乡亲们的面向对方道歉。另外,在赡养纠纷中,赡养人以务农为生的,赡养费的支付方式可以以实物为主、货币为辅,这些实物可以是稻谷、花生这种当地的农产品也可以是花生油、花生仁这种加工后的半成品。"(H1)

乡约民俗的内置性使得家事纠纷解决机制不仅仅是一套解纷机制,在某种程度上,它还起到沟通国家法与民间法的文化上的阻隔,为两者良性互动提供一个正式制度性对话渠道的作用。法官通过确认和保护乡约民俗,使案件处理过程和结果显得合情合理,并获得民众对司法的认同。[1]

(四)纠纷解决中三种话语的运用

美国法律人类学家梅丽(Sally E. Merry)在20世纪90年代对美国东岸新英格兰地区的中小型法院中当事人的法律意识和法律行为进行了深入的实证研究。她观察到那些进入中小型法院的纷争类型大多为争讼标的金额不大、当事人间情绪张力较强或缠讼经年的事件,如邻里间诉讼、夫妻或男女朋友间的赡养费、分手费、家庭暴力保护请求等。[2]在对这类案件的资

---

[1] 良俗案件中还有一起较为著名的"马桶案"。2004年江苏省泰州市人民法院在执行一起因离婚析产案件时,仅为一只小小马桶,遭到当地近百名村民的阻挠,执行法院被围困2个多小时。一只马桶在市场上售价最多100元,为何在执行时遭遇如此大的阻碍?当地有一个习俗,女儿出嫁时,嫁妆一定有"三圆一响",这"三圆"中的"一圆"叫"子孙桶"(实则为马桶),寓意子子孙孙繁衍生息、人丁兴旺。在当地农村,这种风俗延续至今,因"子孙桶"属意世代传承,故而谁从男方家拿走"子孙桶",就意味着男方要断子绝孙。最后经过调解,由男方家重做一只新马桶,由女方家带走。参见姜堰市人民法院(2007)姜法张民初字第0109号民事案件。参见汤建国:"姜堰法院将善良风俗引入司法审判的报告",载齐树洁主编:《东南司法评论(2009年卷)》,厦门大学出版社2009年版。

[2] Merry, Sally E., *Getting Justice and Getting Even: Legal Consciousness among Working-Class American*, University of Chicago Press, 1990, pp. 37~38, pp. 110~130.

料收集、访谈与分析后,梅丽发现法院常使用三种典型的明确且可分析的惯用话语,即使用法律话语、治疗话语和道德话语来解决上述纠纷。[1]

在本小节中,研究者借用梅丽对纷争解决三种话语形态的总结,来分析在家事纠纷解决中法官如何使用、转换并践行这三种话语的。一般而言,在家事纷争中,法官经常以"法律话语"先行,以"现在依照《中华人民共和国民事诉讼法》第120条的规定,公开审理……离婚一案,现在开庭","根据民事诉讼法的规定,涉及离婚案件,法院必须进行调解,现进入调解阶段"等法律话语开场。通过运用法律话语对事件进行分类和命名,用法律上的具体规定构建事实,将纠纷解决的氛围置于法律话语的框架之内,法官引用相关法律法规从话语上掌握了调解的话语权,进而引导调解的方向和进程。

随后,法官再以"道德话语"与"治疗话语"做引导,在当事人进入证据交换和法庭辩论程序之前,及时处理当事人的情绪。[2]此时,法官不再过多地纠缠于事实和证据的认定,而是引入道德性话语和日常生活逻辑,将争议问题简化为道德判断,对双方开展劝说工作,运用道德话语和治疗话语来弥补法

---

[1] 所谓道德的话语,是一种关于人际关系的话语,即关于人们应该怎样对待他人,通常包含道德评价或劝诫,多强调家庭与社会关系中的责任和义务。治疗的话语则倾向于起到抚慰当事人情绪的作用,更注重关系的修复和情感的宣泄。所谓法律话语的重点则在于逻辑性和理性,更强调权力概念和法律概念。参见〔美〕萨利·安格尔·梅丽:《诉讼的话语——生活在美国社会底层人的法律意识》,郭星华、王晓蓓译,北京大学出版社2007年版,第152~158页。Merry, Sally E., *Getting Justice and Getting Even: Legal Consciousness among Working-Class American*, University of Chicago Press, 1990, pp. 37~48.

[2] 陈伶珠:"发展友善子女的父母关系——从诉请裁判离婚的夫妻关系开始",载《儿童及少年福利期刊》2007年第12期。

第四章 基于闽、赣两地基层法院的样本分析

律话语与大众话语之间的隔阂。[1]此时，道德话语和治疗话语多表现为说教式的批评兼教育，在研究者的观察中，有法官甚至脱下法袍，走下审判庭，在原被告席间来回走动，促进调解，试图"弥合裂痕，以情动人；换位思考，以理服人"。

"我希望双方都反思一下自己的言行，我为这个家庭都做了些什么？我对得起这个家吗？"（T2）

"夫妻之间要互相尊重，经常沟通，遇事协商处理，不能我行我素，因为你们都是有家有室的人，又不是光棍一条，相互要体谅，不能有外心，这样反而将对方推得更远。"（T1）

"我们看人、看问题都要一分为二，金无足赤人无完人，你们的婚姻已经出现危机，责任不可能全出在一个人身上，双方都要认识到自己的缺点和不足，加以改正，不要一味指责对方，仅看到缺点看不到优点，这才是你们夫妻矛盾无法化解的原因。原告，我说的对不对？""夫妻之间没有江山可打，也没有谁输谁赢的说法，如果整天争来吵去，最后还是散了，大家都是失败者，你们说是不是？"（X1）

这种具有煽动性和感染力的话语，将当事人带入熟悉的话语场域中，可以拉近与当事人的距离，达到预期说服的目的。长久以来法官习惯"审毕宜加劝谕"的方式，是现今仍沿用道德话语进行辅助说理的原因之一。清代钟洋将此列为审断原则，深究原因在于法官对行政官员的自我定位问题。[2]但当遭遇调解无效或当事人执意要对财产做分割或分配子女抚养权时，法官也力图通过批评和劝谕的道德话语，论证财产分割时的互谅

---

[1] 陈伶珠、卢桂香："以法院为基础的社会工作家事调解历程之初探"，载《社会工作学刊》2006年第5期。

[2] 吕晓彤："判决书中的道德话语研究"，载《法律方法》2013年第1期。

互让在道德上的依据和正当性。[1]

"现在是调解,双方要互相体谅,原告已经给你生了两个孩子,你不能一反目就当仇人。"(T2)

"你不能一会要求这个,一会要求那个,男子汉就应该自己挣钱,养孩子本来就是你的义务,你父亲给你的钱,怎么会是债务?""你太不像一个男子汉了,一点男子汉气概都没有,怎么这么斤斤计较?"(T1)

在研究者的观察中,日常生活的逻辑对正式法律场域的入侵,并未带来表达和实践的背离,恰恰相反,因为这些日常生活的逻辑是人们耳濡目染、与生活息息相关的观念和意识形态,如"男人要多担待点""家庭是双方共同经营的""离婚了大家都是输家"等,此类道德和治疗的修辞手法,易被当事人理解和接纳,甚至达成法官与当事人之间的共鸣,有种"同舟共济共渡难关"的感觉。此外,法官对某件具体行为或事物作出称赞或批评时,除及时表达自己的观点和看法外,更重要的是,还能引导当事人在面对相同或类似情形下,作出和法官相同和类似的价值判断。

在司法场域,语言不仅被视为是一种沟通的手段,还被看作是权力关系的一种工具或媒介。实际上,在庭审过程中,法院通常会打断当事人所做的与审判程序和证据无关的陈述,以此来管理和重构案件,[2]并借此区隔"激动情绪"(用治疗话语和道德话语)与"法律争点"(用法律话语)以"敲打"当

---

[1] 王启梁、张熙娴:"法官如何调解?——对云南省 E 县法院民庭的考察",载《当代法学》2010 年第 5 期。

[2] 武红羽:"司法调解的生产机制——以个案为例的研究",载《西南政法大学学报》2010 年第 6 期。

第四章 基于闽、赣两地基层法院的样本分析

事人。

"到底是你审还是我审？你是法官还是我是法官？""既然到了法庭就要讲真话，开庭时未提出的要求，不要在调解期间提了。"（T2）

"我好心启发你，你不要错怪我，不理解我。""我们法官是诚心实意帮你们解决问题的，你不要有这么大的抵触情绪。"（T1）

"要抓住问题的症结。比如我会劝导当事人说'你们离婚，最受伤害的就是小孩'，'人生在世都是为儿为女'，有时候再讲讲自己的育儿经，要掌握父母心理才能打动他，包括财产的问题才好处理。"（T4）

"查清事实的基础上还要模糊责任。调解是化解矛盾，如果把责任区分得那么清楚，还可能激化矛盾。在查明案件事实的基础上，避开当事人之间纠缠不清的细枝末节，为纠纷解决厘清思路，创造宽松的调解氛围。"（H1）

受访者在访谈中承认会通过暗示将来可能的判决结果来进行说服工作。不过受访者也强调，这种暗示通常是含蓄的隐晦的，不能机械地将之归为"以判压调"，目的在于让当事人降低诉讼预期。当然最终决定权仍掌握在当事人手上。法官对家事调解中的能动性较强，会提示当事人法律关系、提醒当事人补充提交相关证据、帮助当事人发泄情绪及对当事人行为予以肯定或否定。在研究者追问到，若当事人出现不配合的情况是否会影响判决的作出时，所有受访者均坚定地表示不会影响，认为虽然有时候不可避免地存在价值判断，但作为一名司法人员，公正裁判是自身修养问题。

"有些搞不清楚状况的当事人，我会告诉他们提交些什么材

料,比如让她挑几张病例复印给我,我也会告诉她这个复印件是用来证明你的身体情况的。"(T2)

"会透露部分内容,但出发点是好的,透露不是为了忽悠欺骗当事人,而是让当事人不要抱有太多不切实际的幻想,因为一般透露的内容和最后的判决相近。"(X2)

"会暗示如果判决的话会对当事人不利,建议当事人最好调解。还有就是会向当事人解释法律,打消顾虑。"(X1)

"透露、暗示的目的也是为了帮助当事人顺下这口气,而不是咽下这口气。调解中,当事人不合作的,也不会影响我后续判决,毕竟判决要依靠证据,更也不可能乱判。"(T6)

"情绪肯定不会影响我对实体的判断,如果会的话,就不是合格的法官。"(T4)

五、法官对家事纠纷解决的未来展望

(一)有关家事法院(庭)事宜

在问及是否有必要设统一家事法院(庭),多数受访者意见表现出惊人的一致,认为此举措确无必要,反对的声音主要集中在对法官能力的培养和考核率的担心上,甚至有法官戏称"这是理论研究者的通病"。

"法官应该积累各种各样的社会经验,才能更好地处理家事纠纷。"(X2)

"没必要,因为现在处理离婚案件重点不是感情问题,而是债务和财产问题,这需要法官依靠证据审查判断。实践中也存在一些夫妻,他们感情并没有真正破裂,而是因为冲动来法院离婚的,往往几天后想开了就会撤诉了。所以现在离婚案件的感情问题不是关键。如法院判断夫妻关系没有破裂,则不需要有财产和债务的分割。疑难的问题在于双方都同意离婚时财产和债务的分割问题。离婚时财产和债务的分割问题与经济案件相关,其他庭的法官也都需要处理类似的纠纷。"(Z1)

"设置单独家事法庭一是不现实,二是不合理,设了也未必就比现在好,比现在省时省力。你看我们民一庭一共就三位法官、一位书记员,设了家事法庭,谁去谁留呢。再者就是设了家事法庭,势必要引入专家、学者等作为调解员和案外人员,这些人员的介入是否有效果还是一种虚置,有待考证。其实还有一个设想,就是考虑家事事件被少年法庭吸收,但是也存在问题,少年法庭现已经很成熟,人家还不乐意把这种家长里短的事情拉进来,刑事问题也不好解决。所以最好的办法还是民一庭维持现状,因为毕竟案件有共通性,案子放在一块办,可以防止局限法官的思维。"(X1)

"家事案件在民一庭中属于相对简明轻松,将离婚案件分出后,剩下的经济纠纷、借贷纠纷、农村土地所有权等案件更复杂难结,影响法官的结案率。"(T2)

"现在的问题是基层审判力量不够,如果家事设一个的话,那房产呢?借贷呢?那么其他类型的纠纷是不是也都要一样设一个法院?"(T4)

"是否单设家事法庭的问题,要考虑到实际情况,现在我们院案多人少,单设家事法庭其实是很难执行的,人员充沛的可以考虑统一的家事法庭和法官。这是整体司法架构问题,要考虑整体的司法配置。但就我个人来看,这个想法不太现实。"(T6)

"现在法官案多人少,没法分开,家事法官和法院分开过于理想化,这是理论界的通病。"(Z3)

就此问题,研究者在访谈中也听到了不同的声音,有少数受访者认为可以借鉴厦门市海沧区涉台法院,设立单独的家事法庭。

"家庭是人类社会生活的基础,看起来最简单,但实际操作起来又是最为复杂的,有必要设立独立的家事法庭。"(Z2)

"可以学习海沧涉台法庭,他们将涉台案件集中审理,那家事案件为什么不可以?"(T5)

(二)有关家事程序法事宜

大部分受访法官认为,鉴于家事纠纷的私密性和情感性,有必要增设专门的家事程序法,但就立法模式而言,是设独立的家事程序法还是在《民事诉讼法》或《婚姻法》中单列成编规定家事程序,受访者各持不同意见。

"可以考虑增设在婚姻法里面,单独列一编,家事纠纷解决程序。"(T1)

"我觉得家庭生活是一个人社会生活的基础和重要的一方面,如果国家司法立法资源充沛的话,关注家庭问题是非常必要的,可以考虑专设一部家事程序法。"(T6)

"挺有必要的,可以放在民事诉讼法范围内规定。"(Z1)

"要的话,可以考虑增加类似少年法庭中针对刑事问题的做法,如建立未成年人询问程序、未成年人档案等,了解这个家庭走到诉讼的背景是什么,才能妥善处理问题,建立判决的思路。"(T4)

同时也有受访者认为,增订单独的家事程序法可能会限制法官在家事裁判中的司法能动性。

"太多的条条框框是对法官的约束,尤其是这种家事类案件。"(Z2)

（三）有关家事调解事宜

对是否单设外置的家事调解程序，实现家事纠纷解决中的"调审"分离，大多受访者表示家事调解并不需要隔离审判法官。

"没有必要，法庭程序之外，由同一人处理会节省资源，法官会有一定亲历性，否则效果可能不佳。"（T6）

"这样不会很奇怪吗？调解和判决不是两个诉讼中不能同时参与的程序，一个调一个判很奇怪。"（T4）

"理论研究者都爱想，现实中无法操作（哈哈）。"（Z3）

第四节　样本分析：微观行动者

一、当事人

在法律实践中，当事人会根据日常生活情境中的规范以及习惯知识来定义事实和正义，并且这一事实和正义对他们来说是最真实的，因为只有日常生活的现实才是至尊现实（Paramount Reality），[1]而法律现实至多是准现实（Quasi-Reality）。正如威廉姆（William）对现实感（Sense of Reality）的分析那样，"所有的现实都是主观的，称某物是'真实的'，意味着此物处于与我们自身的特定关系之中"。[2]调解在国家法律与各种社会秩序之间形成了一个中间的法律与社会空间（Intermediate Legal and Social Space），这便成为一个国家法、习惯法及社会秩序为建立

---

[1] 舒茨认为日常生活的"至尊现实"是生活世界的中心，它体现在人们可直接触摸的那部分生活区域。参见李猛："舒茨和他的现象学社会学"，载杨善华：《当代西方社会学理论》，北京大学出版社 1999 年版。

[2] 李猛："舒茨和他的现象学社会学"，载杨善华：《当代西方社会学理论》，北京大学出版社 1999 年版。

自身对调解制度的控制的冲突空间。[1]

对家事调解而言,与审判不同,当事人是一个重要的行动者。两者之间既有张力又有勾结,最重要的是当事人对法律的解构与重建。"我首先研究各种人;我确信在无限庞杂的法律和风俗中,各种任务不仅仅会被想象所裹挟。"[2]个人为历史所携卷,只有累积起来的个人的"盲目"行为才能推动制度的变迁,对于普通人而言,法律并不是这种宏大的、冰川式的移动,而是一件件具体纠纷的解决,一个个具体请求的满足,一次次具体的悲欢离合。本节以一起曾轰动南昌市 X 区的离婚案件为研究背景,以当事人的互动关系为研究焦点,进而区分出当事人感情从"不满""表达不满""发生争执"到"法院介入"的不同阶段,[3]并以"家事纠纷"程序的推进为主线拉开时间的序列和研究的进路。

(一)案件背景介绍

这起曾轰动南昌市 X 区的离婚案件,并非因为其中的男女主角是该区的公众人物,而是在早在庭审前,被告 Z 已经早早将他与原告 W 的故事从相识相爱到算计背叛——悉数剖开摆放在人们的视线中,南昌晚报 2010 年 6 月用了整整一版的"情感专栏"专门对这场爱情故事做了一篇《我是农夫,她是蛇》的报道,随后半年间各大网络论坛和情感专栏均纷纷转载。

---

[1] Merry, Sally E., Popular Justice and the Ideology of Social Transformation, *Social and Legal Studies*, 1992, (1), p.170, 转引自刘思达:"法律移植与合法性冲突——现代语境下的中国基层司法",载《社会学研究》2005 年第 3 期。

[2] [法]孟德斯鸠:《论法的精神》,许明龙译,商务印书馆 2012 年版,第 148 页。

[3] Nader, Laura & Harry Todd eds., *The Dispute Process: Law in Ten Societies*, Columbia University Press, 1978. 转引自王晓丹:"纠纷与台湾法律的现代性——以民事调解法律文化为例",载《法律继受下的诉讼外纠纷解决研讨会(ADR):从威权到民主》,政治大学 2009 年版。

Z 与 W 系再婚夫妻，1984 年 Z 与前妻离婚后，经人介绍与原告 W 相识并结婚。新婚后，W 对 Z 百依百顺，吃苦耐劳，每天早早做了早饭后，又赶去十几里外的单位上班。Z 心疼 W 每天起早摸黑的"三班倒"生活，便利用职权将她从原单位借调至某商业公司。W 在婚前育有一子，在与 Z 结婚前，该子判给 W 前夫，后前夫再婚，又将该子扔回给 W。经 Z 同意，该子随后与 W 和 Z 共同生活。令 Z 始料未及的是，随着 W 儿子的回归，他们的生活也悄然发生着改变。W 的生活重心逐渐由丈夫转向儿子，不再对 Z 嘘寒问暖也不再事事以 Z 为重。2003 年后 Z 身体出现数次状况，W 除了不停地问 Z 要钱外对其身体和病况一直不闻不问。Z 在心灰意冷下便将上述夫妻摩擦披露给媒体，掀起了舆论对 W 的谴责和讨伐。2011 年 8 月原告 W 曾向法院起诉离婚，法院判决不予准许后，W 又于 2012 年 8 月再次向法院提起离婚诉讼。研究者有幸参与了这起案件的一次庭前调解和正式庭审程序。

（二）基于"问题"与"案件"的分析法

梅丽在研究基层法院的调解现场时提出了"问题"与"案件"交错的分析进程，即在"问题"的层面上，当事人来到法院时常常带有"自我彰显"的意识，甚至会过于情绪化；在"案件"层面上，当事人也会依据自己的想法解释法律，形成法律是否公正的内心确信。[1] 从"问题"的角度观察，双方对彼此的不满曾一度处于长时间的沉寂状态，自 1993 年原告 W 将自己与前夫所生之子带在身边抚养起，双方感情已逐渐物质化为家里吃穿等用度，W 对 Z 态度的好坏完全取决于 Z 每月给 W 多少生活费。

---

[1] [美] 萨利·安格尔·梅丽："诉讼的话语——生活在美国社会底层人的法律意识"，郭星华、王晓蓓译，北京大学出版社 2007 年版，第 122 页。

"她对金钱也看得很重,每月我将工资大部分交给她,只留少部分零花钱买香烟、用于人情交往,此外我还要负责每月的电话费、手机费、电视费和书报费,过年过节我还要另外拿多于工资的钱给她用。我不得不将以前(婚前)积攒下来的积蓄拿出来贴补。"(Z)

"他特别抠门,小气又自私,身为商业经理,每月工资的余额都比我高,但是每月还像以前那样只给两百块生活费,说再多也没有了。退休后在家也是当太爷,连筷子都没洗过一根。那就这样,你两百块钱家用就买几顿饭钱好了。"(W)

通常,人们处理邻里和家庭问题的主要方式似乎是逃避和听之任之,长时间地容忍某种令人不愉快的状况直至某件小事引发了某种反应,一种常常与事件本身不成比例的强烈反应。[1]而当婚姻解体受到阻碍,夫妻双方并无分开的资本时,矛盾会变得更为尖锐,这一点正如邻里间问题一样,当任何一方都没有能力搬走时,问题会变得愈发不可收拾。直至2010年,Z将自己和W的故事向媒体披露,双方的冲突才由"问题"转化为"案件",生活中长期而缓慢积累的敌对情绪被彻底激化。W第一次向法院诉请离婚,被法院判决不予准许。时隔一年后,W再次向法院提起离婚,双方当事人所有上述生活上的琐碎"问题"便都贴上了"离婚案件"的标签,也便有了研究者所观察到的庭前调解和正式审理程序。

然而当事人主观选择往往受到各类因素的影响,如在冲突中的利益境况(包括冲突本身和客观境况)、当事人本身的情

---

[1] [美]萨利·安格尔·梅丽:《诉讼的话语——生活在美国社会底层人的法律意识》,郭星华、王晓蓓译,北京大学出版社2007年版,第167页。

绪、素养和脾性等以及当事人对纠纷解决的预期等。[1]原告 W 自认自己文化程度不高，怕在法庭上吃亏，故而聘请了两位委托代理人。在起诉状中，努力使用"接近"法律的方式和语言描述。如"夫妻关系逐渐冷淡""2010 年 4 月始我从家中搬出与被告分居至今""2011 年我曾向法院起诉与被告离婚，法院判决不予准许后，夫妻关系没有任何改善。现夫妻感情已彻底破裂，要求判令与被告离婚……"并提交了相应证据清单。

相应地，在对原告所设定的"案件"陈述里，被告在答辩状中也花费大量的篇幅对原告所主张的事实和理由一一作出回应，甚至对每次争吵和打骂都作出了详细的解释和反驳。在答辩状中，被告辩称"我帮被告含辛茹苦养大儿孙两代人，现在我体弱多病，原告就提出与我离婚，说明原告是有预谋、有计划的骗婚行为"。Z 起初在庭前调解中，还表示不愿离婚并翻出那些泛黄的来自遥远的 1989 年的双方来往信件，证明他们当初曾经过相识相熟到相爱的过程，并非缺乏感情基础，更并非如原告 W 所述，"自己就是为了找个带工资的保姆而匆匆结婚的"。但调解中，W 离婚态度显得很坚决，法官也表示鉴于之前 W 已经起诉过一次离婚，被法院判决不予离婚，这次判决和好可能性非常之小，让 Z "不要再纠缠过去了，早些了结此事"。

在研究者的观察中，人们进入法院后，为了证明自己的正当性，会选择"策略性说谎"或者专门挑拣对自己有利的方面说，同时倾向于把对方说成是"品性不端的人""情绪化的人"并极力保护自我形象，试图通过对问题的解释而控制对整体事件的讨论。权力的实践在诉讼过程中表现为一种话语的实践，权力的支配关系就是话语的支配关系，争得话语支配也就意味

---

[1] 洪冬英：《律师调解功能的新拓展——以律师主导民事调解服务为背景》载《法学》2011 年第 2 期。

着在权力的支配关系中处于支配的一方。[1]在纠纷解决场域中,所有当事人都试图通过强调他们对问题的解释而控制对事件的讨论,谁对问题的解释最终占据了优势地位,谁就能决定对问题的处理方式,谁就处于最终利益分配的有利位置。[2]

如 W 多次使用"自私""小气""抠门"等字眼来形容 Z,而 Z 则根据互动情境中背景的关联性,认为自己作为丈夫,完全符合日常生活世界中的对"丈夫"的规范和定义,不仅承担起理所当然的养家糊口的责任,更是情深义重的"好丈夫",除了帮助 W 调动工作,还帮助她养育与前夫所生的儿子,甚至是儿子的儿子。"出差给她带礼物""过年过节也给她买衣服""出钱请她旅游",两人都试图在法庭占据道德的制高点,以此说服法官做情感和判决上的倾斜。

法律场域是一个充满斗争的空间,尤其偏爱体系和选择策略。案件"农夫与蛇"的另外一层意义在于让我们体悟到,诉讼过程不仅是一个法律制度的解释与推演,更是一个博弈与争斗的过程,需要各个行动者资源的动员与力量的展示来获得最终的大获全胜。任何现实的诉讼中都不太可能看得到纯粹的现象,从当事人双方起初的龃龉到不满再到忍受、回避,再到表达不满并诉至法院,历经了一个多次反复的过程,这种曲折只有借助社会学的想象力才能得以解释。

(三) 当事人倾诉愿景

在家事诉讼中,常出现当事人自说自话的局面,且注意力多集中在婚姻生活中的鸡毛蒜皮小事上。梅丽在其调查中发现

---

〔1〕 强世功:《法制与治理:国家转型中的法律》,中国政法大学出版社 2003 年版,第 200 页。

〔2〕 武红羽:"司法调解的生产机制——以个案为例的研究",载《西南政法大学学报》2010 年第 6 期。

第四章 基于闽、赣两地基层法院的样本分析

了一个极为有趣的现象,即在使用话语的倾向上存在性别上的差异,即"妇女更喜欢用治疗性的话语,而男人则对法律话语情有独钟"。然而事实是,在纠纷解决过程中,话语的选择和使用个体的差异密切相关,这些个体差异包括职业、年龄、教育程序、是否有过司法经验、性别因素等。[1]但就总体而言,在家事纠纷场域男性更具理性和逻辑性,女性则表现得更情绪化和戏剧化。如在"农夫与蛇"一案的庭审中,原告 W 的倾诉情绪极为饱满,甚至戏剧性地当庭控诉夫妻生活中的琐碎细节。

原告 W 起初只是说话有些哽咽,后来便扯出一条手绢开始当庭嚎啕大哭起来,反复强调"和被告在一起生活,一天福都没有享到","每天做牛做马给他做了早饭做中饭,做了中饭做晚饭,还这不满意那不满意,处处拿我和前妻比较","起早贪黑,服侍大爷","结婚没几天,原告告诉我不能好好服侍他就去死。做饭的时候,他一个巴掌朝着我的脸扇过来"。W 将过往的"历史性"情境和事件插入此次纠纷的表述中以此强化她对对方以及整个婚姻生活的定义,说明对方不是"好人",自己与他发生的纠纷乃诸多日积月累的怨憎和不理解。

被告 Z 因为腰部伤痛,随身携带了一把躺椅并在庭审前向法官申请准许其在庭审中躺着答辩。整个庭审中,Z 一直表现的极为冷静,除了两次因 W 情绪激烈而扶着腰站起来与 W 对峙外,多数时间只是安静的听着,一方面可能是因为身体不适;另一方面原告 W 的"舞台"表现力太强,法官甚至需要用法槌才能阻止她的"喋喋不休"。

在法官问及如何分割夫妻共同财产时,夫妻双方对于分割共有的一套房产存在较大争议,W 之前似乎渐趋平静的情绪

---

[1] 王鑫:"当事人是如何说话的?——对纠纷解决过程中话语使用的法人类学分析",载张永和主编:《社会中的法理》,法律出版社2012年版。

185

又再一次被调动起来。"我服侍被告多年,连一套房子都不能住吗?""他是当过经理的人,他有的是钱,为什么不能把房子给我?"

在法官建议双方若对房屋作价有异议,可以再考虑竞价、协商、司法评估和司法拍卖的房屋分割方法时,这些法律术语对 W 在日常生活世界中积累的知识和经验而言,W 很难从生活情境的意义域"跃迁"到法律的意义域中。[1]她听不懂问题,更无法回答问题,故而只能通过频频发问达到对程序的参与目的。"法官,什么是所有权?""司法拍卖是什么?"尽管 W 有律师代理,但对于缺少法律体验的当事人而言,法律系统的规则和逻辑并未成为其生活情境的组成部分,是陌生的、他者的。但是鉴于开庭的时间和精力问题,一般庭上不允许宣泄这种情绪。法官会及时遏制这种负面情绪的蔓延,"我问什么你就答什么,不要扯些七七八八的东西""要吵去外面吵"。

然而在庭审之外的法官办公室中,研究者观察到法官态度的转变,如在一对年轻夫妻离婚案件中,一方当事人委托其母亲前往法官办公室领取离婚调解书(调解协议离婚),母亲在法官办公室将女儿的离婚的原因甚至追溯到二人结婚时的矛盾,从头到尾描述得清清楚楚并逢人就诉苦,当时在办公室的有 C 法官、实习生、两名律师及研究者本人。C 法官表现得极为耐心,"你女儿离婚也未尝不是件好事可以重新开始生活""现在离婚也挺普遍的,你看开一点""儿孙自有儿孙福,慢慢会好起来的"。同时,这也与另一项研究结果不谋而合,即有研究表明,当事人诉求法院解决个人事务时,他们通常并不太寻求赢得其诉求的机会,而是希望旁人能够倾听他们的故事。"让某人

---

[1] 邢朝国:"法律实践中俗民的'冤屈感':一个解释框架",载《法律和社会科学》2010 年第 2 期。

在法院待一天"这个结论完整地捕捉了这种需求。有时当事人只希望法院和律师能够了解其配偶的可怕行径,而并不期待他人(法官和律师)能够产生何种回应。[1]若法官认为特定的诉讼程序效率较高而选择其他纠纷解决途径时,当事人则会感觉到法官剥夺了自己的案件获得庭审的机会。

(四)"非常规"途径之维权

所谓"非常规"途径,有学者将其界定为"不通过现行法律框架所提供的救济途径,而是通过私人的或社会的或舆论的或政治的力量,甚至通过暴力的、非法的手段进行维权"。[2]家长里短的家事纷争有着层出不穷的各项诉求,如在一件离婚纠纷中,当事人一名正在念大学二年级的孩子到庭警告他父亲(原告)并扬言若是和母亲离婚了,自己便从法院大楼跳下去。法官急忙叫停了庭审。

"若是真的再审下去,谁知道会出什么事情,要真的孩子出了什么意外,谁来担这个责任?只能回头劝当事人把自己孩子情绪照顾好,再来法院。"(T3)

另一次突发状况,则是在法庭上出现的那些"胡搅蛮缠"的当事人,他们多半为当事人的亲友,一次庭审中,因为男方有外遇,女方几乎出动了整个亲族,在庭审时,女方母亲和舅舅甚至已经一脚跨出了旁听席准备"动手",法官及时制止了当事人的行为,但通常是最后一场口水混战后,双方亲友都被法官请出场外。对此法官也表示很为难。

---

[1] [美]劳伦斯·罗森:《法律与文化:一位法律人类学家的邀请》,彭艳崇译,法律出版社2011年版,第37页。
[2] 柳波:《并非通过法律的维权——以中国转型期'农民工'的维权途径选择为视角》,载张永和主编:《社会中的法理》,法律出版社2012年版。

"很多离婚案件都是男女双方各带一拨人来开庭,双方的亲属对离婚当事人的判断影响很大,经常七嘴八舌,足以干扰当事人进行独立的判断和思考。"(T1)

"有时候要观察,家属对当事人比较有说服力,会愿意让亲友参加,考虑到亲友可以做当事人的工作,但是若控制得不好,双方矛盾会升级。"(T4)

"离婚这种事情,大多数人都是'帮亲不帮理'。看情况吧,有时候觉得双方当事人有比较大度的,觉得有调解希望,我还是比较欢迎亲友参加,毕竟对当事人有影响力,对分割家庭财产的一些小事,可以帮忙劝着让个步。"(T2)

"真正走到法院这一步的离婚,局面已经很难挽回了,而且父母也多比较支持离婚,很少有劝和的,有例案子是男方赌博的,女方要离婚,但是为了房子和存款,双方一直争执不下,男方执意要少给10万,扯皮了很久也调不下来,女方父亲见状当场拍板说不要这10万块了,劝女儿这种男人早离一天是一天,双方当场就签好调解协议。"(X1)

(五) 儿童作为当事人的保护问题

如前文所述,儿童利益保护在我国仍处于弱势地位,多数受访者也普遍表示,在中国大环境下,家事纠纷解决焦点多集中在如何推动当事人意见达成一致,往往忽视了对儿童利益的安置和保护,且法院实际案件负担较重,很难再分心关心儿童利益,呼吁社会重视对儿童利益保护工作的开展。

"离婚子女抚养过程中的抚养费、教育费执行力度不够,探视权保护不够。还有像国外对于未成年人受害的情况,其他人均可以报案,在中国就没有这种机制。还有离婚后未成年人的心理健康问题,需要依靠社会的关注和帮助,法院很难实际做

些什么。"(Z1)

"从法院的角度是够的,从社会的角度不够。法院不能包揽所有社会问题。"(Z3)

"对儿童权益保护方面,难点应该在抚养问题上,有时候会若涉及残障儿童或女童的问题,双方父母会出现都不愿抚养的问题。若双方都不同意,只能先判给一方,到最后多半都是隔代抚养,在保护小孩利益方面法院比较机械、被动。法条规定'双方不同意抚养的可裁定由一方先抚养,或交由社会机构'但客观上要社会的配合,执行方面也是大问题,我们做得很不够。"(T4)

"继承中要给未成年人和残疾人留足份额,给胎儿预留份额的问题,其他的都是挂在表面上的。涉及家庭共有财产的问题。调解失败的,经常劝当事人把房产留给小孩,这其实是一种赠与行为了。但是我国法律中没有规定家庭共有财产。土改的按人头分,家庭联产承包经营权也是这样,但家庭联产承包增人不增地,减人不减地,而物权法又确认了用益物权,怎么以家庭共有财产分割。"(Z2)

具体实践中,若涉及需要询问儿童有关父母抚养权的问题,所有受访法官都表示,会私下单独询问儿童意见。

"要在夫妻双方都到场的情况下叫双方把小孩带到法庭来,然后避开双方当事人给小孩单独做笔录。"(Z1)

"根据小孩年龄而定。小孩很小的话我们要帮他综合考量,询问十岁以上的小孩要采取委婉的方式,不要太直接让他知道父母离婚的境况,伤害小孩的感情,了解小孩对父母双方各自的情感取向。"(Z3)

"一般会问小孩愿意跟哪方父母一起住,小孩在这方面倾向

性很强。但前提是儿童有判断和意思表示的能力,实践中一般看小孩年龄是否在十岁以上。"(T4)

二、律师

律师作为家事调解活动的主体,通常可划分为两类角色。第一种是作单向咨询或代理,即律师负责提供专业法律意见,分析法律关系,帮助当事人在避免诉讼的情况下达成和解;或是在调解中,代理一方当事人参与调解活动,维护当事人利益的前提下,与对方当事人或其律师达成和解。[1]第二种是律师作为调解的主持人,主导调解程序控制调解节奏,促成双方达成一致。律师在调解中的参与决定了调解属于四维模式还是三角模式,以协助当事人更好地了解协议的最佳方案(Best Alternative to a Negotiated Agreement,BATNA)。[2]

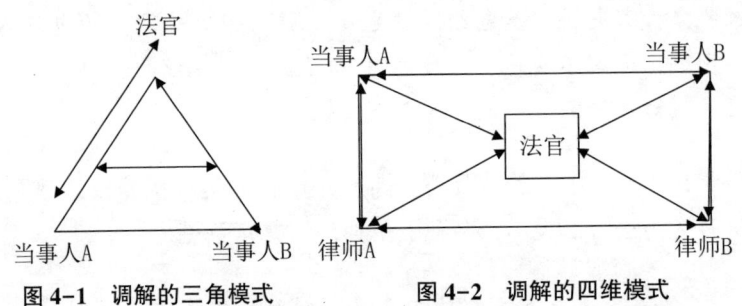

图 4-1　调解的三角模式　　图 4-2　调解的四维模式

律师的参与意味着对当事人的增权,提高其对纠纷解决的

---

〔1〕 [英]迈克尔·努尼:《法律调解之道》,杨利华、于丽英译,法律出版社2006年版,第29~20页。

〔2〕 [英]玛利亚·莫斯卡蒂:"家事纠纷:同性婚姻、纠纷成因及纠纷解决",吴小婉译,载张勤、彭文浩主编:《比较视野下的多元纠纷解决:理论与实践》,中国政法大学出版社2013年版。

管理能力。增权理论（Empowerment/Empower）在过去一直是社会工作的热门话题，现也逐渐进入法学视野中。古铁雷斯（Gutiérrez）等学者在《了解增权实务：以实践者的知识为基础》一文中，对社会工作的增权实践做了如下理论假设：由于获得资源的不平等性将阻碍个人、家庭或组织获得其所需要的社会物品，这种不平等性造成的无权感只能通过改变权力的分配方能扭转。[1]就某种意义而言，增权强调个人的主观能动性和潜能，强调个人有能力、有机会为自己生活作出决定并采取行动。[2]概言之，在家事纠纷场域中，所谓增权是指增进或提升当事人诉讼能力的过程，赋予其支配力，增加其独立应对和处理纠纷的能力。主要表现为两个方面：一是信息层面增权，即将增权落实到当事人个体中，表现为为其提供信息和建议。美国学者萨默斯（Summers）曾指出，参与意味着公民能够自主地主宰自己的命运，能够确保公民不同程度地进行自主性自决。[3]律师所扮演的咨询和建议者角色，更能关注当事人未来权益的保护及未来事项的安排，其为家事纠纷解决引入了前瞻性的司法理念。如研究者观察的一次庭审中，有关如何支付抚养费问题，律师在法庭上提出，若对方无法在指定期间前一次性支付 7.5 万元抚养费，己方当事人即可申请 10 万元的强制执行或对方给予己方当事人部分房产（对方所有的三层楼房中的第三层），后又随即在法庭上咨询法官，这种房

---

[1] GutiÈRrez, M. Lorraine, et al., Understanding Empowerment Practice: Building on Practitioner Based Knowledge, *Families in Society*, 1995, 76 (9), pp. 534~542. 转引自陈树强："增权：社会工作理论与实践的新视角"，载《社会学研究》2003 年第 5 期。

[2] 唐咏："中国增权理论研究述评"，载《社会科学家》2009 年第 1 期。

[3] 李祖军：《调解制度论：冲突解决的和谐之路》，法律出版社出版 2010 年版，第 216 页。

产可否强制执行，即能否真正实现对房屋的所有权和使用权。

"对涉及财产类的问题，有律师的当事人一方，明显考虑会比较周全，毕竟经验摆在那里。那些没有律师的，诉讼能力相对较弱，很多问题需要更耐心地去解释，不然事后他们会觉得上当受骗了，回头又不认账了。"（X2）

"大部分律师还是支持调解的，有他们的参与，整个调解节奏更清晰，感觉当事人对我的调解建议也更有信任感。"（X1）

"律师会为当事人分析利弊、让步大小，当事人更信赖律师。律师在有时候更容易调解，有时候反而加大难度。主要看律师代理的方式，律师在离婚案件中是一般代理，不是特别代理。如果是一般代理，律师更希望当事人达成调解协议，早点案结事了，他也好早拿钱。律师对于感情方面协调作用其实并不明显，因为纯感情纠纷律师的代理费较低，但若涉及财产问题，律师代理费提高，他们的积极性就更高了。在我遇到的案件中，通常有律师介入的，一般都是离婚收场的。"（T4）

"离婚案件尤其是一些涉及财产分割、争小孩抚养权的案子，请律师的比例较高。律师一般在这两类案件中起的作用较大。他们会引导当事人提出各种合理的甚至是不合理的诉求。有些当事人对于自己的律师非常偏听偏信的，当事人反而更不相信法院。"（T2）

"还有，因为离婚案件比较私人，有的案件调解周期较长，花费时间较多，当事人难缠，所以律师出于经济成本考虑，并不会太积极。对于一些比较奇怪的当事人，律师也不会轻易去代理案件的，他们会看人接案件，觉得不会有'后遗症'的才接。曾有起离婚案件，当事人作出十分极端的行为，律师也害怕，再加上代理权限有限，所以不会干预过多。"（T6）

第四章 基于闽、赣两地基层法院的样本分析

二是可持续的增权,即为当事人发现自我权力(Me-power)的能力和机会,通过教育使得当事人获得发现内在权力(Inner-power)的能力,进而采取行动来改变现实。[1]这种可持续的增权,不仅要改变个体行为,更是一种在制度和程序上的增权,最终旨在改变整个系统。从现有的司法实践来看,这种增权虽缺乏可操作性,仅处于理论构思层面,但却为当事人的进一步增权保护提供了一种理论思路和分析视角。

同时律师也成为抑制当事人情绪失控及其潜在混乱的一种机制。在研究者的一次观察中,由于男方出轨,女方出动了数十名亲朋好友,庭审前摩拳擦掌准备给男方好看,男方律师见状以保护当事人隐私为由向法官提出不公开审理的申请,于是法官命令法庭上的众人悉数离场,且在庭审后法官还安排男方及律师从法官门(供法官进出审判席的小门)离席,以避免双方发生肢体冲突。在另一次庭审观察中,在辩论阶段,当事人因情绪激动,在对方陈述阶段,不断跳出来指责对方"你撒谎""颠倒黑白",律师则先于法官安抚当事人,耐心解释该阶段只能对方发言,无论真假是非,自己都要等在之后阶段发言。

但在研究者有限的观察中,由律师主持的调解案件几近为零。由于进入法院视域的家事案件,多为矛盾已较为外显且已进入司法所和社区等调解渠道但未见成效的纠纷,故而在此前提下,法官才是调解的主持者和主导者,而律师则多表现为建议者和辅助者。但从现有的司法实践来看,由律师主导的调解尚在小范围试点探索阶段,如青岛市涉外纠纷律师调解服务中

---

[1] Mcgregor, Sue, Sustainable Consumer Empowerment through Critical Consumer Education: A Typology of Consumer Education Approaches, *International Journal of Consumer Studies*, 2005, 29 (5), pp. 437~447. 转引自李玉虎:"消费者增权理论与我国消费者权益保护法的完善",载《财贸研究》2008年第4期。

心、上海先行民商调解中心等,但在家事纠纷领域,许多法院和地区虽作出了有益的尝试,但均未能形成较为成熟的律师主导的调解模式。

三、社会参与者

前瞻性家事司法理念和治疗式家事解纷法理的结合,不仅带来了细致化的人性控制,还将这种控制推展地更广更全面,使得国家之手透过家事解纷的民间团体,深入到社会之中。黄宗智先生所提出的"第三领域"概念,更突出了在"国家"和"社会"领域外中间领域的存在。[1]家事纠纷的解决需要更多民间力量的配合,使得国家的控制网可以借此机会与民间力量,如家族团体、公益团体、邻里社区团体等一一结合。然而,这样的民间力量,或称之为非正式网络,在从传统社会过渡到现代社会时即已被破坏。涂尔干(Durkheim)提出社会凝聚方式从"机械连带"过渡到"有机连带"的概念,说明人与人紧密联结的时代已经过去,通过分工组成的现代社会,集体意识必然衰弱。传统的道德规范逐渐式微,失序(Anomie)的状态也随之发生,亦即在工业化、都市化之下,旧有的社会关系被破坏,以致使人失去归属感,最终导致自杀或犯罪等脱序行为,[2]而家庭的脱序则表现为家庭冲突的升级、家庭的解体等。

从社会控制的角度看,当事人通过单方或者双方的力量来解决纠纷,其所体现的是个人在解决社会问题时所具备的能力。与现代社会的个人过分依靠国家力量不同,美国学者布莱克曾对美国社会所存在的对国家法律的过分依赖的现象提出批判,

---

〔1〕 黄宗智:"集权的简约治理——中国以准官员和纠纷解决为主的半正式基层行政",载《开放时代》2008年第2期。

〔2〕 魏小岚:"修复式司法:实践与反思",台湾大学2012年硕士学位论文。

第四章　基于闽、赣两地基层法院的样本分析

并将各种过分依赖国家法律解决自己问题的现象称为"基蒂·吉诺维斯综合征",该症状最典型的表现是随着人们日趋依赖律师、警察、法官等,其处理自身问题的能力正在退化甚至消失殆尽。[1]相较于涂尔干试图建立道德式个人主义的主张,[2]家事解纷领域倒是试图召唤这些已被破坏的联结,希望他们再次发挥社会连带的功能,使出现脱序行为的家庭和个人回归常轨,如厦门市海沧区法院引入心理咨询师进行委托调解,厦门市同安区五显镇建立"农村家事纠纷援助中心"等有益尝试。在研究者的调查中,法官们承认有对第三人介入家事纠纷解决的需求,同时也提出自己对专业人士介入最大的顾虑,即如何与协助解纷的专业人士合作,展开调解工作形成合力。

"能引入第三人机制,当然最好了。"(Z1)

"早就有第三人介入机制,但是效果不佳,法律有规定第三人参与调解的义务,但很多第三人不履行或是履行不当的。在过去,以前村里面调解组织效果很好,但现在社会倒退、人心不古、村干部威信也不断下降,人们也不太服他们了。再有就是离婚案件中调解组织和司法所即便调解不了也不能作出判决,所以担子最终还是落在法官头上。"(T1)

"爱设便设去,等到第三人调解得头破血流,就知道法院的难处。"(Z3)

"其实第三人机制还是要靠社区、村长这种说得上话的,因为他们长期做村民工作比较了解村民的情况,如果通过陪审员、妇女权益中心,他们与当事人没有密切关系,当事人很难有自

---

[1] [美]唐·布莱克:《社会学视野中的司法》,郭星华等译,法律出版社2002年版,第87页。

[2] 涂尔干试图建立的道德式个人主义,及强调个人的自由不会外于社会,个人与社会彼此依存,以此调节自由与社会规范之间的紧张关系。

己人的感觉，也不太服气。"（T4）

"听说过五县镇的家事纠纷解决中心，但好像只是挂牌而已，不是特别清楚具体运作模式。问题的关键不是建了什么，而是怎么合作的问题，是像人民陪审员一样，是请过来参加调解和庭审，还是走委托调解模式，最后要落到如何与专业人员合作调解的问题上。"（T2）

我们理想的调解大环境是基层调解组织积极参与的多元化纠纷解决模式。经过几十年的构建，尽管在纸质和书面上已形成了深入城乡基层社会的人民调解组织，与司法所等行政调解一起构成一个严密交织的调解网络，但这个网络时至今日仍处于片段化的运行阶段。在T区人民法院受理的一起邻里纠纷中，被告为扩大自家院子的占地面积，将公共的村路用砖围起，被责令拆除后，故意将拆下的石头、砖头堵在路上影响原告的通行。原告诉至法院，要求被告立即清理堵在村路上的石头、砖块并拆除墙基。在调解中，经案法官也对此也表示无奈。

"我们有镇级的卫生管理所、司法所和综合执法中队，有村级的村建办、土地管理所还有包村干部和村长，这两家人还是堂亲，为什么都调不动？因为村委会不敢得罪人，得罪一家人就是五张选票，那换届选举怎么办？"这些行政部门不敢管也不愿管，他们依赖我们法院手上的法律。"（T1）

这起案件或许只是基层调解组织失灵的个案，但基层调解组织对法院直接或间接的依赖性则是制约其发展的硬伤，一方面他们缺乏经费的支持，没有调解的经济动力；另一方面，缺少调解意识和热情，"这是你法院管的事情，我能不插手便不插手"。然而，对家事纠纷而言，如何妥善收集和运用散落在司法

第四章　基于闽、赣两地基层法院的样本分析

体系外的资源,通过法院调解的示范作用,带动人民调解委员会,司法所,宗族族长积极参与调解。在家事纠纷解决场域,借由宗族族长、乡里乡亲等"内部人"的介入,冲淡司法裁判刻板冷漠的法条印象,转向更强调大众实质参与案件原情说理的讨论范式,才能实现家事纠纷的通权达变和妥善解决。

小　结

鉴于人类远见的局限、语言的模棱两可以及立法研究的高成本,使得大部分立法只能以一种极度不完备的形式加以颁布,而许多不确定的领域则留给了法庭解决。[1]与此同时,在家事法领域内,由于感情问题难以实现高度标准化,通过让渡部分立法权力给现实中的执法者,使其拥有充分的主动性以解决现实中存在的问题,进而使法官的"剩余立法权"发挥弥补现实的作用。表现在家事法实践中,如何判断当事人感情破裂,儿童最佳利益,未来生活安排等事宜,需要一种裁决者和被裁决者之间有一种基于家族感(Family Feeling)的相互信赖和理解。[2]换言之,法官在作出家事裁判之前,需要尽可能地考虑各种可能情景、目标或弦外之音,要试着谨慎而清晰地了解即将接受自己判决的当事人,比如这个人来自怎样的一个环境,其所生活的环境具有怎样的价值标准,其所使用的言语具有怎

---

[1] [英]卡塔琳娜·皮斯托、许成刚:"不完备法律——一种概念和分析框架及其在金融市场监管发展中的应用",载吴敬琏主编:《比较》(第3辑),中信出版社2017年版,第118~119页。

[2] Yaffe, James, *So Sue Me: The Story of a Community Court*, Doubleday & Compan, 1972. p, 45.

样细微差别。[1]当然,这只是我们在描绘家事纠纷解决中的一个理想图景。退一步讲,我们至少需要对家事诉讼的理念和结构进行转型和再造,即从过去的对抗·判定结构转向合作·探知结构,并建立层级的家事法服务,实现对家事案件的分流和分类,[2]这也是下文拟将论述的重点。

---

[1] [美]劳伦斯·罗森:《法律与文化:一位法律人类学家的邀请》,彭艳崇译,法律出版社2011年版。

[2] Salem, Peter, The Emergence of Triage in Family Court Services: The Beginning of the End for Mandatory Mediation, *Family Court Review*, 2009, 47, pp. 380~382.

第五章
我国家事纠纷解决机制的选择与重塑[1]

传统模式下的家庭法明确将权力赋予家庭中的掌权者,由其管理家中事务,以达到所谓的家庭自治。[2]但国家在家庭组织以及家庭事务上,从来就不是一个旁观者,而是一直以公权力为父权家庭结构的背书并持续深化该项传统。[3]在新家事法发展中,国家介入的重点与传统模式截然不同,它以儿童最佳利益及两性平等权为介入前提和基础,所面对的并非维护原来的家庭,而是修正或矫治过去既有的价值体系与家庭结构。[4]上述理念表现在司法实践场域,即是"家庭自治"与"公权适度干预"之间的角力,一方面扩大社会上每一个体的自我决定权范围,使其免受国家的任意干涉和介入;另一方面则致力于

---

〔1〕 本书中所指的"法域"是指法律发生效力的特定区域。依照我国法律及相关历史原因,可将我国分为社会主义法系法域(我国内地)、英美法系法域(香港特别行政区)以及大陆法系法域(澳门特别行政区和我国台湾地区)。本书中部分内容仅就我国社会主义法系法域内的相关问题进行论述,并依照各法域相似程度进行对比分析,特此说明。

〔2〕 Fineman, Martha A., *The Neutered Mother, the Sexual Family and Other Twentieth Century Tragedies*, Routledge, 1995, pp. 14~28.

〔3〕 李立如:"法不入家门?家庭法演变的法律社会学分析",载《中原财经法学》2003年第10期。

〔4〕 王洪:"家庭自治与法律干预——中国大陆婚姻法之发展方向",载王文杰主编:《月旦民商法研究——新时代新家事法》,清华大学出版社2006年版。

改善过去家庭中的弱势者地位，使其自主权得以发挥。[1]事实上，扎根在家事纠纷解决的紧张关系也正是源于这种角力，一方面离婚所涉及的经济和儿童监护领域极为复杂，迫切需要传统的诉讼程序介入以求发现事实；另一方面，对程序简易化、速度最优化、费用最少化、情感损耗最小化等需求又将多元化冲突解决机制视为恰当的救济途径。[2]

本章试图在回应上述紧张关系下回答以下两个核心问题：在我国既有制度下，有无再新设或引入家事诉讼程序的必要？有无设置独立家事法院或法庭的必要？其中第一个问题是法律层面的，第二个问题是制度层面的。本章还将以这两个问题为轴心，展开对其他技术层面问题的探究，如相较于我国现行法上的其他纠纷解决制度，家事纠纷解决应具有何种特色？秉持何种解纷理念？若新设专门的家事诉讼程序，能否发挥预期的功能？设置家事法院或法庭是否符合我国现行司法现状和行政结构？或在内容上应为如何修正及调整，以符合我国的现实需要？

第一节 家事纠纷解决机制的理念重塑

一、家事诉讼观的演进

有学者以家事事件法为基础，描摹在家事领域范畴下诉讼观的演进历程。[3]第一代的诉讼观以当事人间特定义务存否为

---

[1] 施慧玲："论我国家庭法之发展与研究：一个家庭法律社会学的观点"，载《政大法学评论》2000年第6期。

[2] Katz, Sanford N., *Family Law in America*, Oxford University Press, 2011, pp. 128~129.

[3] 郭书琴："重访民事纷争解决的法理与实践——以家事事件看民事程序之诉讼观的演进"，载《法学丛刊》2012年第4期。

第五章 我国家事纠纷解决机制的选择与重塑

重心,以实体真实的发现为诉讼程序的主要任务。随后为因应社会变迁,第二代诉讼观引入"程序利益"的概念,确立"当事者权"的范围,即强化当事人的程序主体地位。[1]但伴随着经济情势的急剧变化及价值观的多元化,有关社会价值、利益分配等也愈趋于复杂化、流动化。第三代诉讼观则一改过去民事诉讼仅为解决"私权"的做法,将民事程序诉讼观的讨论大幅推进到"公益"领域。[2]以涉及公益或共同利益的现代型诉讼为例,诉讼中的原告不仅主张自己的利益,而且还试图排除对与原告处于同一立场的利益阶层的扩散性利益的侵害。这种诉讼模式不再以私人权益为中心,而是针对某种公共现象的存在,同时重视诉讼裁判的形成政策机能。这意味着第三代诉讼观有扩大纠纷概念的意图,即试图将当事人的未来生活纳入可为判决的纠纷事项,从而兼顾对潜在纷争的一并解决。[3]

上述诉讼观折射在家庭法领域则表现为国家公权力以维护公共利益为名而逐步入侵家庭身份关系。家庭在传统中被视为家庭自治的私领域,随着福利国家的发展而渐渐萎缩。尽管婚姻关系、亲子关系中,当事人对有关权利的变更和消灭可自行决定,但凡涉及形式或实质上违反平等保护或侵害子女利益、弱势群体利益等事项的,均可成为被国家干预、介入的领域。[4]

---

[1] 参见邱联恭:《司法之现代化与程序法》,三民书局1992年版,第117~120页;邱联恭:《程序制度机能论》,三民书局1996年版,第67页;沈冠伶:《诉讼权保障与裁判外纷争处理》,北京大学出版社2008年版,第29~34页。

[2] 参见邱联恭:《程序制度机能论》,三民书局1996年版,第156~169页;沈冠伶:《诉讼权保障与裁判外纷争处理》,北京大学出版社2008年版,第190~193页。

[3] 邱联恭:《司法之现代化与程序法》,三民书局1992年版,第12~18页。

[4] 施慧玲:"论我国家庭法之发展与研究:一个家庭法律社会学的观点",载《政大法学评论》2000年第6期。

不同于以诉讼法理与非讼法理所支撑的裁判观,家事诉讼观具有时间上的连续性和处置上的人身性等特点,关注纷争发生后当事人的经济、情感关系可能发生的变动以及上述变动对协议履行能力或意愿的影响等,这需要我们将家事纷争解决的诉讼观置于"如何从规范与实务双重层面协助当事人重整生活秩序"之中。[1]以离婚纠纷为例,协助当事人重整生活秩序包含了亲权行使的方式、生活地点的选择、探视会面的安排、履行扶养费给付等方面。

二、前瞻型的诉讼理念

传统的家事解纷属于"回溯型程序",旨在划分权利义务、分配责任。随着法律与家庭互动的持续,家庭也有了新的定义,家事解纷方法也有了更多的面向和维度。人们逐渐认识到,家事纠纷的解决涉及双方的共同选择和偏好及养育子女等生活的各个方面。故纷争解决的目的并非在于结束或厘清法律关系,而是家庭关系的维系与持续,如子女重大事项的决定,与子女未来健康成长息息相关。概言之,在新解纷范式下,法官被赋予"前瞻型"的任务。[2]这种前瞻型诉讼理念带来了家事纠纷处理方式和法官角色的双重改变,具体如下:

(一)纠纷处理方式的改变

各国在实务上逐渐把家事纠纷的处理方式,定位为问题解决程序(Problem Solving)而非传统的司法争端解决程序(Judicial

---

[1] 郭书琴:"重访民事纷争解决的法理与实践——以家事事件看民事程序之诉讼观的演进",载《法学丛刊》2012年第4期。

[2] Singer, Jana B., Dispute Resolution and the Postdivorce Family: Implications of a Paradigm Shift, *Fam. Ct. Rev.*, 2009, 47, p. 365.

Dispute Resolution)。[1]所谓的问题解决程序,是指除解决当事人在法律上的权利义务归属或执行争议,还需妥善处理离婚后的父母子女关系,协助离婚父母与子女理性平和地进行家庭关系的重整(Family Reorganization),并适应新的互动关系。随着纷争处理方式的改变,家事诉讼事件审理的重心也随之发生改变,逐渐由离婚事由存否转移至有关亲权、监护权归属、养育费负担或财产分配等附带请求事项。[2]即法院工作的重点并不在于对过去事实的评价或判断,抑或决定权利义务的归属,而在于评估什么才是对当事人及子女现在乃至未来最有利的安排,并以子女最佳利益、家庭的维系为解决此类争端的最终目标。有学者尝试在新范式下,将家事纠纷审理重心定位在"协助当事人重整家庭生活秩序"之程序目的考量,同时法官应积极协调整合行政与社会福利等各方资源,形成以法官为主轴的关键角色。[3]

(二) 重塑"家庭剧本"中的法官角色

波普诺认为在每一次高度结构化的社会互动中,社会都为其提供了一个"剧本",用以指导不同社会成员的角色扮演。[4]"家庭剧本"中的法官角色,指的是与法官社会地位、身份相一致的行为模式,是具有司法特殊功能的社会角色,亦包含人们对该角色的行为期望。其形成过程的本质是法官在理解角色期望

---

〔1〕 Boldt, Richard & Singer, Jana B., Juristocracy in the Trenches: Problem - Solving Judges and Therapeutic Jurisprudence in Drug Treatment Courts and Unified Family Courts, Md. L. Rev., 2006, 65, p. 94.

〔2〕 邱璿如:"家事事件审理程序之新建构——以日本有关人事诉讼并由家庭法院审判之议论为借镜(下)",载《台湾本土法学杂志》2002年第10期。

〔3〕 郭书琴:"重访民事纷争解决的法理与实践——以家事事件看民事程序之诉讼观的演进",载《法学丛刊》2012年第4期。

〔4〕 [美]戴维·波普诺:《社会学》,李强等译,中国人民大学出版社1999年版,第98页。

的基础上，寻求社会赞同与支持的过程。[1]在家事解纷谱系中，法官过去被"锁定"在"专业理性"与"司法技术"的禁锢中，以至于对家事纠纷的处理被压缩在有限的现代裁判者角色内。然而，家事纠纷所涵盖的内设逻辑要求纠纷的解决应更具温情的偏向，以满足因血缘关系或生活上的紧密性与情感性所期盼的融洽关系，这意味着我们需要对"家庭剧本"中的法官角色予以重新定位，以弥补格式化的法条和程序对多元家事纠纷"生存空间"的征服、破坏和打压。法官需要由过去主要处理单一争端、审视过去事实、分配权利义务的判决者（Right Adjudicator），转变为监督执行者和协助父母解决冲突的管理者（Ongoing Conflict Manager），[2]进而实现从"划清责任型"到"服务和问题解决型"的角色演变。[3]

三、特殊性的程序法理

（一）家事事件统合处理

家事纠纷的发生，并非一个单一时点，而是一连串的生活秩序破裂又试图重组的过程。我国台湾地区学者雷万来指出："在婚姻关系消解或离婚所生的问题解决之后，事情并非就此了结，如果裁判允许离婚，那么日后家庭应何去何从，成员又应如何安置，而将有所应考虑的因素全部涵括在一个程序中一次

---

[1] 罗金寿："社会转型时期的中国法官角色——以'法官十杰'事迹为考察对象"，载徐昕主编：《司法程序的实证研究》，中国法制出版社2007年版，第56页。

[2] Schepard, Andrew, The Evolving Judicial Role in Child Custody Disputes: From Fault Finder to Conflict Manager to Differential Case Management, *University of Arkansas at Little Rock Law Review*, 2000, 22, p.395.

[3] 李立如："亲属法变革与法院功能转型"，载《台大法学论丛》2012年第4期。

第五章 我国家事纠纷解决机制的选择与重塑

去解决。"[1]

主张家事事件集中审理的原因主要有如下几点：①由于家事事件多具有牵连性，其中法律关系又具有个别性的特征，同一家庭常同时涉及多项身份或财产权利关系的争议，而有通盘统合处理之必要，不宜采取割裂或锯箭式处理，[2]且家事纷争多发生在有亲属身份关系的人员之间，不宜屡兴讼累，而有一次性解决的必要。②家事事件的特性决定了家事纷争的处理一方面需仰赖法律专家对实体法上的要件作出判断，如对离婚纠纷、婚约财产纠纷、确认或解除收养关系等需法官对讼争事项进行法律判断；另一方面基于公益性、妥当性等目的，如对确认婚姻无效、抚育费、扶养费、探视子女权等事宜，更强调纠纷的简易和迅速处理。此外，一些家事事件还亟待从社会上、心理上或感情上予以弹性处理。③集中审理有助于维持家庭平和安宁，避免当事人因家事纷争迭次参讼及法官分别裁判而可能发生的裁判抵触现象。[3]故而，相较于民事诉讼法，家事事件应扩大请求之合并、追加或反请求的适用，并设置有关家事事件统合集中处理的规定。

德国《家事事件与非讼事件程序法》引入"大家事法院"（Großen Familiengericht）制度。[4]传统的德国家事法院主要负

---

[1] 吴明轩："关于夫妻离婚后未成年子女监护之诉讼"，载民事诉讼法研究会：《民事诉讼法之研讨（八）》，元照出版社2006年版。

[2] 沈冠伶："新世纪民事程序法制之程序正义：以民事诉讼及家事程序为中心"，载《台大法学论丛》2010年第41期。

[3] 陈鹏一："论家事事件之集中审理"，中正大学2010年硕士学位论文。

[4] 德国普通法院共分四级：初级法院（Amtsgericht）、州法院（Landgericht）、州高等法院（Oberlandesgericht）和联邦法院（Bundesgerichtshof），1997年德国在初级法院下再设分支机构，即"家庭法院"专门负责审理离婚家庭案件。参见齐树洁："德国民事司法改革及其借鉴意义"，载《中国法学》2002年第3期。

205

责婚姻及家庭事务,而新法"大家事法院"制将所有与婚姻、同居伴侣、父母子女关系或原来隶属监护法院的成年监护制度、未成年人监护制度以及收养关系都纳入管辖范围,意图将原先分散在不同法院的家事案件交由同一法官进行审理,以便全面掌握与争端有关的生活事实并就整体作出适当裁决。[1]

尽管我国一直未有家事事件由不同法院管辖的先例,但《民事诉讼法》和《婚姻法》却未能兼顾家事纠纷的特殊性而设置家事事件统合处理的相关规定,甚至还人为地将相关联的诉讼拆开审理。如《婚姻法司法解释(三)》第1条第2款规定,当事人以结婚登记程序存在瑕疵为由提起民事诉讼,主张撤销结婚登记的,告知其申请行政复议或行政诉讼。

还有一些规定原旨在保护当事人权益而允许事后再行起诉,如《婚姻法司法解释(一)》第24条规定,人民法院作出的生效的离婚判决中未涉及探望权,当事人就探望权问题单独提起诉讼的,人民法院应予受理。又如《婚姻法司法解释(三)》第18条规定,离婚后一方以尚有夫妻共同财产未处理为由向人民法院起诉请求分割的,人民法院应当予以分割。在纠纷解决的实践中,甚至异变为法院快速结案的借口,法官为实现离婚纠纷的迅速解决,或为满足"结案率""调解率"等行政硬性指标而"劝说"当事人对探视权、剩余财产分割等事宜另行起诉。

此外,针对原告就不能并存的婚姻事件合并起诉或进行诉的追加,我国的做法是,依伦理或逻辑顺序而确定相应诉讼顺序,

---

[1] Elisabeth, Unger, *Anwaltshandbuch Familienverfahrensrecht, Praxisleitfaden mit Erläuterungen, Arbeitshilfen und Materialien zum neuen Fam FG*, German: Deubner Verlag, 2009, pp.1~2. 转引自陈惠馨:"家事事件法的立法与内容——一个比较法观点",载《月旦法学杂志》2012年第11期;沈冠伶:"家事事件之类型及统合处理(一)",载《月旦法学教室》2012年。

而非事件的合并统合处理。[1]如《婚姻法司法解释（二）》第7条第1款规定，人民法院就同一婚姻关系分别受理离婚和申请宣告婚姻无效案件的，对于离婚案件的审理，应当待申请宣告婚姻无效案件作出判决后进行。随着我国婚姻制度的完善，婚姻诉讼种类的增加，以伦理或逻辑顺序来确定审理次序将不宜操作，或有违当事人的意愿。因此，针对原告就不能并存的婚姻事件合并起诉或进行诉的追加，作为预备合并之诉进行合并审理[2]更为妥当。

可见，我国所采用的家事事件处理模式，既危害了法的安定性及预测的可能性，亦不符合程序利益保护原则，且较难贯彻程序经济的要求。为实现事件统合处理，应规定对数宗家事诉讼事件，若涉及请求之基础事实相牵连的，可向有管辖权的法院申请合并审理，由同一家事法官行使审判权，以同一家事程序统合处理家事事件及相关附带民事事件。同时还可借鉴德国的做法，允许基于同一婚姻关系的婚姻诉讼期间，在第一审或第二审言词辩论终结前进行诉的变更、合并或者提起反诉。[3]

---

〔1〕 张晓茹："论家事诉讼中未成年人利益保护的制度完善"，载《青少年犯罪问题》2011年第2期。

〔2〕 所谓预备合并之诉是指，复数请求中要求依其所定顺位审理、判决，以先位之诉不合法或无理由，为后位之诉之判决条件（停止条件），以先位之诉有理由，为后位之诉之消灭条件（解除条件），由法院同时审理之合并。也就是说，原告在提起主位诉讼时，因预计到主位诉讼的请求可能被法院驳回或判决败诉，故在起诉时即可提起一个预备诉讼，以对主位诉讼进行补救。主位诉讼与预备诉讼合并提起，即形成了预备合并之诉。如在婚姻关系纠纷中，原告主位请求确认婚姻无效，同时预备婚姻无效请求遭败诉判决，合并提起判决离婚的申请。参见张晓茹："论婚姻诉讼中诉的变更与合并"，载《政治与法律》2007年第5期；陈荣宗："预备合并之诉"，载杨建华：《民事诉讼法论文选集》，五南图书出版公司1984年版；刘田玉："预备合并之诉的合法性及其适用"，载《甘肃政法学院学报》2004年第1期。

〔3〕 张晓茹："论家事诉讼中未成年人利益保护的制度完善"，载《青少年犯罪问题》2011年第2期。

具体而言，即对宣告婚姻无效、撤销婚姻、确认婚姻关系成立与否以及离婚的案件，可以合并提起，也可以在第一审或第二审言词辩论终结前进行诉的变更、追加或者提起反诉。

(二) 程序法理的交错适用

传统民事程序法可分为诉讼事件及非讼事件，诉讼事件采用诉讼法理，非讼事件则采用非讼法理，即所谓的"程序的二元论"。诉讼法理一般指，处分权主义、辩论主义、言词主义、直接审理主义、公开主义、职权进行主义、严格证明、自由心证等法理或原则；而非讼法理则多指职权探知主义、不以公开审理为原则、不以直接审理主义为原则、不以言词审理主义为原则，对于自由证明的容许度较高，适时提出主义的适用性亦被限缩。[1]

近年来，面对纷争的多样和多态，若墨守成规地照搬程序二元论，不仅不利于照顾各类纷争的特点，也不利于纷争的妥善解决。故而学界对"程序二元论"提出质疑"为何非讼程序不能实质审理实体事项，而须另一诉讼程序为之"，并在反思下提出程序法理的交错适用原则。[2]

纵观各国或地区立法，以德国为代表的大陆法系国家（地区）多采用诉讼与非讼法理交错并重的模式。德国依《家事事件与非讼事件程序法》第 111 条规定，将家事事件分为 11 类，即婚姻事件、未成年子女事件、子女身份事件（血亲事件）、收养事件、婚姻居住与家务事件、暴力防治事件、夫妻离婚时的津贴平衡事件（年金分配事件）、抚养事件、剩余财产分配事件、

---

〔1〕 姜世明："家事事件法理适用论"，载《月旦法学杂志》2012 年第 7 期。

〔2〕 程序交错适用法理最早由台湾学者邱联恭提出。参见邱联恭："程序保障之机能——基于民事事件类型审理必要论及程序法理交错适用肯定论之观点"，载邱联恭：《程度制度机能论》，三民书局 1996 年版，第 100~101 页。

第五章　我国家事纠纷解决机制的选择与重塑

伴侣事件及其他家庭事件。同法第 112 条将涉及财产上的请求事件[1]规定为"家事讼争事件"（Familien-streitsachen）原则上适用民事诉讼法的规定。此外，对上述 11 类事项中有关身份关系的事件，如认为过去事实需要予以慎重判断时，法院可就言词辩论、证据调查等事项作出规定。由此可见，德国对婚姻事件和家事诉讼事件多适用诉讼法理，而非讼事件则适用非讼法理。[2]我国台湾地区"家事事件法"则以一部法律尽可能囊括所有家事事件，认同按事件类型审理的必要性并区别家事诉讼程序与非讼程序，即就纯家事诉讼事件及家事非讼事件分编设程序规定外，同时还在前者中纳入本质上家事非讼事件，而于后者中吸收真正家事讼争事件，而交错适用诉讼法理及非讼法理。[3]同法第 41 条第 6 项规定，"法院得就合并请求、变更、追加或反请求之数宗事件合并审理时，原则上适用合并审理前各事件应适用法律之规定"。[4]

---

〔1〕 所谓财产上的请求权事件是指：①亲属、夫妻、子女生母对生父、伴侣间年金分配及其共同未成年子女抚养请求；②基于夫妻财产制所生之请求，及基于伴侣关系所生之法定扶养请求；③其他家事事件，如因婚约解除、终止有关的及因解除婚约所生的损害赔偿请求及其他因伴侣关系所生的特定事件。

〔2〕 姜世明："家事事件法理适用论"，载《月旦法学杂志》2012 年第 7 期。另有学者认为德国法就家事事件处理全面采非讼化，在裁判形式上一概行裁定程序，并在此架构下交错适用诉讼法理。参见沈冠伶："家事事件之类型及统合处理（一）"，载《月旦法学教室》2012 年第 11 期。

〔3〕 许士宦："家事非讼之程序保障（摘要）"，载《月旦法学杂志》2012 年第 11 期。

〔4〕 具体可分为数项家事事件合并进行单一程序以及单一事件之程序法理交错适用。其中前者可再细分为两类：①于家事诉讼程序中合并审理家事非讼事件而交错适用非讼法理；②于家事非讼程序中合并审理家事诉讼事件而交错适用诉讼法理。参见沈冠伶："家事事件之类型及统合处理（摘要）"，载《月旦法学杂志》2012 年第 11 期；沈冠伶："家事事件之类型及统合处理（二）"，载《月旦法学教室》2012 年第 12 期。

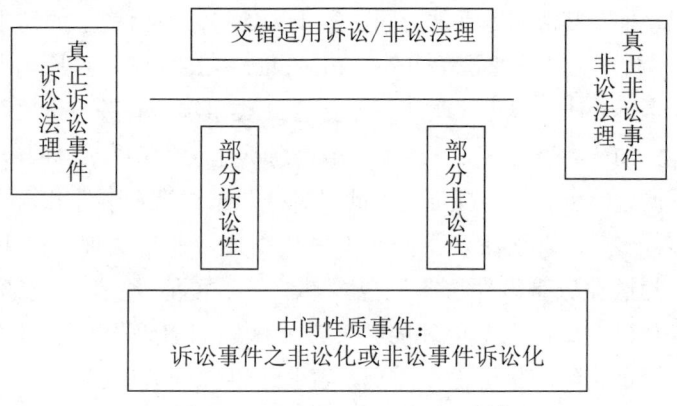

图 5-1　程序法理的交错适用[1]

对家事事件的分类主要依据"各事件类型的讼争性强弱程度、当事人或利害关系人对程序标的所享有的处分权范围及需法院职权裁量以迅速裁判程度的不同",[2]而将性质相近的事件类型分别归类,分为家事诉讼事件和家事非讼事件。

其中家事诉讼事件是指与家事身份关系调整或与之密切相关的财产权事件。家事诉讼事件涵盖,①"本质上的诉讼事件",即具有某种讼争性且当事人对程序标的亦有处分权限。此处"讼争性"是指具有诉讼事件的基本特征,即当事人间就一定的权利义务关系具有对立的争执性,而需由法院裁判作出终局性的解决和确定。②"非讼事件的诉讼化",即当事人对程序标的虽无处分权,但因牵涉当事人重大身份利益而具有较强的讼争属性,如确认婚姻无效、婚姻关系存否、亲子关系存否、收养关系存否等。由于此类家事事件的诉讼目的在于确认过去

---

[1] 参见沈冠伶:"家事事件之类型及统合处理(摘要)",载《月旦法学杂志》2012年第11期。

[2] 参见"家事事件法"立法理由书,载 http://www.lawtw.com,访问日期:2014年3月21日。

事实，确定既存的权利义务关系，因此审理程序一般较为复杂。

而家事非讼事件的类型则包括"古典的非讼事件"和"本质上的诉讼事件"。①"古典的非讼事件"，如选任监护人事件、选任遗产管理人事件等，但此类事件有时也存在关系人之间发生争议的情形。如亲权事件中，双方对由谁来担任亲权人、拟定探视规则或行使抚养方式等事宜也存在较大争议，但此类事件并非以形式上当事人之间"对立性质权利义务关系"为裁判对象，更重要的在于司法机关对权利的照料和公益的保护，故此类事件又可称为"保护照顾事件"。[1]②"本质上的诉讼事件"是指本质上具有讼争性，但基于立法政策等原因而被法律规定为非讼事件，亦可称为"诉讼事件的非讼化"，对于此类事件，当讼争性显现时，仍需要采用诉讼法理予以审理。[2]而家事非讼事件具有形成处分性、迅速解决性、依情事为适宜变更必要性、欠缺一对一利害关系对立性、当事人隐私尊重性等特征。[3]故家事事件非讼化的目的在于简易主义、赋予法官广泛裁量权，以求争议简易迅速地解决，并期待法院为权益性、创设性和展望性处理。[4]

家事审判中的职权主义和限制处分权主义等特征，使其与非讼程序有着某种同源性，故而为程序交错适用提供了可能。尽管上述对家事事件的分类和区分具有提示性作用，但由于家

---

[1] 姜世明：《非讼事件法新论》，新学林出版股份有限公司2011年版，第5~6页。

[2] 沈冠伶："家事非讼事件之程序保障——基于纷争类型审理论及程序法理交错适用论之观点"，载《台大法学论丛》2006年第4期。

[3] 魏大喨："家事诉讼与非讼之集中交错——以对审权与裁量权为中心"，载《月旦法学杂志》2003年第3期。

[4] 蔡孟珊："家事审判制度之研究——以日本家事审判制度为借镜"，台湾大学1997年硕士学位论文。

事事件种类繁多,且各具不同特性,较难单以诉讼法理或非讼法理全面地适用所有事件。纵观现有的立法,诉讼事件与非讼事件的差异,与其说是从事件的本质上加以区分,倒不如说是根据法律的规定来得更为恰当。同一事件,由于所处国家或地区的不同,有的被列为诉讼事件,而有的则被列为非讼事件。〔1〕另外,面对婚姻事件与财产诉讼的合并请求时,不同程序法理应如何予以调适的问题也值得我们关注。因此,需要结合事件特征和具体情况予以综合评估和处理,并交错适用不同的程序法理。具体到每一个案的审理过程,程序法理的交错适用,既可以按阶段调配,又可以按事项分配。〔2〕

(三)有限的辩论主义与积极的职权主义

处分权主义与辩论主义乃构建民事诉讼程序的两大原理。〔3〕处分权主义是指诉讼的开始、审判的对象、范围及诉讼的终结均以当事人主导权为原则。辩论主义是指诉讼审理的基础资料由当事人收集并提出,对事实关系的阐明也属当事人的"权能"与"责任"。〔4〕辩论主义还包含以下三个命题:第一,法院不得将当事人没有主张的主要事实作为裁判的基础;第二,法院必须将当事人之间无争议的主要事实作为当然裁判的基础;

---

〔1〕[日]中村英郎:"家事事件裁判制度的比较法研究",郎治国译,载张卫平主编:《民事程序法研究》(第3辑),厦门大学出版社2007年版。

〔2〕张晓茹:"家事事件程序的法理分析",载《河北法学》2006年第6期,第71页。

〔3〕两者的主要差别在于辩论主义主要处理有关诉讼材料问题,而处分权主义则与诉讼标的直接相关。参见姜世明:《民事诉讼法基础论》,元照出版社2011年版,第22页。

〔4〕骆永家:"辩论主义与处分权主义",载骆永家:《既判力之研究》,三民书局1999年版。

第三，法院必须依当事人提出的证据认定争议事实。[1]依上述内容，处分权主义和辩论主义设定了当事人固有的支配领域且抑制了法院职权的介入。

若从纠纷对象应为当事人支配的私人利益这一立场出发探寻民事诉讼程序，当纠纷对象涉及第三人且兼具公共色彩的诉讼时，就理应采用特殊的程序原则。[2]家事纠纷过去所采用的严格辩论主义，常常导致法院囿于对事实真相的挖掘，故而需对处分权和辩论主义予以限缩并赋予法官更高的裁量权和探知权，尤其对某些事件类型，应适用"声明无拘束性"之法理。[3]

积极的职权主义意味着对家事诉讼事件的审理，特别是在涉及身份确定和公共利益时，当事人的诉讼行为并不完全约束法官的裁判，法官可主动考量其他与案件有关的内容，并负责收集裁判所需的事实及证据，[4]以追求更大范围的裁判妥当性。诸多大陆法系国家和地区均允许家事事件中法院可依职权进行证据调查，并可斟酌当事人未提出的事实主张开展证据调查，如德国《家事事件与非讼事件程序法》第127条第1款、日本《新人事诉讼法》第20条等均表明了法官职权探知的立场。

职权主义与当事人主义在中国近十余年的司法改革舞台中

---

〔1〕 [日]高桥宏志：《重点讲义民事诉讼法》，张卫平等译，法律出版社2007年版，第349~355页。

〔2〕 小岛武司："家事法院的诉讼意义——职权探知·调停中心主义"，载陈刚主编：《自律型社会与正义的综合体系——小岛武司先生七十华诞纪念文集》，陈刚等译，中国法制出版社2004年版。

〔3〕 台湾"民事诉讼法"第388条规定，法院原则上不得就当事人未声明之事项为判决，否则即构成诉外裁判。但法律另有规定，于特定性质事件中，基于公益或者其他因素，使法院可不受当事人之声明拘束，判决即不以当事人声明之事项为限，即为"声明无拘束性"原则。参见姜世明：《民事诉讼法基础论》，元照法律出版社2011年版，第268页。

〔4〕 黄国昌：《民事诉讼理论之新开展》，元照出版公司2005年版，第26页。

表现得尤为活跃,现行民事诉讼法的庭审方式也体现为法官职权主义与当事人对抗主义共存的一种独特的混合模式。从家事事件的内部构成上看,家事事件既可能是公益与私益的重叠,也可能是利益冲突与非利益冲突的交错,与普通的财产契约诉讼相比,家事案件更青睐通过非讼方式处理,但与典型的非讼案件相比,它又更为复杂多变。[1]因此,我们也应构建一种辩论主义与职权探知主义兼容的诉讼程序,平衡家事诉讼领域中的辩论主义与职权探知主义,[2]以满足家事纠纷对事实探究和公益保护等内设逻辑的偏好。

第二节 引入儿童最佳利益原则

众多研究均指向统一的结论,即父母争议越高度密集,家庭解散对儿童所带来的负面影响也就越大。[3]在夫妻离婚后,虽然关于婚姻的权利义务关系已经消灭,但作为父母的身份与责任却依然存在,尤其在父母离婚时必须同时处理未成年子女的亲权行使问题,亲权行使争议与离婚问题往往相互牵制影响。若父母将对彼此的负面情绪带入子女的亲权行使问题之中,将使得纷争解决更为复杂化与激烈化。从儿童发展的角度观察,提供长期而稳定的依附关系乃儿童最佳利益的重心所在。故而应以保护儿童最佳利益为出发点,在家事诉讼程序中引入儿童最佳利益原则,以协助夫妻的离合决定、离婚后延续父母的角色并形塑离婚后与孩子相处的模式。

---

[1] 陈爱武:《人事诉讼程序研究》,法律出版社2008年版,第54页。

[2] 郭美松:"论人事诉讼中辩论主义与职权探知主义的协同模式",载《甘肃政法学院学报》2010年第3期。

[3] Murphy, Jane C., Revitalizing the Adversary System in Family Law, *U. Cin. L. Rev.*, 2010, 78, p. 891.

第五章　我国家事纠纷解决机制的选择与重塑

就全球范围趋势而言，大多国家和地区均要求法院在裁判时斟酌未成年子女最佳利益。如本文第一章所述，英国、美国、澳大利亚和德国等国家和地区均以立法或判例形式确立了家事纠纷解决中的儿童最佳利益原则。尽管我国《婚姻法》《子女抚养意见》《婚姻法司法解释（一）》第 24~26 条（关于探视权）、《婚姻法司法解释（三）》第 2~3 条（关于亲子关系确认之诉、未成年子女主张抚养费）等法律、法规和司法解释中规定应对离婚诉讼中的儿童权益予以保护，但却未能确立"儿童最佳利益"原则，也未有适当程序立法予以配套规定，法院缺乏探知儿童最佳利益的基本武器。然而，在原则和程序都付之阙如的现状下，法院又该如何做到在裁判时斟酌儿童最佳利益，并确保裁决结果符合儿童最佳利益？可以肯定的是，未成年子女的成长与利益的保护并非单一事件，而是一个具有持续性的、面向未来发展的过程。在家事纠纷解决过程中，对孩子权利与需求的保护，需要以儿童最佳利益原则为中心，协助夫妻达成离合的决定，离婚后延续父母角色并妥善规划离婚后父母与孩子的生活安排等事宜，[1]具体表现如下：

一、赋予儿童意见表达权

（一）确认儿童的诉讼主体地位

德国在涉及子女人身和财产的程序中，赋予子女在家事法院的程序法地位（Verfahrensrechtliche Postitioen），旨在保证法院在作出重要裁断时，需顾及子女的意愿和想法。[2]联合国

---

[1] Taylor, Alison, *The Hand Book of Family Dispute Resolution: Mediation Theory and Practice*, Jossey-Bass, 2002, p.76.

[2] ［德］迪特尔·施瓦布：《德国家庭法》，王葆莳译，法律出版社2010年版，第336页。

《儿童权利公约》第 12 条也承认儿童参与社会事务的能力，承认儿童真正的权利主体地位，不仅赋予儿童表达意见的实体性权利，还赋予儿童在家事诉讼上的程序性权利。

我国《婚姻法司法解释（三）》也确认了未成年子女就申请支付抚养费事宜的主体适格地位，如第 3 条规定："婚姻存续期间，父母双方或者一方拒不履行抚养子女义务的，未成年或者不能独立生活的子女请求支付抚养费的，人民法院应予支持。"但《民事诉讼法》却并未确认儿童作为诉讼主体参与诉讼的主体资格，而是规定由其法定代理人代为参加诉讼。然而，儿童不是"小大人"，而是年轻的人类，具有道德地位，并且享有与成人同等的道德考量。[1] 我们应视儿童为自身权利的主体（Actors），有权参与对自己生活的建构，而非单纯依他人意见的被动（Passively）主体或被动行为，[2] 进而确认儿童在诉讼中的主体地位。

（二）听取儿童的意见

亲权行使案件之所以困难，究其原因在于亲权行使案件中，法院的任务并非单纯认定过去的事实（例如父母子女互动情形，父母子女本身的条件或行为模式），而是必须在目前可知的事实与信息的基础上，评估判断哪种亲权行使的分配与安排对子女未来成长最为有利。[3] 故而在诉讼过程中，及时且完整地听取儿童的意见，有利于法院对未来事项作出整体性的判断和预测。

根据英国《1989 年儿童法》第 1 条的规定，在请求法院作

---

[1] Freeman, Michael D., *Family, State and Law* (Vol. I), Ashgate Publishing Limited, 1999, p.117.

[2] 赖月蜜："从英美儿童福利政策之变迁检视我国儿童福利政策之发展"，载 http://children100.syis.com.tw，访问日期：2014 年 1 月 3 日。

[3] 李立如："论离婚后父母对未成年子女权利义务之行使的负担——美国法上子女最佳利益原则的发展与努力方向"，载《欧美研究》2010 年第 3 期。

出子女居住令、交往令、禁止措施令以及具体事项令的诉讼中，儿童的真实愿望和感受（根据其年龄和理解能力衡量）是法院应予特别考虑的要素之一。在司法实务中，即使是年龄较大的子女，其意愿也可能与长期福利相悖，法院可能会违背子女的意愿作出命令。[1]苏格兰地区《1995年苏格兰儿童法》第11条第7款规定，法官作出有关父母责任、父母权利、监护权或管理儿童财产等命令时，应在充分考量子女的年龄和成熟程度等情况下，询问他是否希望表达自己的意见；如他表明希望如此，便给他机会表达意见；对他所表达的意见加以考虑。[2]德国《家事事件与非讼事件程序法》第156条第1款规定，法院在涉及子女的事件中，在有关夫妻离婚或分居时的子女保护教养问题，子女居住和会面交往权、交付子女的问题上，应尽量让参与者达成一致协议，并主动听取儿童意见。[3]我国台湾地区"家事事件法"第108条也规定了子女在程序中的表意权，依照子女的年龄及识别能力等身心状况，法官在法庭内外以适当方式晓谕裁判结果对其的影响，使其有表达意愿或陈述意见的机会。在必要时，法院还可邀请儿童及少年心理专家或其他专业人士协助。

然而，我国对家庭纠纷解决的政策仍囿于一种"含蓄的援助"，现行法对有关儿童意见表达规定较为简单。《子女抚养意见》第5条规定，在父母离婚时，对确定随父或随母生活的问

---

[1] Lowe, N. V., The Allocation of Parental Rights and Responsibilities —The Position in England and Wales, *Family Law Quarterly*, 2005, 39 (2), p. 289.

[2] 英国主要由三个独立的法律辖区组成，英格兰和威尔士；苏格兰及北爱尔兰。参见香港法律改革委员会："2005年子女管养权及探视权报告书"，载 http://www.hkreform.gov.hk，访问日期：2014年3月30日。

[3] 陈惠馨："家事事件法的立法与内容——一个比较法观点"，载《月旦法学杂志》2012年第11期。

题上,需考虑10周岁以上未成年子女的意见,这意味着年龄成为儿童意见能否表达的直接障碍。另外对10周岁以上的儿童,法官的任务也仅限于"告知"儿童后再听取意见,儿童处于被动告知的对象,而非居于主动参与的诉讼主体地位。此外,对于抚养问题是否需要听取子女的意见,《子女抚养意见》第3条以父母一方的身体条件作为判断2周岁以上未成年子女抚养权归属的判断标准,而在探视权方面,立法尚不明确。从某种意义而言,我国将子女作为父母探视权、抚养权的客体而忽略了子女的主体地位。

此外,在协议离婚方面,《俄罗斯联邦家庭法典》禁止有子女的夫妻协议离婚,如第19条第1款规定,没有未成年子女的夫妻达成一致意见协议离婚时,应当在户籍登记机关办理。有未成年子女者须经过诉讼程序离婚。[1]但根据我国《婚姻法》和《婚姻登记条例》规定,父母达成一致、自愿登记的即可离婚。可见在协议离婚上,也未能考虑儿童的意见和最佳利益,子女亦处于被动接受地位。

二、增设程序监理人制度

在离婚纠纷中,常发生家长"情绪绑架"的情形,父母会有意或无意拿孩子当"武器",替自己争取"有利地位",或者干脆拿孩子当"筹码",迫使对方妥协让步。孩子被裹挟在父母的争执之中,极易丧失自主权,特别是法庭上的询问,可能造成孩子忠诚的两难。[2]儿童如何真实表达意愿?如何保护他们

---

〔1〕 See The Family Code of Russian Federation 1995 (Last Amended on DEC, 10th, 2012), Article 19 (1): Dissolution of the Marriage at Registry Office.

〔2〕 Hudson, Lucy & Williams, Patricia H., Children in Court: A Troubling Presence, *Child Welfare*, 1995, 74 (6), pp. 1223~1236.

的声音被倾听？目前多数研究已指向统一，即儿童最佳利益原则的判断往往须仰赖其他专业，如儿童心理学的价值判断，故对儿童出庭评估或儿童证词的取得，需跳脱单一的法律范畴朝向跨专业科际整合的团队模式发展。

英国早在1975年便设立了"程序监理人服务"（Guardian ad Litem Service）机制。[1]英国的程序监理人又称为法定代表律师（Official Solicitor），在家事程序中代表儿童辩护。[2]其任务包括案件背景调查、详阅相关文件后出具分析报告；与儿童面谈；与儿童的父母、亲戚、照顾者及其他专家访谈；进行个案管理以避免案件延宕；向法院提出报告及建议，以及对当地主管机关针对儿童或少年拟定的照顾计划给予评估意见。[3]在此基础上，英国为儿童参与家事诉讼设置了相应的代表机制并于2001年推出"儿童和家事法院咨询和支持服务系统"（The Children and Family Court Advisory and Support Service，CAFCASS）。[4]该机构整合家事法庭程序监理人和儿童保护功能，联结多项资源为儿童及家庭提供儿童出庭协助，同时也为法院提供建议和资源等。[5]德国《家事事件与非讼事件程序法》将原《非讼事件

---

[1] 但直至1994年，该制度才开始全面施行。See RUEGGER, M. Seen an Heard But How Well Informed? Children's Perceptions of The Guardian Ad Litem Service, Children& Society, 2001, 15（3），pp.133~145.

[2] 赖月蜜："'程序监理人'——儿童司法保护的天使与尖兵"，载《台律师》2013年第5期。

[3] Emberton, Ann Dale, Working with Children: A Guardian Ad Litem's Experience, LULL, C. & ROCHE, J. eds., The Law and Social Work-Contemporary Issues for Practice, Palgrave Macmillan, 2001, pp.198~203.

[4] 蒋月："从父母权利到父母责任：英国儿童权利保护法的发展及其对中国的启示"，载夏吟兰、龙冀飞主编：《家事法研究》（2011年卷），社会科学文献出版社2011年版。

[5] McIntosh, J. E., Four Young People Speak about Children's Involvement in Family Court Matters, Journal of Family Studies, 2009, 15（1），pp.98~103.

法》第50条规定的程序照护人分置于新法中的各类程序中，其中对于未成年人身份的程序权保障设程序辅助人（Verfahrensbeistand）制度；对监护及留置等程序则另设程序照护人（Verfahrenspfleger）制度。[1]其中第156条第4项规定，程序辅助人必须确保孩子的利益在法院程序中得到关注和保护。法院需以适当的方式告知儿童有关程序的标的、进行的过程及未来可能的发展。另在个别案件中，法院还可以要求程序辅助人协助父母与其他儿童利益相关人开展对话，推动协议方案的达成。[2]

可见，程序监理人克服了传统的父母既是当事人又是子女利益代理人的局限，站在中立立场对儿童利益作出判断。这种做法改变了传统离婚诉讼中附带解决子女监护问题的做法，将未成年子女视为独立的、具有人格地位的主体看待，本身即是对子女人格的尊重和肯定。[3]为保护儿童的实体与程序利益，我国有学者建议，可考虑增设未成年子女利益的"诉讼代表人"制度，诉讼代表人可从政府公职律师或合伙制律师事务所中的律师选任，特别是在一个年度内担任过1~2次诉讼代表人的律师。[4]亦有学者建议，可考虑将未成年维权机构、福利机构或社会调查员等吸收进家事解纷体系，由上述机构向法院提交报

---

[1] 两者的选定要件及职务略有差异。参见姜世明："程序监理人"，载《月旦法学杂志》2012年第5期。

[2] 程序监理人的职责主要有：①通过书面或言词向法院反映未成年子女的意见与想法；②依受监理人的年龄及理解力，向其解释程序内容及预测可能的结果；③协助程序上的相关事宜，例如阅卷或申请必要事项的调查，并辅佐未成年子女应诉；④基于未成年子女的利益，可以提起上诉或其他申明不服；⑤法院委任的其他附加职务等。参见邓学仁："从德日法制论我国家事事件法治程序监理人"，载《法学丛刊》2012年第2期。

[3] 冉启玉："儿童最大利益原则下离婚亲子关系法的转变"，载夏吟兰、龙冀飞主编：《家事法研究》（2011年卷），社会科学文献出版社2011年版。

[4] 陈苇、谢京杰："论'儿童最大利益优先原则'在我国的确立——兼论《婚姻法》等相关法律的不足及其完善"，载《法商研究》2005年第5期。

告，传达未成年人的声音和意愿。[1]就目前现状而言，由于未成年人较难在法院程序中适切地为自身利益作出声明和主张，法院庭审、辩论程序等也可能给儿童心理健康带来不利的影响或障碍。我国可参酌其经验，增设"程序监理人"制度，使孩子回到"被照顾者"角色，通过程序代理人所扮演的儿童与法院之间的沟通桥梁角色，及时转达孩子的情绪与愿望，让当事人认真聆听孩子的需求并了解孩子的担心和压力。然而存在的疑问在于，法院的价值判断可能仍然受到司法刻板印象或个人经验的影响，同时其他专业领域的发现和理论也可能存在多种不同观点，不一定能有定论，甚至不一定适用所有的案件。[2]另外，有关程序监理人的选任、权限、义务、培训等技术细节尚待后续的深入探讨。

三、离婚后儿童利益保护

离婚虽然不改变父母子女关系，但却改变了子女与父母共同生活的方式，并关系到未成年子女身心的健康成长。各国离婚制度都注重对未成年子女权益的保障，主要表现为维持离婚后父母与子女的关系，父母对子女的抚养归属以及探望权等都要体现儿童最佳利益原则。因此多要求当事人对子女未来生活作出详尽的安排，以最少变动原则（The Least Change Principle）为主要考量，尽量减少生活中不必要的改变，避免儿童产生多

---

[1] 陈思琴："离婚后监护安排中儿童意愿之听取与考量——立法表达与司法实践"，载《青少年犯罪问题》2012年第2期。

[2] 例如有研究显示，子女在父母婚后应尽量与父母双方保持联系，较有利其成长发展。Wallerstein, Judith S. & KElly, Joan Berlin, *Surviving the Break-Up: How Children and Parents Cope with Divorce*, Basic Books Inc, 2008, pp. 35~37. 但也有学者认为子女在成长过程中，一位心理上的父母已经足矣。Goldstein, Joseph et al., *Beyond the Best Interests of the Child*, The Free Press, 1996, pp. 37~38.

重的失落困扰和适应困难,帮助子女跳脱父母离婚的阴影,重建属于自己的人际关系。

德国法律规定,离婚后父母都有照顾子女的义务,父母照顾遵循子女意愿优先原则。在确认监护权的案件中,法院认为确有必要,或子女的意愿、子女与父母之间的联系等与子女的人身或财产密切相关时,法院需聆听子女的意见。[1]日本法律规定,父母离婚时,关于子女的监护人及其他有关监护的必要事项,通过协议确定。未能达成协议或不能达成协议时,由家事裁判所确定。在认为有必要时,裁判所还可变更子女监护人,或者命令其就监护事项作出适当的处理。通过保护未成年子女的利益,尽量减少父母离婚对孩子的不利影响。[2]在美国,一些法院要求在提起诉讼前,须向法院递交父母的养育计划,[3]其中亲职教育项目和监护协调均为面向离婚后重建亲子关系而启动的业务。亲职教育项目在美国发展较为成熟,目前已被多个州列为强制性的参与项目,法院强制性要求家长和孩子参加由法院举办的课程,畅通倾听孩子需求的渠道。[4]而监护协调尚属一项相对较新的业务,法院为协助离婚双方在婚后重建关系而创设的一项新的服务,旨在建立以子女为中心的纠纷解决

---

[1] Dethloff, Nina, Parental Rights and Responsibilities in Germany, *Family Law Quarterly*, 2005, 39 (2): 323.

[2] 夏吟兰、何俊萍:"现代大陆法系亲属法之发展变革",载《法学论坛》2011年第2期。

[3] Elrod, Linda D. & Dale, Milfred D., Paradigm Shift and Pendulum Swings in Child Custody: The Interest of Children in the Balance, *Family Law Quarterly*, 2008, 42, pp. 391~409.

[4] Geasler, Margie J. & Blaisure, Karen R., A Review of Divorce Education Program Materials, *Family Relations*, 1998, 47, p. 167.

模式。[1]澳大利亚规定当事人在申请有关子女抚养、子女养育等命令前，必须参加家事纠纷的调解，并设立"家庭关系中心"以帮助夫妻协商制定照顾子女方案，协助父母解决协议生效后产生的纠纷，帮助祖父母、外祖父母行使探视权。[2]

在我国的司法实践中，法官在决定未成年子女权利义务的行使与负担时，多倾向于在离婚后，判定由一方单独行使对未成年子女的所有权利与义务，即通常将抚养权判给一方，而为另一方设置含糊的"合理探视"条款，如此笼统、模糊的裁判既不利于当事人履行抚养与探视义务，也不利于子女的福利与成长。对法院而言，也极易陷入因重复请求而介入同一对父母的亲权行使纠纷的窠臼之中。由于儿童成长是一个连续、累积的过程，须仰赖父母的通力合作，且就亲权纠纷的性质而言，无论在婚姻存续期间或离婚之后，都有可能重复或持续地产生。我国可审酌前述做法，要求当事人在法官或其他诉讼参与人的引导下，拟定一份具体的子女教养计划，并就双方关于子女抚养、探视、教育等事宜尽量作出细致的安排，教养计划制定后可提交法庭登记备案，以确保执行效力。

四、完善法庭的服务供给

（一）增权措施和保护措施

法庭的增权措施主要针对开庭前的儿童事宜，当然在整个开庭过程中及开庭后也涉及增权方案的运用。具体而言，法庭的增权服务措施包括：制作儿童宣传册、法庭模型、提供法院

---

[1] Victocia, HO M. et al., Parenting Coordinators: An Effective New Tool in Resolving Parental Conflict in Divorce, *Fla. B. J.*, 2000, 74, p.101.

[2] 陈苇、胡苷用："离婚诉讼前处理子女抚养纠纷的一种新机制——澳大利亚'家庭关系中心'评介及其启示"，载《吉林大学社会科学学报》2007年第4期。

角色扮演等，以帮助儿童了解法庭中的主要人物及其角色。此外，书写或绘画也可以帮助儿童去表达感受，以减轻焦虑。儿童对于法律及法庭文化了解得越多，出庭的压力就越小。故各国和地区均积极推广法庭儿童文化，设置协助儿童出庭的相关措施。[1]美国推行的法庭学校（Court School）方案，旨在通过向儿童介绍法院文化，舒缓儿童的法庭作证压力。具体包括为儿童介绍法庭的人员及角色；传授儿童在法庭中自我照顾的技巧，如简单的呼吸练习以降低紧张；练习大声讲话的发音方法等。同时，法庭学校也设计了诸多角色扮演的活动，让儿童有机会扮演法官、律师、证人或其他法院的职员，以充分了解法院的运作模式。[2]而保护措施则主要运用在开庭中，以硬件科技的保护性设备为主。视讯科技的运用可使儿童减少当庭应讯的压力，为儿童出庭提供更完整的权利保障。[3]由于儿童在公开审判下常因压力而出现反应延迟或害怕等情形，故允许法庭利用闭路电视和事先录像证据等措施，避免儿童直接参与交叉询问等对抗性较强的诉讼程序。[4]

（二）法院硬件设施的完善

在美国法庭的走廊上、大厅里已经聚集了越来越多的孩子。有些孩子来到法院，单纯只是因为父母或其主要照顾者必须上

---

[1] Quas, J. A. et al., Maltreated Children Understanding of and Emotional Reactions to Dependency Court Involvement, *Behavioral Sciences & the Law*, 2008, 27, pp. 97~117.

[2] Ellis, C. S., Court School: Supporting Child Witness, *Children Today*, 2003, 22 (1), pp. 10~12.

[3] Cashmore, Judy, Innovative Procedures for Child Witnesses, Westcott, Helen L. et al., *Children's Testimony: A Handbook of Psychological Research and Forensic Practice*, John Wiley & Sons Ltd, 2002, pp. 203~217.

[4] 赖月蜜："从家事事件法谈儿童法庭权益之保护"，载《法扶会讯》2012年第37期。

第五章 我国家事纠纷解决机制的选择与重塑

庭参讼,由于缺乏人力及财力资源,父母不得已把孩子带来法院。针对此现象,1915年费城法院兴建法院内育婴室,提供法庭托育照顾服务(Drop-in Child Day Care)。随后美国各地法院陆续跟进,对法院的空间及硬件上加以改善。[1]1992年美国加州成立的埃德尔曼儿童法院(Edelman Children's Court),成为美国第一座专为儿童及家庭需要所成立的儿童专属法院。法庭设计的理念是保护儿童免受传统法院体系所带来的二次伤害,并培养儿童与司法人员间的信任关系。在法院硬件方面,法庭的设计倾向于以儿童为本,小而温馨,如布置儿童游戏的公共空间,以舒缓儿童的压力与创伤,减少儿童的恐惧和负面情绪。[2]一些法院还提供专属儿童和少年的等候室,为儿童营造一个友善而融洽的环境,降低其出庭压力。[3]

然而,对于如何在家事纠纷解决程序中引入"儿童最佳利益"原则,学界长期存有质疑,即如何保证原则的模糊性和抽象性得以诠释。有学者指出,对儿童最佳利益的判断会陷入"一个原则,各自表述"的误区,因为最佳利益的具体内涵并不明朗,给予法官过大的裁量空间是造成争议的最大症结所在。[4]批评者还认为,儿童最佳利益的模糊性,使得法院仅依个人主观价值判断及对双方当事人的印象作出判决,容易流于恣意。[5]同时

---

[1] Hudson, Lucy & Williams, Patricia H., Children in Court: A Troubling Presence, *Child Welfare*, 1995, 74 (6), pp. 1223~1236.

[2] 庄秋桃:"美国、加拿大少年家事业务考察记事",载《台湾高雄少年法院院刊》2010年第14期。

[3] Judicial Council of California, *Making the Court System Work Better for Children: 25 Things Your Court Can Do* (The Judicial Council's Center for Families, Children & the Courts), San Francisco, 2001, pp. 7~9.

[4] 施怀闵:"夫妻离婚后未成年子女权利义务之共同行使或负担",载《司法新声》2011年第98期。

[5] 李宏文:"论子女最佳利益原则",台北大学2004年硕士学位论文。

美国的经验也显示，随着社会结构的变迁及价值观的转变，儿童最佳利益原则的内涵是一个歧义多变的过程，在不同的时代背景下，法院援引儿童最佳利益，可能会作出完全相反的判决。[1]但就总体而言，家事纠纷的审理重心已从偏重强调父母的权利转向关注父母对子女的责任的趋势。在家事诉讼实践中，若涉及儿童监护权，探视权等争议时，应赋予儿童表达意见的权利，并配置程序监理人等代理人制度，完善法官获取子女意见的途径，并要求当事人对子女未来生活作出详尽的安排，以敦促当事人履行探视和抚养义务。[2]

第三节 家事诉讼程序的模式选择与制度化构想

一、家事诉讼程序的概念界定

家事诉讼程序被设计成一种偏好温情裁判、侧重冲突的吸收和化解而区别于普通的民事诉讼的程序。目前我国学界和实务界已开始使用家事诉讼程序这一概念，但对此概念的界定多各执一词。[3]

从概念释义上看，由于家事事件属于一个集合概念，因此

---

[1] 雷文玫："以'子女最佳利益'之名：离婚后父母对未成年子女权利义务行使与负担之研究"，载《台大法学论丛》1999年第4期。

[2] 有学者指出，在未来立法中至少需要对以下三个最直接影响儿童以及儿童意见表达的领域作出改变，一是因离婚的重组家庭、解除事实上亲子关系及虐待诉讼；二是教育环境诉讼；三是有关未成年的医疗决定纠纷。See Szaj, Christine M., *The Right of the Child to be Heard*, Todres Jonathan et al., *The U. N. Convention on the Rights of the Child: An Analysis of Treaty Provisions and Implications of U. S. Ratification*, Transnational Publishers, 2006, pp. 140~141.

[3] 刘敏："论家事诉讼程序的构建"，载《南京大学法律评论》2009年第2期。

第五章　我国家事纠纷解决机制的选择与重塑

对于家事事件诉讼程序的具体构架并没有一个统一的程序。[1] 依家事诉讼程序覆盖范围的大小，可大致区分为最广义、广义、狭义和最狭义四种理解。最广义范围的家事诉讼程序指的是与婚姻家庭有关的诉讼程序、非讼程序和轻微刑事诉讼程序，即法院审理和解决与婚姻、家庭相关的身份、财产纠纷、轻微刑事事件以及非讼事件。[2] "广义说"则认为家事诉讼程序涵盖了与婚姻、家庭有关的身份纠纷、财产纠纷和非讼纠纷，但不包括轻微刑事诉讼。[3] "狭义说"主张家事诉讼程序仅指与婚姻家庭有关的诉讼程序，既不包括轻微刑事事件也不包括非讼事件。[4] "最狭义说"则认为家事诉讼程序应在"狭义说"所指范畴内再排除财产类纠纷，即将诉讼范围限制在仅因家庭身份关系而引发的纠纷。[5]

本书对所探讨的家事诉讼程序做广义范围理解，即指由法院审理的，与婚姻、亲子等身份关系有关的纠纷及因此引发的财产关系的纠纷和非讼事件，但不包括轻微刑事事件。就整体而言，我国尚未形成独立的家事诉讼制度，家事诉讼程序的法源依据亦亟待确立，目前现有的一些规定散见于各规范性法律

---

[1] 赵蕾：《非讼程序论》，中国政法大学出版社2013年版，第278页。

[2] "最广义说"主要体现在对其他法域家事诉讼程序的总结上，尚未形成我国学界的学说论点。

[3] "广义说"以张晓茹等学者为代表，认为家事诉讼程序是以维持家庭成员之间和睦相处以及有利于家族间共同生活为目的，由国家设立特别的机关（即家事法院或家事法庭），遵从职权主义和采取秘密审理的方式，处理或预防夫妻、亲子及家属间纠纷的程序。参见张晓茹："家事事件程序的法理分析"，载《河北法学》2006年第6期。

[4] "狭义说"以陈爱武和刘敏等学者为代表。参见陈爱武：《人事诉讼程序研究》，法律出版社2008年版，第8~10页；刘敏："论家事诉讼程序的构建"，载《南京大学法律评论》2009年第2期。

[5] "最狭义说"可参见诸葛倩靓："家事诉讼程序研究"，南京师范大学2007年硕士学位论文。

文件或是同一法律文件的不同条款中,甚至许多条款还游离于民事诉讼法典之外,使得当事人难以获得较为系统、完备的直观,而造成适用和理解上的混乱。且司法实践对家事诉讼程序探索尚属于新起阶段,各法院的试验性做法也散见于各地而未形成主流趋势。故而有必要对家事纠纷解决过程中所涉及的关键议题加以探讨,以厘清构建家事程序中立法模式的选择、适用范围的确定以及家事程序的设定等方面,并试着提出我国家事诉讼程序今后可以努力的方向。

二、家事诉讼程序的立法模式选择

鉴于家事事件看重感情因素,尊严维护及家庭人际关系,经济上弱者保护等事宜,再者考虑到法院介入家庭的公益性质,需在立法上予以明确普通程序法与家事程序法之间的界限和差异。以历史的长焦镜头观察,当今两大法系尽管法律传统迥异,但在家事纠纷解决领域却表现出了惊人的一致,即基本都具备一套独立、统一的程序规则,以全面涵盖一切有关家事和婚姻事宜的法律程序和诉讼程序。从效率上看,独立的家事诉讼法规有利于程序规则的精简和准确适用,亦有助于法庭服务使用者获得更佳的服务。

(一)不同法域立法模式

纵观其他国家和地区,家事诉讼程序立法模式呈现出多元样态。立法者注重根据本地区的实际情况和民俗特点采取相应的立法模式,制定专门的家事实体法律规范和家事诉讼规则。

一般而言,在英美法系国家(地区),家事问题通常由专门的家事法予以规范。澳大利亚家事法院适用《2004年家事法规则》(Family Law Rules 2004),该规则乃根据《1975年家事法》(Family Law Act 1975)所制定,全面革新了澳大利亚的家事诉

第五章 我国家事纠纷解决机制的选择与重塑

讼程序,旨在使程序更清晰、简易具有普适性。[1]新西兰家事法院适用《2002年家事法院规则》(Family Courts Rules 2002),该法列明家事诉讼的法律程序并以实务说明、指引和守则等作配套支持。[2]英国于1999年4月施行的《民事诉讼规则》则拉开了英国民事诉讼程序改革的序幕,该规则适用于除依《1984年婚姻和家事法律程序法令》提起的家事法律程序之外的所有民事法律程序。[3]可见,英国已预期未来将会就家事司法展开单独的程序改革。由于英国高等法院、郡法院及裁判法院适用不同的家事程序规则,且这些规则既不利于查询,又与现行民事程序规则脱节,显得不合时宜。故英国随后成立"家事诉讼程序规则委员会"启动对家事诉讼程序的制定工作,旨在使家事司法制度更具普适性、兼具公平效率及简明浅白。[4]英国《2010年家事诉讼规则》于2011年4月6日生效,该规则首次就家事法律程序制定了一套统一的诉讼程序规则,以取代所有现行的零散规则,并据此创设一套全面而普及的、可供所有人适用的司法资源。[5]香港特别行政区过去受制于家事法律程序

---

〔1〕 Family Court of West Australia, Legislation, http://www.familycourt.wa.gov.au, 2014-03-20.

〔2〕 Ministry of Justice, Family Justice: Family Court Rules, http://www.justice.govt.nz, 2014-04-12.

〔3〕《民事诉讼程序规则》第2.1(2)。

〔4〕 Da Costa, Elissa, The 'Woolfing' of Family Procedure: Proposals for Change, Family Law Journal, 2006, 12, pp. 6~10.

〔5〕 在规则生效之前,英国宪法事务部(Department for Constitutional Affair)主持了两次咨询意见会议。其中于2006年8月30日公布第一份咨询文件《家事程序规则:为家事法律程序制定新的程序法规》(Family Procedure Rules: A New Procedural Code for Family Proceedings),2008年11月28日公布第二份咨询文件《家事诉讼程序规则——就已草拟的规则、实务指示及表格征询意见》。参见终审法院首席法官辖下的家事诉讼程序规则工作小组:"家事诉讼程序规则检讨",载http://www.judiciary.gov.hk,访问日期:2014年4月20日。

229

的零散分割，甚至审理还需参照高等法院或区域法院的相关规则。故香港特别行政区也于2013年启动"家事诉讼程序规则"的修订工作，并设家事诉讼程序规则工作小组（以下简称工作小组），对家事诉讼程序规则开展调研和评估，工作小组于2014年2月公布《家事诉讼程序规则检讨的中期报告及咨询文件》（以下简称《中期报告》），倡导一种"倾向和解"的诉讼文化，并提出有关改革香港家事司法制度法律程序的一系列建议，试图建立一套统一的诉讼程序法规。[1]

而多数大陆法系国家（地区）偏爱在民事诉讼法典中规定专门的家事事件程序，如德国曾在《民事诉讼法》第六编设"家事事件程序"，我国台湾地区也曾在其"台湾民事诉讼法"第九章设人事诉讼程序和调解程序。如今，这一传统也被扭转，上述国家和地区也纷纷设立独立的家事纷争解决程序法，如德国于2003年启动了家事诉讼程序法的修订工作，2005年形成立法草案，并于2009年正式施行《家事事件与非讼事件程序法》，将过去分散的《非讼事件程序法》《民事诉讼法》第六编"家事事件程序"及《家庭财产规则》中的各种诉讼程序进行统合性立法，并扩张了原有的家事法院的职权。[2]我国台湾地区于2012年6月施行的"家事事件法"也将原"民事诉讼法"第九

---

〔1〕《中期报告》内列出逾130项建议。其中一项建议采用一套统一的诉讼程序法规（新法规）。英国、澳大利亚和新西兰在近期的改革中全都采用一套独立统一的诉讼程序法规，以全面涵盖一切有关家事及婚姻事宜的程序。工作小组建议采用英国《2010年家事诉讼规则》，作为新法规概括和基本的框架。有关建议旨在缓和家事案件中过度对抗的情况，建议亦精简程序，统一家事法庭和高等法院的有关程序，令家事司法制度更有效率、更具成本效益及更方便易用。家事法律程序所涉的时间和成本亦可能因而减少。家事诉讼程序规则工作小组："家事诉讼程序规则检讨谘询开始"，载http://sc.isd.gov.hk/gb，访问日期：2014年4月20日。

〔2〕参见陶建国："德国家事诉讼中子女利益保护人制度及其启示"，载《中国青年政治学院学报》2014年第1期。

章人事诉讼程序及调解程序、"非讼事件法"的家事非讼程序、"地方法院办理家事调解事件实施要点"以及"家事事件处理办法"等法规予以合并。[1]

(二) 我国社会主义法系法域的立法模式选择

我国家事审判实践主要以《婚姻法》和《民事诉讼法》为主,兼适用《民法》《婚姻法司法解释》等相关规定,造成适用分散和认事用法上的困难。但在实践中,法官对婚姻关系、亲子关系等涉及身份的家事案件采用特别程序进行审理和裁判,并逐步形成了较为特殊的审理方式和理念。[2]因此,就我国目前司法现状而言,理论上的研究成果,司法实务的经验总结以及立法上零散但已成熟的既成规范,均已为创制全面系统的家事诉讼程序提供了基础性条件。创设家事诉讼程序,焦点集中在于将家事程序法放置在民事诉讼法之中单列成章还是另行创制单行法。以张晓茹等为代表的学者,主张我国应制定单独的家事程序法,以尽可能地使我国家事裁判制度的构建从一开始就走上规范化道路,更好地应对实践。[3]以滕威、陈爱武等为代表的学者,则主张将家事诉讼程序置于《民事诉讼法》中单独成编或成章。[4]

就作者看来,双方建议均有其合理性和可操作性。上文对法官的访谈调查也显示,在司法实践层面,法官们对设立单独

---

[1] 齐树洁主编:《台港澳民事诉讼制度》(第2版),厦门大学出版社2014年版,第176页。

[2] 陈爱武:"家事诉讼程序:徘徊在制度理性与实践理性之间",载《江海学刊》2014年第2期。

[3] 参见张晓茹:《家事裁判制度研究》,中国法制出版社2011年版,第70页。

[4] 参见滕威:"对我国设立家事诉讼程序制度的宏观思考",载《金陵法律评论》2010年第1期。陈爱武:"人事诉讼程序初论",南京师范大学2007年硕士学位论文。

的家事程序均持赞同和欢迎态度,但对如何设置并未能达成一致意见。从法律制度的背景对接和文化继承角度考量,我国可借鉴德国模式,将家事诉讼程序设计成一套与普通民事诉讼程序的立法宗旨和立法技术等截然不同的特别程序,单独设立"家事诉讼程序法",以体现家事争议价值和身份关系诉讼的特殊性。为慎重起见,新程序法可以增设普适条款,使得法官可退而以《民事诉讼法》为依据,以弥补家事程序立法上的缺漏,同时法官也可运用司法管辖权和案件管理权,处理程序上的瑕疵。

三、家事诉讼程序的审理模式探讨

传统的家事事件审理模式凭直觉地鼓励对抗,并对那些与离婚程序形影相随的愤懑、敌意、痛苦等负面情绪因素起到推波助澜作用。它一方面强迫当事人选择"站位";另一方面又推动律师为诉讼煽风点火、拉长战线。[1]然而赢得一场离婚诉讼的代价是什么?在诉讼的最后,当事人可能已经财政亏空、感情干涸并承受心灵的永久创伤。在传统审理模式的背景下,学界和司法界开始反思,他们认为"当代家庭法的功能不能仅局限在强调字面上的秩序,而是应当提供一个框架,使离婚夫妻可自行规划离婚后权利和责任"。[2]在上述思潮的推动下,一种家事事件审理模式的声音成为当下的热潮,即主张以"利益为基础的冲突管理体系"取代"以权力—权利为基础的司法程序

---

[1] Lueck, Robert W., The Collaborative Law Revolution-An Idea Whose Time has Come in Nevada, *Nevada Lawyer*, 2004, 12 (4), p.18.

[2] Mnookin, Robert H. & Kornhauser, Lewis, Bargaining in the Shadow of the Law: The Case of Divorce, *Yale L. J.*, 1979, 88, p.950.

体系"。[1]

概言之,"权力—权利观"强调家庭的价值,主张应尽可能维系家庭,而"利益观"则并不执着于家庭组织的完整性,更看重家庭功能的重要性。由婚姻是身份/契约的观点,再合并观察家事事件审理应采用权力—权利/利益的模式,并以此为依据可设计出两种不同的审理模式。若视婚姻为契约关系,强调"权力—权利型"的审理模式,可能认为法院仅应承担依法裁判的角色,法院审理的事项主要集中在实体法所规定构成要件之事实,以决断是非的角度,审视个案并据此作出适当的裁决。反之,若从身份关系的观点出发,采用"利益型"的审理模式,则可能期待法院扮演着监督者、介入者等多重角色,借由家庭成员身份关系的界定,积极通过各种方式,结合各类资源,维系家庭成员的友善关系。[2]

在全球视野下,目前以利益为基础的纠纷解决范式已孕育出更为多元的审理模式,并在此基础上发展出治疗性司法理念和问题解决型法院。[3]我们将视线转向对我国家事审理模式的探讨,作者建议可审酌采用利益型的审理模式,拓宽法官扮演角色的限度和思维,以更积极的姿态,整合家事服务网络、灵活运用多元程序和资源并努力提升制度的功能与弹性。

---

[1] Costantino, Cathy A., Using Interest-Based Techniques to Design Conflict Management Systems, *Negotiation Journal*, 1996, 12 (7), p. 207.

[2] 赖淳良:"从身份到契约:家事事件审理模式之初步省思",载《台律师》2013年第5期。

[3] Jopt, Uwe & ZÜTphen, Julia, Psychologische Begutachtung aus Familiengerichtlicher Sicht: B. Lösungsorientierter Ansatz - Eine Empirische Untersuchung, http://www.uwejopt.de, 2014-02-02.

四、我国家事诉讼程序的制度化构想

(一) 家事诉讼程序的当事人设定

家事诉讼的当事人包括身份关系的当事人、其他利害关系人（如主张婚姻或收养关系无效的第三人）和职务上的第三人（被告人死亡后，为便于原告提起诉讼，有时检察官也可成为被告）。[1]对诉讼当事人的规定包括当事人的类别、诉讼能力、当事人适格的突破等内容。由于家事诉讼涉及人的身份关系，应当充分尊重本人意愿，尽量由其自为诉讼行为，故可考虑扩张当事人的诉讼行为能力，赋予限制民事行为能力人以诉讼行为能力。[2]如具有意思能力的未成年人就离婚案件、亲子关系案件以及收养关系案件进行诉讼行为时，享有起诉或撤诉、授予诉讼代理权等诉讼能力。对于判断未成年人的意思能力，应结合个案予以综合考虑。[3]

同时，在对家事事件公益性因素考量基础上，还应适当突破当事人适格问题，允许检察官以当事人的身份参与家事程序，成为家事诉讼的被告。另外，对可能成为被告的一方当事人死亡的情形，亦可将检察官列为当事人（被告）。如我国台湾地区"家事事件法"第50条第3项规定，依本法第39条[4]提起诉讼的，但在判决确定前，被告均死亡的，除另有规定外，由检

---

[1] [日] 松本博之:《日本人事诉讼法》，郭美松译，厦门大学出版社2012年版，第95页。

[2] 郭美松:"设立具有中国特色人事诉讼程序之构想"，载《重庆大学学报（社会科学版）》2009年第5期。

[3] 日本《新人事诉讼法》第32条第4项规定，子女年龄达到15周岁以上的，应当听取该子女的陈述。

[4] "家事事件法"第39条第3项主要是针对第三人提起撤销婚姻之诉，以夫妻双方同为被告的事件。

察官续行诉讼。同法第66条第3项规定，认领子女事件，被指为生父的被告于判决确定前死亡者，由其继承人承受诉讼；无继承人或被告人之继承人于判决确定前均已死亡者，由检察官续受诉讼。

我国未设置家事诉讼中职务第三人制度，对检察机关的主体诉讼资格也未能确立。依《婚姻法司法解释（一）》第7条的规定，向法院申请婚姻无效的主体仅为婚姻当事人或利害关系人，并不包括检察机关。这种规定既不利于对社会公共利益的保护亦阻碍了家事诉讼事件的迅速推进和及时处理，故应适当扩大诉讼主体范围，将代表国家利益和社会公共利益的检察机关纳入家事案件申请人的范畴，对于违法形成的身份关系，应当允许当事人、利害关系人和检察院启动撤销违法身份关系的程序。[1]

鉴于家事诉讼的结果与当事人人身权益密切相关，故在诉讼主体方面，原则上要求家事诉讼程序的诉讼主体必须亲自出庭，严格限制缺席判决的适用。[2]如德国《家事事件与非讼事件程序法》第130条规定，对被申请人不得进行缺席裁判。[3]日本《新人事诉讼法》第21条规定，法院对当事人本人进行询问时，可以对该当事人作出按期出庭的命令。对不出庭的当事人准用不出庭证人的有关民事诉讼法规定。即当事人若不接受法庭传唤或拒绝供述、宣誓，虽不能直接将对方当事人的主张视为真实，但不配合法庭传唤工作的，其处理办法与证人亦同，

---

〔1〕 傅郁林："家事诉讼特别程序研究"，载《法律适用》2011年第8期。
〔2〕 滕威："对我国设立家事诉讼程序制度的宏观思考"，载《金陵法律评论》2010年第1期。
〔3〕 德国《家事事件与非讼事件程序法》对一些术语进行修正，如以程序取代诉讼，以申请取代起诉，以声请人取代原告，以被声请人（相对人）取代被告，以关系人取代当事人。

将被处以罚金或拘留。[1]但这一做法已出现松动,即不再要求形式上的当事人出庭(本人亲自到庭),而准许实质上的当事人出庭(利用流媒体技术,实现音频、视频的即时传输),以提高家事程序运行的便捷性和亲民性。如日本《家事事件程序法》引入电话会议制度,在当事人居住地相隔较远,于审判或调停日期内同时到达难度较大的情况下,可采电话会议或视频会议的方式。[2]我国台湾地区"家事事件法"第12条也增设"远距离询问审理"规定,即对那些因故无法赴异地法院应诉的当事人、重要证人和鉴定人,以及无力支付到场费用,或是在监在押当事人等,可向法院申请通过声音或影像传送技术而被视为出庭直接审理。

(二) 家事诉讼程序的辅助服务事宜

针对家事纠纷的特殊性,家事法院仅生搬硬套法律规定处理显然不够,还须从社会学、心理学等多角度层面进行调查和人际关系的调整,以协助处理家事案件,下文拟按照家事程序辅助人进入家事程序的先后顺序,将辅助人提供的服务分为以下几类。

1. 家事咨询服务

香港家事法庭早在2000年5月全面推行的"家事调解试验计划"中便特设调解统筹主任(Mediation Coordinator)一职,负责主持家事调解讲座,提供家事咨询服务,物色家事调解员及协助当事人以非对立方式消解纷争。[3]当事人可旁听由调解

---

[1] 郭美松:"论人事诉讼中辩论主义与职权探知主义的协同模式",载《甘肃政法学院学报》2010年第3期。

[2] [日]加藤幸江、角野佑子:"家事事件手続法が施行されます",载 http://www.clo.jp/img/pdf/69/13.pdf,访问日期:2014年3月21日。

[3] 潘炫明:"香港诉讼调解改革述评",载徐昕主编:《司法》(第5辑),厦门大学出版社2010年版,第229页。

统筹主任组织的调解讲座，通过观看录像了解调解服务。在调解讲座结束后，调解统筹主任提供调解前咨询和调解员名册，供当事人参阅。为提高调解成功率，增加调解的公信力和权威感，香港还将调解统筹主任的办事处设在家事法庭大楼内。[1] 通过增设家事调解统筹主任一职，加速调解方式和消解家事纠纷的调适与嵌合，预设香港家事调解的流行趋势。[2]

澳大利亚自《2006年家庭法修正〈共同抚养责任〉法》(Family Law Amendment < Shared Parental Responsibility > Act 2006) 实施以来，家庭纠纷解决体系发生了结构性的变化：一是出现一种巩固家庭关系的新服务体系，即由65个"家庭关系中心"（Family Relationship Centres）组成的服务网络中心；二是家事纠纷解决机制（Family Dispute Resolution, FDR）的形成；三是子女抚养制度的新措施，[3] 其中家事咨询服务即为 FDR 新机制项下的重要组成部分。澳大利亚政府通过"家庭关系服务计划"项目资助了一批社区组织，以便这些组织及工作人员能更好地为当事人提供家庭咨询服务。[4] 这些服务包括，向考虑离婚的夫妻介绍和解服务；帮助当事人拟定抚养计划；为子女提供相关服务等。

2. 家事调查服务

家事调查服务主要表现在通过设立家事调查官制度，探究

---

[1] 参见香港理工大学：《家事调解试验计划的期末研究报告 2004》，载 http://www.judiciary.gov.hk，访问日期：2013年10月26日。

[2] Gu, Weixia, Civil Justice Reform in Hong Kong: Challenges and Opportunities for Development of Alternative Dispute Resolution, *Hong Kong Law Journal*, 2010, 40, p.43.

[3] 陈苇、曹贤信："澳大利亚家事纠纷解决机制的新发展及其启示"，载《河北法学》2011年第8期。

[4] 陈苇主编：《澳大利亚家庭法》，群众出版社2009年版，第124页。

家事纷争背后的深层原因，协助法官作出裁决并促成两造理性思考、作出正确判断。日本《家事事件程序法》保留了过去《家事审判规则》中建立的家事调查官制度，以弥补家事审判官为在心理、社会、教育学等方面专业知识的不足，辅助法院妥适查明纠纷实质的争点。[1]我国台湾地区参考日本及韩国的立法例，于"家事事件法"第18条和"少年家事法院组织法"第27条设置家事调查官一职。审判长或法官可依声请或依职权命家事调查官就特定事项调查事实。家事调查官属于公务人员，其专业不局限于法律，更兼涉心理、社会、教育等专业领域以补充家事法官在该领域的不足，协调辅助其工作。根据"家事事件审理细则"第33条的规定，家事调查官受审判长或法官之命，就家事事件的特定事项为调查、收集资料、履行劝告、并提出调查报告、出庭陈述意见，协调联系社会主管机关、社会福利机关或其他必要的协调措施。[2]

3. 家事调解服务

在多数国家和地区，家事调解服务的发展较为均衡和成熟，一般配置家事调解委员会以供当事人或法官从中选择适宜的家事调解员。家事调解服务旨在协助当事人走过诉讼煎熬，构建裁判方式所不能达到的替代性纷争功能，使得法院原本烦琐、拖沓的程序得以通过该方式缓解。

在日本，家事调停是一项国民参与司法的重要方式，家事调停由一名家事审判官与两名家事调停委员所组成的调停委员会进行，家事调停委员由最高裁判所任命，任期为两年，通常

---

〔1〕 蔡孟珊："家事审判制度之研究——以日本家事审判制度为借镜"，台湾大学1997年硕士学位论文。

〔2〕 齐树洁主编：《台港澳民事诉讼制度》（第2版），厦门大学出版社2014年版，第178页。

为男女各一名。这主要是考虑到家事纠纷多由两性关系所衍生的问题，为了保障纠纷得到公平妥当的处理，故选任不同性别的调停委员。在我国台湾地区，司法部门则积极寻求与其他专业持续的跨界合作模式。根据"法院设置家事调解委员会办法"第4条规定，家事法庭所聘任的调解委员应具备法律、教育、社工、医疗及心理咨询、辅导等专业知识。家事调解委员除应具备基本沟通、调解技巧外，还需具有"性别平权意识，尊重多元文化"意识。[1]此外家事调解员在受聘前，还需接受多元核心领域专业训练课程，并于受聘期间接受每年定期举办的专业训练，使自身专业能力得以与时俱进，或至少维持与受聘时相当的程度。

4. 其他辅助服务

为回应冲突层级较高的纠纷并协助离婚双方在婚后的关系重建，美国法院创设了监护协调员这一新的角色。监护协调员由一名心理专业人员或具有调解专业背景的法律人员担任协调者，在法院的要求或双方同意下，协助冲突性强、难以达成协议的父母了解子女需求，以促进或订立双方的亲权行使计划。[2]监护协调员一般与家庭成员一起工作，如协助安排双方日程、活动、交通、照顾子女、教育和医疗等。另外，日本家事裁判所还附设医务室。家事审判官进行事实调查时，若认为有必要，可让身为医师的技官对案件相关人的身心状况进行诊断，作出口头形式或书面形式的调查报告，并可附加意见。家事法院认为有必要时，可令医务室技官于审判或调解期日列席，

---

〔1〕 黄清欣等："家事专家调解委员评选之研究"，载《台北市立教育大学学报》2009年第40期。

〔2〕 Victocia, Ho M. et al., Parenting Coordinators: An Effective New Tool in Resolving Parental Conflict in Divorce, *Fla. B. J.* 2000, 74, p. 123.

当场陈述意见。[1]德国《家事事件与非讼事件程序法》将德国的Cochemer模式（Cochemer Modells）纳入立法。所谓Cochemer模式是指1992年在德国Mosel地区的Cochem施行的模式，该模式旨在让不同领域的专业人士共同参与家事法院程序。[2]

就近期家事纠纷解决实践来看，澳大利亚推出的家庭关系中心颇具前瞻性。家庭关系中心的服务宗旨在于帮助家庭重建和睦关系，[3]引导家事争议进入社区机构，远离法院系统。现澳大利亚全国范围内已经有65个家事关系中心，提供近30万人次的服务，主要涉及咨询、建议、转介和调解等服务。[4]在其众多的角色功能中，最核心的功能是早期介入干预机制，其被设计为兼具初始问题反馈和家庭纠纷分流的二元功能，主动帮助父母处理分居后养育计划的安排，协助父母管理从共同养育到分别养育的角色过渡。[5]家庭关系中心下设两项服务，即"家庭关系在线"（Family Relationship Online）和"家庭关系建议专线"（Family Relationship Advice Line），分别为民众提供网络在线咨询、资料查询服务和电话预约、咨询服务等。[6]

---

〔1〕 邓怡君："离婚事件调解模式之探讨"，载《学员法学研究报告》2005年第46期。

〔2〕 陈惠馨："家事事件法的立法与内容——一个比较法观点"，载《月旦法学杂志》2012年第11期。

〔3〕 陈苇、胡苷用："离婚诉讼前处理子女抚养纠纷的一种新机制——澳大利亚'家庭关系中心'评介及其启示"，载《吉林大学社会科学学报》2007年第4期。

〔4〕 Parkinson, Patrick, Keeping in Contact: The Role of Family Relationship Centres in Australia, *Child & Fam. L. Q.*, 2006, 18, p.157.

〔5〕 Parkinson, Patrick, Australia's Family Relationship Centres: The Idea of Family Relationship Centres in Australia, *Fam. Ct. Rev.*, 2013, 51, p.195.

〔6〕 参见澳大利亚家庭关系在线官方网站公布相关信息，如"家庭关系中心""建议专线""家庭关系在线"，载http://www.Familyrelationships.gov.au；http://www/agd/familyrelonlinensf，访问日期：2013年10月21日。

(三) 其他有关家事诉讼程序的细节探讨

1. 增设离婚等候期

冷静期也称熟虑期,类似于离婚等候期(Waiting Periods Before Divorce),指的是在离婚诉讼中,为避免当事人感情用事而草率离婚,法律强制性规定在法院对诉讼进行实体审查前,设定一定时间的冷静期。冷静期在各国规定长短不同,如美国规定冷静期一般为 6 个月;韩国规定有子女者为 3 个月,而无子女者为 1 个月;[1]而在英国,法院自收到离婚申请之日起的 2 周内,将为当事人指定 9 个月的反省与考虑期,要求双方当事人就能否挽救婚姻、达成和解以及就如何安排未来生活等问题予以慎重考虑。在特定情况下,经法院允许,反省期还可延长 6 个月。在此期间,法律鼓励当事人采取包括婚姻咨询等在内的一切措施来挽救可能破裂的婚姻。[2]

根据预承诺理论(Pre-commitment Theory),最终离婚前给予一定期限的迟延可满足三项预承诺功能。首先,等候时间造成离婚障碍,提高离婚成本。其次,带来婚姻及婚姻替代品成本及收益价值的波动。延长等候时间要求对当事人偏好进行更精确的评估,使得离婚不仅反映个人的短暂利益,而更兼具对长期利益的考量。最后,等候期间减少了决策过程中的认知错误。实验性研究表明,决策者可在决策中使用"工具"以减少决策错误,其中最为有效的"工具"之一即是时间。[3]然而强制性延迟也存在逆向因素,如造成个案成本的增加(包括心理成本和经济成本),或干扰个人价值的实现,延长错位期间等。

---

[1] 黄鸣鹤:"心理干预在离婚调解过程中的运用",载《人民司法》2011 年第 13 期。

[2] Sendall, Jane, Family Law Handbook, Oxford University Press, 2013. 12.

[3] Scott, Elizabeth S., Rational Decision Making about Marriage and Divorce, *Va. L. Rev.*, 1990, 76, p. 9.

但就整体而言，强制的离婚等候仍具有可执行性，既鼓励了婚姻关系的连续性又敦促了当事人审慎对待离婚，同时也不易受到其他的勾结或操纵。

如上文所述，我国司法实践中存在的离婚"二次审判规则"尽管在一定程度上以司法默认的实践形式补充了我国立法中匮缺的"离婚等候时间"。在这一规则下，6个月的时间客观上促成了离婚法定条件的形成，为"司法活动，实际上已经成了法律中的一个创造性因素"作了一个生动的背书。但这种司法的潜规则并不能完全取代正式规则，法官在将"夫妻感情确已破裂"的主观判断转换成客观评价时也容易发生偏差。因此，应增设离婚等候期这一重要的离婚程序，并区分当事人是否有未成年子女情况，吸收二次离婚诉讼规则所蕴含的司法经验，这也是便利当事人和诉讼经济项下的要求。

此外，在协议离婚案件中也可以考虑预设等候时间。协议离婚的过度自由带来的儿童成长环境恶化和儿童福利救助成本的提高，且由于当事人离婚的意思具有"浮动性"，须经一定程序方能确认当事人离婚意思的有无和真伪，或有无瑕疵等。[1] 但应以公权力的适当介入为标准，增设协议离婚中的等候期。若要求公权力不分类型地介入，不仅不切实际且人力、物力亦无法承担。故有学者指出，可区别协议内容，以个案考量是否有介入的必要性。至于区别公权力介入的标准，可借鉴德国近年修正的立法例。[2] 德国民法原先不允许协议离婚，但在反思"家庭自治"与"公权力介入"间的拉力时，立法趋势转向折中立场，允许公权力的"例外介入"，即在涉及公共利益，如两愿离婚有"涉及共同子女之利益"或"有特殊理由认为对一方

---

［1］ 邓学仁：“我国离婚法问题之修正”，载《政大法学评论》2001年第3期。

［2］ 陈鹏一：“论家事事件之集中审理”，中正大学2010年硕士学位论文。

第五章 我国家事纠纷解决机制的选择与重塑

显然过苛"及为了避免未来纷争的复燃,确认公权力予以适当介入的必要。

2. 对事实和证据收集

对家事诉讼程序的证据收集方面,各个国家和地区做法不一,但大多数国家和地区以辩论主义为原则,对涉及身份确定以及公共利益的案件,由于须得出客观真实的判断,故法院可依职权收集证据。[1]依证据收集能动性的强弱,可大致分为两类:

一是以德国为代表的限制性调查模式。德国《家事事件与非讼事件程序法》第 127 条第 1 款规定,婚姻事件不适用辩论原则,而采用职权调查原则(Untersuchungsgrundsatz),法院应主动查明与裁判相关的事实。同法第 127 条第 2、3 款进一步限制了法院的职权调查,即对当事人未提出的事实,法院原则上不能予以考虑,除非该事实有助于婚姻的维持或申请人不反对考虑该事实。[2]

二是以日本为代表的开放式调查模式。日本《新人事诉讼法》第 20 条规定,人事诉讼中,法院可斟酌当事人未主张的事实,并可依职权进行证据调查,法院也应就事实及证据调查的结果听取当事人的意见。此外,我国台湾地区"家事事件法"第 10 条第 1 项也规定了法院在审理家事事件认为有必要时,需斟酌当事人未提出的事实,并依职权调查证据,但法律另有规定的除外。同条第 3 项补充规定,在发生第 1 项情形时,法院应使当事人或关系人有辩论或陈述意见的机会。可见,与德国

---

〔1〕 参见〔日〕中村英郎:"家事事件裁判制度的比较法研究",郎治国译,载张卫平主编:《民事程序法研究》(第 3 卷),厦门大学出版社 2007 年版,第 338 页。

〔2〕 〔德〕迪特尔·施瓦布:《德国家庭法》,王葆莳译,法律出版社 2010 年版,第 169 页。

相比，日本和我国台湾地区家事司法规则对法院职权调查的规定是概括的、泛指的，未明确限定范围。

在家事事件中，法官对于证据调查的种类、范围具有决定权。法官一方面可依据职权进行证据收集，家事调查程序与普通民事案件并无相异之处。法院依职权进行证据调查时，就其调查结果须询问当事人。[1]另一方面法官也可斟酌当事人未提出的事实。在家事事件中，当事人的处分权受到限制和缓冲，故存在当事人的处分权介于"全有"和"全无"之间的一种中间性状态。[2]鉴于此种状态，法院可排除辩论主义的拘束，在与当事人诉讼请求有关的事实范围内进行事实的调查和收集。但是要予以注意的是，在确认法院对家事案件事实探知的方面，也不应绝对强调和强化职权探知主义，而是要在对案件类型化问题进行科学梳理的基础上，在职权探知与当事人意思表达的有效保护之间寻求平衡，把握不同案件下法院职权探知权利使用范围的明确指向性和依案而别的行使力度。[3]

3. 当事人的自认

由于职权探知主义下，对于事实和证据资料的收集乃法院之职权，并不承认当事人对于事实的确认及证据需要性的主导权。[4]相应地，家事事件亦不适用民事诉讼法上关于自认的规定，即"自认无拘束力"。德国《家事事件与非讼事件程序法》

---

[1] 郭美松："论人事诉讼中辩论主义与职权探知主义的协同模式"，载《甘肃政法学院学报》2010年第3期。

[2] 沈冠伶："家事事件之类型及统合处理（一）"，载《月旦法学教室》2012年第11期。

[3] 韩波：《公正高效权威视野下的新型司法制度构建》，中国人民公安大学2013年版，第148页。

[4] 姜世明：《非讼事件法新论》，新学林出版股份有限公司2011年版，第26~27页。

第 123 条第 4 项规定，在婚姻事件及家事诉讼事件不适用《民事诉讼法》关于诉讼上自认效力和认诺的规定。日本《新人事诉讼法》第 19 条规定，人事诉讼中不适用《民事诉讼法》第 179 条规定中关于当事人在法院作出的自认事实的部分规定。

尽管我国已确立了自认规则不适用于身份关系的诉讼的规则，如《关于民事诉讼证据的若干规定》第 8 条规定，诉讼中的自认等有关诉讼规则不适用于身份关系的诉讼案件。但在司法实践中，受法官精力和时间的局限性和当事人主义思维惯性的影响，法官对家事事件中当事人的自认常给予极大的宽容，尤其是在亲子事件中，甚少启动职权调查。作者认为，对于亲子事件和收养事件应限制当事人的自认效力。因亲子案件事关公益和儿童利益，故应容许法院斟酌子女利益作为裁定基础，而非当然地受到当事人自认的影响。故对此类事件，不适用有关诉讼上的自认，法院仍需斟酌当事人所未提出的事实。但在裁判前，应给与当事人辩论的机会。[1]

4. 家事执行问题

由于离婚子女抚养费的支付多以小额、定期的给付形式出现，故债务人的自愿和自觉履行显得尤为重要。另外，法院也会对父母一方探视子女的方式、时间和频率等作出裁决。但此类裁判因具有较强的人身属性，而不宜以传统强制执行方法为之。因此，可通过履行劝告等颇具温情特色的执行方式实现。

因当事人间血缘亲情关系及抚养未成年子女的共同责任，若当事人于裁判确定后，能自动履行义务，可避免彼此对立、痛苦或愤怒，有助于维护未成年子女最佳利益。为促进债务人自动履行，法院予以协助与柔性劝导，使债务人理解自动履行的

---

[1] 张晓茹："论家事诉讼中未成年人利益保护的制度完善"，载《青少年犯罪问题》2011 年第 2 期。

益处和对未成年子女的正面影响，进而心甘情愿地依法履行债务。如日本《家事事件程序法》第四编设确保履行以督促债务人履行义务；《新人事诉讼法》第 38 条规定，作出裁判的法院在调查义务履行情况的基础上，对义务人进行义务履行劝告，同时还可委托其他家事法院或家事调查官进行调查及劝告。我国台湾地区"家事事件法"亦设履行劝告制度，第 187 条规定："债权人在执行名义成立后，除依法申请强制执行外，还可申请法院调查义务之履行情况，并劝告债务人履行债务之全部或一部。法院于必要时，可命家事调查官为调查及劝告，或嘱托其他法院为之。"

在家事执行中，若执行标的为金钱或其他代替物的给付时，债务人可斟酌自身状况就全部或已届期的给付自行提出履行方式并经由法院转告债权人表示是否接受。债权人表示接受时，债务人即可依其自己提出的方式履行。在法院认为有必要时还可实行各项劝告方法，包括评估债务人自动履行的可能、促成会谈、进行亲职教育或亲子关系辅导、促请其他亲友协助债务人履行、拟定安全执行计划或短期试行方案、劝告债务人提出履行之方式或其他适当的措施等。[1]

第四节　家事法院（庭）的模式选择及制度化构想

为因应层出不穷的家庭问题并挣脱司法资源的紧缺困境，将家事案件集中由一个专门法院或专门法庭审理，这也是审判机构专门化、集中化的出发点。在设计家事法院方案的过程中，需要综合考虑以下因素：对家事纠纷是否有设立专门法院（庭）的需求？现有法院审理家事案件是否有难以解决的困境？是否

---

〔1〕　赖淳良："家事司法制度革新之回顾与展望"，载《法扶会讯》2012 年第 37 期。

第五章　我国家事纠纷解决机制的选择与重塑

有新的法律或社会形势已经或将会促使家事案件的大幅增加而有回应的必要？是否有足够的案件量支撑专门法院（庭）的运行？专门法院（庭）的设立对普通法院有何影响？[1]

一、家事法院（庭）模式介绍

从比较法层面考察，为家事纠纷的妥善解决，许多国家和地区都建立了以家事法院（庭）为核心的家事审判专门机构。全球范围内家事法院设置的模式来可归纳为四种形式：[2]

（一）专门家事法院模式

该模式以日本、澳大利亚和美国部分州为代表。如日本设家事裁判所，配置家事调查官、医务室技官和家事调解员等法律外的专门辅助人员和机构，原则上依家事非讼程序法理处断，即家事裁判所以非讼法理（非讼化）的方式处理相关家事纠纷，[3]日本家事裁判所的地位与地方法院并列。澳大利亚于《1975年家事法》确立了澳大利亚的家事诉讼机构与程序，并创设了联邦家事法院体系。[4]目前，澳大利亚家事法院包括

---

〔1〕 实际上，并非所有的因素都被纳入本节的考量中，其中部分考量因素的设计。参见郭寿康、李剑："我国知识产权审判组织专门化问题研究——以德国联邦专利法院为视角"，载《法学家》2008年第3期。

〔2〕 本部分的四种模式是在陈爱武教授总结的基础上加以细化和补充。参见陈爱武：《家事法院制度研究》，北京大学出版社2010年版，第127~128页。

〔3〕 邱璿如："家事事件审理程序之新建构——以日本有关人事诉讼并由家庭法院审判之议论为借镜"，载《台湾本土法学杂志》2002年第9期。

〔4〕 澳大利亚《1975年家庭法》《1995年家庭法改革法》《2004年家事法规则》以及《2006年家庭法修正〈共同抚养责任〉法》等法律奠定了澳大利亚家事法制度的基础。See Alastair, Nicholson & Harrison Margaret, Family Law and the Family Court of Australia: Experience of the First 25 Years, Melbourne University Law Review, 2000, 24（12）, p.756; Nicholls, Serena, The New Family Dispute Resolution System: Reform Under the Family Law Amendment（Shared Parental Responsibility）Act 2006, Bond University Student Law Review, 2007,（3）, pp.1~3.

澳洲家事法院（Family Court of Australia）及澳洲联邦巡回法院（Federal Circuit Court of Australia），上述两个法院对所有州（不包括自设家事法庭的西澳大利亚）的家事事件享有司法管辖权。两个法院各自独立亦互相合作，为使用者提供精简便利的家事服务，其中澳洲家事法院处理较为复杂的家事事件；而联邦巡回法院则处理不太复杂而有可能获得迅速裁判的家事事件。澳大利亚家事法院地位相当于联邦法院下设的专门法院，现有家事法院28个，大法官48名。[1]澳洲家事法院不像其他法院那样正规化，法官都不戴假发、不穿法袍，甚至还提供对外咨询服务。[2]

美国于20世纪60年代启动统一家事法院运动后，提倡"一个家庭、一位法官"（One Family, One Judge）的纠纷处理模式。家事法院在州法院系统中属于正式的初审法院，与地区、县或市镇法院、青少年法院、遗嘱检验法院及刑事初审法院并列。治安法院作为非正式的初审法院，也对家庭纠纷享有初审管辖权。[3]截至2013年，美国已有16个州建立了在全州范围内运行的家事法院，19个州建立了在本州部分区域运行的家事法院，4个州设试点性家事法院，尚有13个州未设立专门处理家事纷争的司法体系。[4]

---

[1] 林芳雅："澳大利亚家事法院调解制度"，载《人民法院报》2013年7月3日。

[2] 孙云晓、张美英主编：《当代未成年人法律译丛（澳大利亚卷）》，中国检察出版社2006年版，第9页。

[3] 夏吟兰：《美国现代婚姻家庭制度》，中国政法大学出版社1999年版，第24页。

[4] Babb, Barbara A., Reevaluating Where We Stand: A Comprehensive Survey of America's Family Justice System, *Family Court Review*, 2008, 46, p. 230; Babb, Barbara A., Unified Family Courts: An Interdisciplinary Framework and a Problem-Solving Approach, Wiener, R. L. & Brank, *E. M. Problem Solving Courts: Social Science and Legal Perspectives*, Springer, 2013, p. 75.

第五章 我国家事纠纷解决机制的选择与重塑

(二) 专门家事法庭模式

设置专门的家事法庭模式为多数国家和地区所采纳和吸收，如英国和我国香港特别行政区。英国家事案件由治安法院的家事诉讼法庭、郡法院（County Court）、高等法院的家事法庭（Family Division）管辖。其中治安法院的家事诉讼法庭由3名治安法官组成，通常包括一名女性法官。其主要负责子女监护、收养、给付赡养费等事件的审理，但对离婚或财产分割等重大家事事宜无最终裁决权。[1]郡法院根据家事案件的不同重点，设有郡离婚法庭、郡非离婚法庭、家事审理中心（Family Hearing Centres）、照护中心等。[2]其中郡法院可审理离婚，家庭财产及儿童事件。家事诉讼法庭受理的事件若案情复杂，则可将事件移送郡法院。自1970年起，高等法院也正式设置家事法庭，负责复杂家事事件的一审、其他家事案件的上诉审及具有涉外因素的家事事件。随着家事诉讼的不断增加，为节约司法成本，"以使高等法院能腾出时间来处理更为棘手的事件"，[3]如今绝大多数家事事件的一审由治安法院的家事诉讼法庭或郡法院受理。新西兰家事法庭根据《1980年家事法庭法》（Family Court Act 1980）成立，隶属区域法院（District Court），在全国设有近60个家事法庭。[4]我国香港特别行政区也在区域法院（类似于中级法

---

〔1〕 黄丹翔："英国家事诉讼程序的发展及其借鉴意义"，载张卫平、齐树洁：《司法改革论评》（第17辑），厦门大学出版社2014年版，第342页。

〔2〕 郡离婚法庭主要审理离婚、婚姻无效、司法别居及财政救济等申请，并有权发布家庭暴力禁令，宣告所有权收益分配；郡非离婚法庭审理除离婚、婚姻无效及司法别居外的其他家事纠纷；家事审理中心审理有争议的私法案件；郡法院照护中心可以审理所有类型家事案件。参见蒋月："家事审判制：家事诉讼程序与家事法庭"，载《甘肃政法学院学报》2008年第1期。

〔3〕 齐树洁主编：《英国民事司法制度》，厦门大学出版社2011年版，第64页。

〔4〕 Ministry of Justice, Family Justice: Family Court Rules, http://www.justice.govt.nz, 2014-04-12.

院）下设家事法庭，专职负责婚姻诉讼包括离婚、赡养费、监护和领养申请等事宜。

（三）从法庭到法院的过渡模式

所谓过渡模式，是指由家事法庭向专业化家事法院转变的过渡状态，主要以德国和我国台湾地区为代表。德国曾于1976年设置家事法庭，专职审理婚姻及与婚姻相关的事件，但其他普通亲属法事件则被排除在家事法庭审理的范畴之外。[1]直至2009年新修《家事事件与非讼事件程序法》方引入"大家事法院"制度，将所有与婚姻、同居伴侣、父母子女关系或原来属于监护法院的成年人监护制度、未成年人监护制度以及收养关系都纳入家事法院管辖范围。[2]我国台湾地区于2012年施行的"家事事件审理细则"将高雄少年法院与高雄地方法院家事法庭合并改制为台湾高雄少年及家事法院，此为台湾地区第一所家事法院。台湾其他地区则保持原有家事类专门法庭不变，而法官员额不满10人的法院，则由专股或专人办理。由于少年纠纷多因家庭因素诱发，家庭功能不健全通常是造成少年性格及行为偏差的主因，故两者的处理均需"与相关社会资源密切结合并统筹运用"。[3]"少年及家事法院组织法"第2条第1项将少年事件和家事事件均纳入少年家事法院管辖范围；第2项则规定，未设置少年及家事法院的地区，由地方法院少年法庭、家事法庭分

---

[1] 参见王海南："德国亲子法关于血缘关系之规定"，载黄宗乐教授祝寿论文集编辑委员会主编：《黄宗乐教授六秩祝贺论文集——家族法学篇》，学林文化事业有限公司2002年版，第87页。

[2] Elisabeth Unger, Anwaltshandbuch Familienverfahrensrecht, Praxisleitfaden mit Erläuterungen, Arbeitshilfen und Materialien zum neuen FamFG, Deubner Verlag, 2009, pp. 1~2. 转引自陈惠馨："家事事件法的立法与内容——一个比较法观点"，载《月旦法学杂志》2012年第11期，第9~10页。

[3] 杨华严："最新通过之'少年及家事法院组织法'简介"，载《司法新趋势》2010年第44期。

别管辖。

(四) 家事法官模式

所谓家事法官模式是指由专门的家事法官负责审理家事事宜，该模式以法国为代表。1975年之前的法国，离婚须经诉讼且诉请离婚一方须证明他方过失。1975年7月11日法国颁布第75-617号法令，在法国民法典第229条增加两愿离婚及因共同生活破裂（Rupturede la vie Commune）离婚这两种情形。[1]但法国并未设专门的家事法庭或法院以回应离婚自由化背景下日益激增的离婚诉讼，而是通过设置专职家事法官集中处理家事案件。据法国《法院组织法》第312（1）条规定，家事案件由大审法院的家事法官审理。家事法官还可将案件移送大审法院合议庭审理，大审法院合议庭可以家事法官的身份作出裁决。[2]

可见，对于家事法院在整个司法系统中的定位，较难用一个模式予以概括，更难套用一个原理予以解读。但仍有几点规律可循：其一，独立家事法院往往作为初审法院而存在，鲜有国家在初审性质的家事法院之上，再设置一个专司家事案件上诉审的家事法院。其二，对设置在普通法院内的家事法庭，则较普遍地设置在多层次法院系统中，如在上诉审法院或高等法院内再设家事法庭，形成一个独立的内部循环系统。其三，家事法院不是特别法院，仍属于普通司法体系中的构成。因为独立的家事法院往往与其他初审法院一样有共同的上诉审法院，普通法院内设家事法庭则更是普通法院的组成部分之一。其四，家事法院的分布需要与各国的家事纠纷数量、经济发达程度甚至交通便利

---

〔1〕 周家寅："从比较法观点谈法国、瑞士及比利时家事法上运用公证制度之概况（下）"，载《司法周刊》2003年第1143期。

〔2〕 参见"法国法院组织法典"，施鹏鹏译，载陈刚主编：《比较民事诉讼法（2004年~2005卷）》，中国人民大学出版社2006年版，第202页。

程度等进行综合考虑，其分布不一定按照普通初审法院一样依行政辖区划分，只要能满足本国处理家事纷争的需求即可。[1]

二、我国各地探索式实验做法及效果分析

目前，随着家事问题重要性的日益凸显，我国学界和业界开始呼吁须正视并解决因社会变迁所带来的家庭问题及其衍生的社会问题，各地法院亦纷纷开展试点式的探索性实践，陆续与福利机构或民间团体合作，在制度层面调整现有的审判格局，试图发展出最妥切的家事纠纷处理模式。[2]在初步探索与合作中，各法院已发展出诸多纠纷模式，如江苏省徐州市贾汪区人民法院于2011年3月在民一庭成立专门的家庭审判合议庭，成为我国率先成立的具有独立编制的家事审判庭。[3]广西壮族自治区百色市田东县于2012年成立女子家事法庭，该法庭全部由女法官组成，旨在用温情调解的柔性审判方法化解家事纠纷。[4]此外，北京、四川、河北、陕西、江西等地基层法院也都有相应试点实践，下文拟挑选两地法院的司法实践作简要分析。

（一）合议庭模式

2010年3月，广东省高级人民法院（以下简称"广东高院"）为专职审理家事纠纷案件，指定中山市中级人民法院、广州市黄埔区人民法院、珠海市香洲区人民法院、中山市第一人民法院、中山市第二人民法院、佛山市顺德区人民法院、东

---

[1] 陈爱武：《家事法院制度研究》，北京大学出版社2010年版，第128页。

[2] 齐树洁、邹郁卓："我国家事诉讼特别程序的构建"，载《厦门大学学报（哲学社会科学版）》2014年第2期。

[3] 张娜："巧解家务事社会升和气"，载《人民法院报》2012年5月10日。

[4] 黄小果："田东女子家事法庭巧打三张牌了断家务事"，载http://www.gxfzw.com.cn，访问日期：2013年12月2日。

莞市第二人民法院（以下简称"东莞二院"）为首批试点法院，在试点法院设立了17个家事审判合议庭，将离婚纠纷、婚姻无效纠纷等10类案件列为家事审判合议庭受理案件。次年广东高院又指定广州市白云区人民法院等8家法院为第二批试点法院，增设11个家事审判合议庭，并规定各试点法院可根据自身实际情况将受理案件范围扩大至离婚后财产纠纷、法定继承纠纷和遗嘱继承纠纷。[1]2013年，广东高院决定在全省各级法院全面推行家事审判改革，要求有条件的法院均应成立家事审判合议庭，而暂时没有条件的法院可指定由特定法官专门审理家事案件，并将受理案件范围扩大至所有婚姻家庭、继承案件。

广东地区的家事审判合议庭模式，是指由熟悉婚姻家庭案件审判的法官组成专门家事合议庭，集中审理婚姻家庭纠纷，类似于家事审判小组，设有主管家事审判工作的组长和成员，每月组织碰头会，讨论疑难案件，分享办案经验。通过合议庭模式实现家事案件的集中审理，对该模式而言，这既是优势也是劣势。优势在于能实现对案件的弹性化处理，法官的配置也更为灵活，可兼顾法官接触其他类型案件，积累综合审判经验。但该模式的缺点也较为明显，即未能做到家事事件的专职审理，法官需同时处理债权、借贷等其他纠纷，对于属于时间和感情的"易耗品"的家事纠纷而言，法官可能分身乏术。

（二）专业家事法庭模式

厦门市海沧区人民法院（以下简称"海沧法院"）于2014年3月正式成立综合性的家事法庭，审理包括婚姻家庭、继承、

---

[1] 广东省高级人民法院："创新审判模式，促进家庭和谐——广东高院关于家事审判合议庭试点工作的调研报告"，载《人民法院报》2011年6月16日。

未成年人监护权等在内的家事纠纷,以及未成年人犯罪案件。[1]在专业家事法庭模式下,法庭兼具行政、司法、教育功能为一体。一方面,引入心理辅导服务,邀请心理咨询员、家事调查员参与家事纠纷的处理;另一方面,利用家事法庭拥有专门办公场所和专职审理人员的优势,可对家事法庭予以单独设计和装修,凸显"温馨、包容、和谐"的家庭元素。该院甚至推出了"夜间法庭",为工作时间不便前来开庭、调解的当事人提供便利。[2]对专业法庭模式而言,其优势在于专门化的审理机构可增强家事审理原则适用的一致性,人员结构也更趋稳定,利于法官经验累积和处理技术问题的能力。但该模式的缺点在于,部分地区可能因为案件量的不足而影响机构的正常运转,同时也不利于示范样本的推广。另外,专业机构的法院因固定审理特定类型的案件,鲜有接触其他民事案件的机会,不利于法官综合质素的提升。[3]

(三)效果分析

制度的供给必须有效地契合家事纠纷趋势发展的要求,以低成本的制度设计,兼顾家庭安全与司法效率,以多元化路径保证与当下制度的有效对接。实践中,各地区法院似乎已实现了全方位、多角度的制度供给,从而产生了极大的制度绩效,但也凸显了较多不足,具体表现在以下几个方面:

1. 成效评价

第一,表现为审判人员和审判机构的专业化分层。各地法

---

[1] 海沧区人民法院:"关于多彩司法创新家事审判的调研",载http://www.nihaotw.com,访问日期:2014年3月20日。

[2] 安海涛:"厦门海沧规范家事调解员制度",载《人民法院报》2014年3月21日。

[3] 此外,海沧家事法庭承受的质疑还有,如何确立心理辅导的"保密性原则";心理辅导员的经费拨付问题以及将未成年人犯罪纳入家事法庭的审理范围,与少年法庭的管辖冲突如何解决等问题。

院所设立的"家事合议庭""家事法庭"均安排专职法官负责审理家事案件,试图将家事案件予以集中处理,并可见专业化分层已初见雏形。对家事事件审理人员的选择,可归纳为以下几个标准,即熟悉婚姻家庭审判业务、审判工作经验丰富、协调能力强、善于做群众工作、工作责任心强等。

第二,表现为法院家事调解所呈现的社会化端倪。此处所指的"社会化",主要是指国家将原来由其控制的纠纷解决逐步让渡给民间或社会,呈现一定程度的社会化或民间化倾向。而从法院角度观察,法院将当事人起诉的案件让渡给民间或社会调解即为"法院调解的社会化"。[1]社会化主要体现在以下两个方面,一方面法院引入社会资源,参与家事纠纷解决,如海沧法院邀请心理咨询师参与调解,评估当事人的心理素质和状态,为调解寻找契。[2]东莞市第二人民法院则以"治疗创伤、修复关系"为出发点,在审理家事案件过程中与妇联合作,邀请社工机构参与家事案件的判后延伸工作,如回访离异家庭的儿童生活情况等。[3]另一方面家事合议庭或家事法庭的功能社会化,如海沧区法官走出法庭参加妇联主持的维权宣传活动或是走进校园,为少年儿童宣法普法;[4]东莞市第二人民法院组织家事法官参加香港和解中心举办的家事调解技能培训课程,

---

[1] 张嘉军:"社会化:法院调解的新走向",载《北大法律评论》2012年第1期。

[2] 黄鸣鹤:"心理干预在离婚调解过程中的运用",载《人民司法》2011年第13期。

[3] 王东兴、黄彩华:"东莞二院:法官善做'家庭医生'",载《综合周刊》2013年6月30日。

[4] 安海涛:"厦门海沧规范家事调解员制度",载《人民法院报》2014年3月21日。

通过实战演练，掌握沟通技巧、提高劝导和说服能力。[1]

2. 存在的问题

首先，与家事纠纷的多元性、复杂性相比，实践中法院对家事诉讼的探索显得相对简单和单一，缺乏完整的理念导向和制度指引。例如同样是离婚诉求，现实中呈现出的原因却较为多元，当事人的感受和态度也截然不同。相应地，在一些类型中适宜的审理方法，在其他案件中可能并不奏效，如有试点法院在家事审判中提炼出"亲情弥合八步法"，即感情预修复、情绪先疏导、视频再教育、甜蜜唤回忆、亲情齐规劝、社会同介入、私密重保护、案后必回访。这对于亲缘性较强、人口流动性较小的社区可能作用显著，但在移民人口占比较高的大中城市，则效果有限。[2]

其次，迄今为止，我们看到的司法改革仍然只是司法机关"自身内部"的事情，有关机关所提出的"改革纲要""改革实施意见"等也都是在其内部所进行的改革。[3]德国的海尔曼（Heilmann）教授也在基于对中国的观察中指出，中国的许多改革都是起源于地方试点（Experimental Points），这些试点由各地方法院主导，且通常获得高层正式或者非正式的支持。当这种试点被证实有意义时，从试点中析取（Extract）的经验就会迅速通过官方媒体、高层级的会议、地区间的互访等方式传播和

---

〔1〕 王东兴、黄彩华："东莞二院：法官善做'家庭医生'"，载《综合周刊》2013年6月30日。

〔2〕 陈爱武："家事诉讼程序：徘徊在制度理性与实践理性之间"，载《江海学刊》2014年第2期。

〔3〕 齐树洁："关于我国民事司法改革的思考"，载《法学杂志》2009年第3期。

第五章 我国家事纠纷解决机制的选择与重塑

复制到更多的地区。[1]由于制度上的不完备和单线化进程模式，造成目前现有试验性做法都散见各地并未形成主流趋势，更未能有统一的操作流程或具体的操作指引。尽管这种分散的"小家庭作坊"的方式较能适应各地不同的司法惯习，但我们应当警惕这种分散的运作模式可能带来的法院间工作经验推广的磨合困难。同时，散见于各规范性法律文件间的法律规范也易使当事人无所适从并造成法律适用上的混乱。

当然，从实验的角度观察，无论是合议庭模式还是专业法庭模式都是对改变当下家事审判的"三无"现象，即无相应的审判程序、无独立审判机构、无专业法院的有益尝试，合议庭模式更可谓是对法庭模式的一种改良。这种在"破与立"之间渐进式、相对温和的改革策略有着自身的优势，可考虑先推出转型成本较低的试验模式，[2]通过社会文化的积淀和专业人才的培养，完善家事法院设置规范化发展以获得业界和民众更大的认同和共鸣。

---

[1] Heilmann, Sebastian, From Local Experiments to National Policy: The Origins of China's Distinctive Policy Process, *The China Journal*, 2008, 59 (1), p. 34. 转引自王禄生："审视与评析：人民调解的十年复兴——新制度主义视角"，载《时代法学》2012年第2期。

[2] 这种"先试验后规制"以香港家事调解服务为代表。香港家事调解于1988年在民间启动，由香港公教婚姻辅导会主要推广，香港法律改革委员会于1992年亦建议政府，应优先向社会大众宣传当时在香港现有的调解服务，后续则应扩展该项服务。但直至1996年，香港首席大法官委任工作小组研究婚姻法律程序时，才就替代性纠纷处理方式引进家事案件处理一事，再为讨论，当时以时机尚未成熟，应待香港"拥有相当数目、合专业资格的调解员时"，再予以考虑。香港政府最后在2000年推展试验计划。参见香港法律改革委员会："排解家庭纠纷程序"，载 http://www.hkreform.gov.hk，访问日期：2013年3月26日。评估报告可参考由"行政院国家科学委员会"主持的各项专题研究报告，如邓学仁所著的家事调解制度现状检讨与改进方案实证评估、许士宦所著的家事事件之合并报告、黄良志所著的争议处理调解员之职能研究报告等。

三、设立专门家事审理机构的模式选择

有关强化家事审判组织机能的方式众多，成立专门家事法院或专门家事法庭是两大选择方向。我国国内学界对设立专门家事法院（庭）多持乐观态度，认为构建专门的家事法院对纠纷现状极具裨益。陈爱武从家事法院的主体构造、设置、管辖以及与现有法律制度接壤问题作出评价，主张设立专门的家事法院，并将改革分成远期、中期和近期三个阶段。[1]孙守明从家事案件的特殊秉性出发，认为构建独立家事法庭是保障其他实体法、实现实体公正的需要。[2]蒋月认为设置独立的家事法院应成为我国司法改革选项之一，并对机构设置、人员分配和管辖范围作出了有益的假设。[3]

但就上文深度访谈结果而言，实务界对设立家事法院多持质疑态度。反对的声音主要集中在三点。一是认为，从现有司法体制和法院行政编制来看，我国尚不具备设置专门家事法院和法官的可行性。目前处理多数家事纠纷集中在民一庭，而民一庭一般只配置3~5名法官，法院长期处于案多人少的状态，若再拨出1~2人专职审理家事案件，"单设专门的家事法院过于理想化"。二是从法官经验积累角度出发，主张"法官应该累积多元多样的社会经验才能更好处理家事纠纷，毕竟案件有共通性，案子放在一块办，可以防止局限法官的思维"。三是从家事案件实质出发，认为目前"家事案件审理重心已经不再是感情问题，

---

[1] 陈爱武：“家事法院制度研究”，北京大学出版社2010年版，第176~179页。
[2] 孙守明：“域外家事法院比较研究与我国家事法庭的构建”，载《法制与社会》2011年第15期。
[3] 蒋月：“家事审判制：家事诉讼程序与家事法庭”，载《甘肃政法学院学报》2008年第1期。

第五章 我国家事纠纷解决机制的选择与重塑

而是债务和财产问题,需要依普通程序规则和证据标准审查判断,离婚时的财产和债务分割问题与经济案件类似,民一庭法官都有处理类似案件的经验,故没有必要单设家事法官",甚至有法官戏称"这是理论研究者的通病"。

然而从法院制度流变史角度观察,结构的分化与功能的分级却是法院制度现代化的重要路径,即"审判职能是否分化以及行使这种职能的角色是否分离,同样属于传统型法院制度与现代型法院制度的分界点"。[1]从应然的层面考虑,独立的家事法院当然是最好的选择,家事法庭次之,在普通法院任命专门家事法官处理部分家事案件最次。也正因此,采取最后一种模式的法国,已开始在现行司法制度框架内作积极尝试,如设置家事事件处理部等机构。[2]

作者对构建专门家事法院持肯定但暂缓的态度,家事法院(庭)的设立虽已在一些国家和地区推行多年,但对我国而言,尚属一项新的家庭服务。故在全面推广试验计划之前,可考虑先推出转型成本较低的"家事法庭"模式,由各地法院结合本地区的司法资源配置和司法传统,继续开展对"家事法庭""家事合议庭"的试验性探索,待对当下探索式实践有充分数据资料和调研结果后再予以修正、评估,方可考虑设立专门独立的家事法院。

---

〔1〕 左卫民:"司法审判职能之分化:传统型与现代型法院制度的比较研究",载《学术研究》2001 年第 12 期。

〔2〕 [日]中村英郎:《民事诉讼理论的法系考察》,成文堂 1986 年版,第 100 页;转引自陈爱武:《家事法院制度研究》,北京大学出版社 2010 年版,第 171 页。

四、我国家事法庭设置的制度化构想

(一) 整体构想

1. 功能界定

随着近年来亲属法的变革,家事法庭的任务更为丰富,其功能也愈发多元。法庭不仅是家庭成员间争端的裁决者,而且还承担了未成年子女及其他弱势群体的权益保障者与监督者的角色。毋庸置疑,在新家事纠纷解决范式下,争端的解决仍然是法院的最重要功能,且法院组织以及相关程序的设计,均遵循这一原则。但此项任务的外延被扩大,难作细致划分,正如杜瓦(Dewar)曾质疑道:"究竟谁才有资格告诉我们?"[1]当然,对家事法庭功能的判断,无法脱离对家事法功能的探讨。英国学者艾克拉尔(Eekelaar)从功能主义出发,将家事法功能划分为三类,即帮助破裂家庭的调整适应、保护家庭免受暴力伤害及支持家庭生活。[2]随后戴伊(Dey)和沃索夫(Wasoff)在该理论上发展出,保护权益、纠纷解决、规制和行为引导、设置公共准则四大功能。[3]由此引申出家事法庭在处理纠纷、保护弱势当事人、影响更广的社群行为以及执行社会政策的四项功能。[4]这意味着法院的定分止争功能已被延伸至儿童保护

---

[1] Dewar, J., The Normal Chaos of Family Law, *Modern Law Review*, 1998, 61, p. 467.

[2] Eekelaar, John, *Family Law and Social Policy* (2), Weidenfeld & Nicolson, 1984, 16.

[3] Dey, I. & Wasoff, F., Mixed Messages: Parental Responsbilities, Public Option and the Reforms of Family Law, *International Journal of Law, Policy and the Family*, 2006, 20, p. 225.

[4] Doughty, Julie, The Functions of Family Courts, Cardiff University, 2011, pp. 25~29.

第五章 我国家事纠纷解决机制的选择与重塑

和社会治理等更大的外延上。

2. 纠纷分流系统

家事纠纷多元解决观念的兴盛源于人们从"拯救婚姻"（Marriage Saving）到"拯救孩子"（Child Saving）和"拯救成本"（Cost Saving）的观念更迭。[1]在过去半个世纪中，各类家事纠纷解决方式已经出现了显著的增长，其间界限也愈发模糊，家庭有了更多潜在的、有益的选择。谢菲尔德指出："在现代儿童监护权纠纷中，法院需精心搭配与家庭需求和资源相匹配的服务，明智地利用现有资源，以确保家庭不被卷入他们其实并不需要的干预服务中。"[2]案件分流系统（Triage System）又被称为"差异化案件管理"（Differentiated Case Management）即是为满足上述需求而提出。[3]在家事法庭服务中，案件分流系统是指为个体化家庭提供最匹配、最契合的服务，而非简单地将纠纷转介到调解、心理咨询等项目。[4]家事分流系统，旨在将家事事件在被触发的伊始便可转介至恰当的服务，而无需让所有家事事件都遵照常规家事程序，先全部进入调解程序，在调解失效后，再转而进入下一级更具侵略性的程序（Intrusive Processes），强调纠纷的解决应超越个别纠纷的范畴，充分利用

---

[1] Murch, M., Justice and Welfare in Divorce, Sweet & Maxwell, 1980. 149; See also AL, James & W, Hay, Court Welfare in Action: Practice and Theory, Harvester Wheatsheaf, 1993, p. 25.

[2] Schepard, A. I., *Children, Courts and Custody: Interdisciplinary Models for Divorcing Families*, Cambridge University Press, 2004, p. 5.

[3] Salem, Peter, Kulak, D. & Deutsch, R. M., Triaging Family Court Services: The Connecticut Judicial Branch's Family Civil Intake Screen, *Pace Law Review*, 2007, 27, pp. 741~783.

[4] Salem, Peter, The Emergence of Triage In Family Court Services: The Beginning of the End for Mandatory Mediation, *Family Court Review*, 2009, 47, pp. 380~382.

现有资源,减轻家庭负担。[1]经过2年的深入研究,在审查有关"离婚和监护确定过程的每一个方面和细节",纽约婚姻委员会(New York Matrimonial Commission)总结道:"早期的纠纷筛查和识别工作,可以帮助法院提供更全面的回应服务。"[2]

(二) 管辖范围

以程序一元化方式(集中统合处理家事纠纷)处理家事纠纷乃构建专门家事法院的前提要件,在一并运用诉讼法理和非讼法理(诉讼程序非讼化和非讼程序诉讼化的方式)解决纠纷时,两者的界限是否会发生抵触?[3]以及如何妥当分配法官的裁量权,如何划分家事法院的管辖范围,这些都是我们在建构专门化家事法庭的进程中,所必须回应的问题。

1. 其他法域家事法院(庭)管辖范围

为解决当事人之间的实体权益争议,首先需要明确家事法院(庭)的管辖范围。总体而言,大致可将各国家事法院(庭)的管辖范围分为以下三类。[4]

(1) 以日本和美国部分州为代表的国家和地区,管辖范围包括以家庭为单位的,与家庭有关的一切案件。如日本家事裁判所设家事部和少年部,家事裁判所的审理范围涵盖了《新人事诉讼法》中的人事诉讼类案件;《家事事件程序法》中的家事裁判案件以及《裁判所法》和《少年法》中的少年保护事件等。而美国部分州也试图将所有家事案件,包括家庭民事、刑

---

[1] Cohen, Amy J., Dispute System Design, Neoliberalism, and the Problem of Scale, *Harv. Negot. L. Rev.*, 2009, 14, p. 51.

[2] Sondra, Milier, Report to the Chief Judge of the State of New York, Matrimonial Commission, https://www.nycourts.gov, 2014-03-25.

[3] 邱联恭:"诉讼法理与非讼法理之交错适用",载民事诉讼法研究会编:《民事诉讼法之研讨(二)》,三民书局1996年版,第431~433页。

[4] 陈爱武:《家事法院制度研究》,北京大学出版社2010年版,第114~115页。

事案件,统合为家事法院的管辖对象,〔1〕表现为司法对"当有家庭成员出现在法庭时,司法应满足家庭的各项需求"的积极回应。〔2〕故家事法院管辖范围由家事案件和少年案件构成,如纽约家事法院实际上就是一个综合的少年法院。甚至在某些州,其少年案件数量已经超过家事案件,以至于有学者认为美国的"一些家事法院只不过是改了名的少年法庭"。〔3〕另外,美国部分州家事法院管辖的家事案件甚至还包括家庭内的成人犯罪。

(2) 以德国和我国台湾地区为代表的国家和地区,只管辖具有民事性质的家事案件,并不包含刑事类案件。如德国《家事事件与非讼事件程序法》第11条将家事事件分为婚姻事件、未成年子女事件等十一类,并进一步将上述事件区分为民事诉讼法之家事事件和非讼家事事件。〔4〕我国台湾地区"家事事件法"依各事件类型的讼争强弱程度、当事人处分权及法院迅速裁量程度等不同,将家事事件分为甲、乙、丙、丁、戊共五大类,〔5〕并扩大了家事事件和非讼事件的适用范围,不仅包含以身份关系为程序标的的事件,还包含与身份关系有牵连性的财

---

〔1〕 Bozzomo, James W. & Scolieri, Gregor Y., A Survey of Unified Family Courts: An Assessment of Different Jurisdictional Models, *Family Court Review*, 2004, 42, p. 12.

〔2〕 Spinak, Jane M., Adding Value to Families: The Potential of Model Family Courts, *Wisconsin Law Review*, 2002, 2002 (2), p. 335.

〔3〕 [美] 哈里·D. 格劳斯、大卫·D. 梅耶:《美国家庭法精要》,陈苇译,中国政法大学出版社2010年版,第121页。

〔4〕 所谓民事诉讼法之家事事件由婚姻事件及家事诉讼事件组成,其中婚姻事件包括离婚、婚姻撤销及婚姻关系确认等事件;家事诉讼事件包括扶养事件、婚姻财产事件及其他家事诉讼事件。非讼家事事件则包括亲子事件、血缘确定事件、收养事件、婚姻住所事务事件、暴力保护事件及供养平衡事件。参见姜世明:"家事事件法理适用论",载《月旦法学杂志》2012年第7期。

〔5〕 具体规定可参见我国台湾地区"家事事件法"第3条。

产关系争议,并将有迅速处理需求的讼争事件予以非讼化处理。[1]

表5-2 我国台湾地区家事事件分类[2]

	甲类	乙类	丙类	丁类	戊类
讼争性强弱程序	有讼争性	有讼争性	有讼争性	较无讼争性	某程度讼争性
关系人对程序标的之处分权限	无	某程度	有(向来以一般财产事件处理)	无	某程度(向来以非讼或诉讼事件处理)
法院需依职权裁量以迅速裁判				否	是

(3)以澳大利亚为代表的国家将家事事件的管辖集中在与离婚有关的养育事件和财产事件。[3]澳大利亚司法界主张,尽管家事案件的范围包括多种家庭关系案件,但在诸多纠纷中,离婚纠纷数量最多,影响也最甚,再加上与离婚相关的事件,更有可能达到绝对多数。故在澳大利亚,离婚事件乃家事法院管辖的主要对象,同时法院对监护权等养育事件以及因离

---

[1] 沈冠伶:"2012年民事程序法发展回顾:家事事件法施行后之实务裁判回顾与展望",载《台大法学论丛》2013年第11期。

[2] 参见许政贤:"人事诉讼的典范转换?——以家事事件合并审理制度为例",载《月旦法学杂志》2012年第10期。

[3] Family Court of Australia, 2012-2013 Annual Report: Part 2 Over View of the Court, http://www.familycourt.gov.au, 2013-12-01.

婚引起的财产争议享有管辖权。具体而言,家事法院的管辖范围包括:有关离婚和确定婚姻无效的纠纷;有关子女监护与探视权纠纷;有关子女抚养费与配偶赡养费争议和夫妻财产分割事宜等。实际上,其管辖的家事案件仍包括与离婚有关的后续事项。

2. 我国社会主义法系法域的家事法庭管辖范围

我国学界对家事事件管辖范围看法不一。陈爱武教授认为区分我国今后设立的是家事法院还是家事法庭,可将家事事件分为家事诉讼事件、家事非讼事件以及少年诉讼,其中家事诉讼事件包括人事诉讼事件和其他家事诉讼事件,[1]并主张对家事事件的分类应关照以下几对关系:家事身份关系事件与家事财产关系事件;不可处分的家事事件与可处分或相对可处分的家事事件;家事诉讼事件与家事非讼事件;家事身份关系的附带事件与家事案件的相关事件。[2]张晓茹教授认为我国家事事件程序应包括婚姻事件、亲子事件、收养事件,同时将追索赡养费、抚养费、抚育费纠纷另设为独立类别,以便更迅速、充分地保护未成年人和老年人利益。[3]韩波教授建议从家事案件的自然构成出发,将家事案件分为婚姻类、养育类(抚养、赡养)、婚姻与养育复合类、继承类,并基于不同类型案件对国家干预的需要来配置司法资源。[4]在司法实践中,广东省《家事审判合议庭操作指引》规定,家事审判合议庭(含独任庭)主要受理下列案件:离婚纠纷;婚姻无效纠纷;撤销婚姻

---

[1] 陈爱武:《家事法院制度研究》,北京大学出版社2010年版,第176页。

[2] 陈爱武:"家事诉讼程序:徘徊在制度理性与实践理性之间",载《江海学刊》2014年第2期。

[3] 张晓茹:《家事裁判制度研究》,中国法制出版社2011年版,第11页。

[4] 韩波:《公正高效权威视野下的新型司法制度构建》,中国人民公安大学出版社2013年版,第161页。

纠纷；家庭成员间损害赔偿纠纷；抚养、扶养、赡养纠纷；监护权、探望权纠纷；同居关系析产；子女抚养纠纷；分家析产纠纷。后又增加离婚后财产纠纷；法定继承纠纷；遗嘱继承纠纷三类，共计12类。[1]可见，学界和业界对家事事件的审案范围尚未达成统一，学界多参照国外或其他地区既存立法，主张先划分家事事件类型，再界定事件的范围，而司法实践多碍于实体法缺位的局限性，而将家事事件单纯地定性为诉讼事件，或是一味照搬其他地区立法，而有生造案件类型之嫌。[2]

有鉴于"家事事件"概念的开放性，对家事法庭审理范围的归纳和划分应更具自洽性和周延性，以便法官针对不同类型的家事事件，灵活运用不同的程序法理和程序规则，而为审慎妥善处理。作者认为可参酌我国台湾地区模式，先拟将家事事件分为家事诉讼事件和家事非讼事件两大类。其中对家事诉讼事件的归类可参考2011年最高人民法院公布的《关于修改〈民事案件案由规定〉的决定》，将家事诉讼事件归为婚姻事件、亲子事件、收养事件和继承事件四类：①婚姻事件，包括婚约财产纠纷、离婚纠纷、夫妻登记离婚后财产纠纷、婚姻自主权纠纷；②亲子事件，包括监护权纠纷、探视子女权纠纷、生身父母确认纠纷、赡养纠纷、变更赡养关系纠纷；③收养事件，包括确认收养关系纠纷、解除收养关系纠纷、继父母子女关系纠纷；④继承事件，包括分家析产纠纷、法定继承纠纷、遗嘱继承纠纷、继承权确认纠纷、被继承人债务清偿纠纷、遗赠纠纷、

---

[1] 广东省高级人民法院："家事审判合议庭操作指引"，载http://www.lawtime.cn，访问日期：2014年3月25日。

[2] 如贾汪区法院将夫妻同居之诉和非婚生子女认领之诉纳入该院家事事件审理范围，而我国实体法中并未规定这两类诉讼，故无存在此类诉讼的必要。

第五章　我国家事纠纷解决机制的选择与重塑

遗赠抚养协议纠纷。[1]

对于家事非讼事件，一方面，可将我国现行特别程序中涉及人身或家庭的事件吸收进家事非讼范围，如确认公民无民事行为能力、限制民事行为能力；宣告公民失踪、死亡事件；撤销公民失踪、死亡事件；有关财产管理事件如选任失踪人、被宣告死亡人财产管理人事件；与继承相关事件，选任遗嘱执行人事件、放弃继承事件以及监护事件，如选定监护人、选任特别代理人事件等均可列为家事非讼事件。另一方面，可将兼具公益和迅速裁判需求的家事诉讼事件吸收进家事非讼事件范围，如婚姻无效、撤销之诉、给付赡养费之诉、夫妻财产登记之诉、家庭财产分割之诉、遗嘱验证事件等。[2]

需要说明的是，对家事诉讼事件和非讼事件的划分，不能简单地以有无"争执"为划分界限，即并非有"争执"就意味着事件具有"讼争性"，反之，亦不代表非讼事件的关系人间均不具发生争执。[3]在日本、德国和我国台湾地区，如婚姻附带

---

[1] 根据最高人民法院、国家统计局的统计口径，我国家事纠纷主要分为两大类：一是婚姻家庭类纠纷；二是继承类纠纷。其中婚姻家庭纠纷可归约为婚姻关系，亲子关系两大板块，具体细分为18小项，分别为离婚、解除非法同居关系、婚姻无效纠纷、撤销婚姻纠纷、婚姻自主权纠纷、婚约财产纠纷、登记离婚后财产纠纷、夫妻财产约定纠纷、抚养扶养关系纠纷、抚育费纠纷、扶养费纠纷、监护权纠纷、生身父母确认、赡养纠纷、确认收养关系、解除收养关系、探视子女权纠纷、分家析产纠纷，并在上述18小项再另设一项其他作为兜底补充项；对于第二大类，即继承纠纷，则又细化为6小项，分别为法定继承、遗嘱继承、继承权确认纠纷、被继承人债务清偿纠纷、遗赠、遗赠扶养协议，同时也在上述项目之外再设其他。参见全国各级法院填报的《婚姻家庭、继承纠纷一审案件统计表》（法院内部资料）。

[2] 有鉴于家事事件的复杂性和多样性，对家事非讼事件的划分，学界也未达成统一共识。参见章武生："非讼程序的反思与和重构"，载《中国法学》2011年第3期。廖中洪："制定单行《民事非讼程序》的建议与思考"，载《现代法学》2007年第3期。

[3] 沈冠伶："家事事件之类型及统合处理（一）"，载《月旦法学教室》2012年第11期。

267

事件中因婚姻无效、撤销或离婚之给付赡养费事件，给付家庭生活费用事件及部分与子女利益相关事件，如变更子女姓氏事件，交付子女事件等，都不同范围或不同程度地被纳入非讼事件的范畴。上述案件有些属于本质上真正的讼争性事件，但为谋求迅速的经济裁判、优先平衡保护程序利益等目的，如抚养费、家庭生活费和赡养费的请求等，被予以非讼化处理。就我国立法现状而言，民事程序的立法体例颇为简陋单一，缺乏程序设置上的针对性，也更谈不上程序设置上的特定化和类型化，较为突出地表现在有关解决争讼案件与非讼案件程序立法体例的合一，即立法上缺少非讼程序的单独立法，而且也没有关于非讼案件以及非讼程序的概念。[1]再就目前司法现状而言，对此类事件并未予以细分，而是全部纳入家事诉讼范围。主要是因为婚姻附带事件的事实常交织不清，两造对涉及金钱给付性质的案件争议较大，需要借助法官职权的裁量和严密充分的辩论，方能达成慎重裁判。作者建议可考虑在今后将此类事件纳入家事非讼事件范围，以体现对公共利益的倾斜性保护和个案弹性、展望性需求的回应。

第五节　家事调解的模式选择与制度化构想

以婚姻事件占绝对多数席位的家事纷争中，夫妻双方当事人（可能还涉及双方原生家庭之亲属）的抵触情绪较强，且还会延伸到未成年子女亲权行使与抚养费分担等问题，加之未成年子女意愿、当事人之间的经济或情感关系在婚姻解消后易发

---

[1] 廖中洪："制定单行《民事非讼程序》的建议与思考"，载《现代法学》2007年第3期。

生变动等复杂因素,将家事纷争交由调解更为妥当。[1]如今家事调解在解决离婚纠纷中的高效性已在美国、加拿大、英国和澳大利亚等国家得到了广泛的证明。越来越多的数据表明,无论是法庭调解、私人调解、强制调解或自愿调解,参与调解的双方当事人中约有50%~80%可达成调解协议。相较于传统的对抗诉讼,调解更能达成综合性的协议,同时拥有更高的子女参与率,更多的共同抚养权,改善家长的合作关系。[2]美国心理学家埃默里(Emery)等人对离婚调解的成效展开了长期的跟踪观察,认为在家庭关系品质与心理健康方面,尽管接受离婚调解的当事人和经由判决离婚的当事人在离婚后的前几年内并无明显差异,但在20年后的追踪回访中,调解离婚在父母子女关系,特别是离婚后与孩子同住的父母亲子关系方面,较裁判离婚程序更具实质助益。[3]

一、家事调解模式介绍

(一)法院附设的诉前调解模式

该模式主要以日本的家事调停模式为代表,即在家事法院下设家事调停委员会,聘请家事调停委员承担家事调停工作。调停委员主要来自社会公众,既有律师、会计师、大学教授、医师等专业人士,也有家庭主妇、公司职员等普通民众,家事调停委员以兼职形式受雇法院。家事审判官则负责调停的管理

---

[1] Graham, Louis Everett, Implementing Custody Medication in Family Court: Some Comments on the Jefferson County Family Court Experience, Kentucky Law Journal, 1992, 81, pp.1107~1131.

[2] Sullivan, Patricia L., Culture, Divorce, and Family Mediation in Hong Kong, Fam. Ct. Rev., 2005, 43, p.109.

[3] Emery, Robert E. et al., Divorce Mediation: Research and Reflections, Family Court Review, 2005, 43(1), pp.22~28.

工作，通过调解委员即时的进展报告，实现对案件的控制。法院附设的家事调停委员会除负责家事案件的诉前调停，在诉讼中若法院认为案件应当再次进行调停，仍可依职权将案件交付其再行调停。我国台湾地区也参酌日本的家事调停模式，在2005年启动的"地方法院实施家事事件调解试行要点"项目中，将过去主要由科班法学教育出身的法官参与的家事调解程序，改由法院选聘心理师、社会工作师、医师、律师、具有心理咨询经历或家事事件调解经验等社会专家负责。每件家事纠纷需调解2~6次，若双方当事人不愿再接受调解，案件则转介诉讼流程进入裁判程序。[1]法官在调解过程中，扮演资源整合的角色，负责协调整个调解程序的衔接、相关人员的工作安排，并适时提供法律意见。

（二）由第三方主持的诉讼外调解模式

该模式主要以英国、美国为代表，如社区调解、公益机构调解等。英国社会性家事调解机构和网络极为发达，早在40年前，费南报告（Finer Report）便提出建立统一家事法庭和提升家事调解服务的建议。[2]随着"无过错离婚"概念的引入，家事法逐渐由传统的查究权利和公平对抗理念转向福利概念，[3]英国学界也开始了对家事纠纷消解方式的积极探索。1985年，英国纽卡斯尔大学被政府委任重新评估法院内调解服务和社区调解服务，并在1989年的最终评估报告中提议建立完整且专业

---

[1] 洪雅凤、罗皓诚："家事法庭的调解与进入调解前的心理准备"，载《谘商与辅导》2009年第2期。

[2] Finer Committee, Report of the Committee on One Parent Families, HMSO, 1974. 5629.

[3] Cretney, Michael S. et al., *Principles of Family Law* (8), Sweet & Maxwell, 2008. 575.

第五章 我国家事纠纷解决机制的选择与重塑

的家事调解服务网络。[1]英国政府也致力于构建一种"越来越少地关注从前任配偶处获得优势和利益,而更多关注对将来作出明智安排"的争议解决文化,并希望调解能成为该文化的核心元素。[2]1996年,英国三家主要调解服务提供者,即全国家事调解协会（National Association of Family Mediation and Conciliation Service, NAFMCS）、家事调解协会（The Family Mediation Association, FMA）和苏格兰家事调解（Family Mediation Scotland, FMS）共同设立了一个独立的专业机构——英国家事调解员学会（UK Academy of Family Mediators）。该学会的建立,标志着英国家事调解作为一项新兴职业的正式到来。[3]目前调解在英国已经发展出诸多模式,如商谈（Bargaining）、治疗（Therapeutic）、问题解决（Problem-solving）、评估（Evaluative）、促进（Facilitative）、共同调解（Co-mediation）、轮换调解（Shuttle-mediation）等。[4]近年来,在社区家事调解蓬勃发展的推动下,英国法院内家事调解也有了新的进展,如《1996年家事法》引入法院家事调解制度和强制信息咨询和评估程序,将家事调解正式列为家事程序的核心内容。[5]《2010年家事诉讼

---

[1] OGUS, A. et al, Report to the Lord Chancellor on the Costs and Effectiveness of Conciliation in England and Wales, Lord Chancellor's Department, 1989. 23.

[2] 英国上议院议长大法官艾威（Irvine）在1998年10月举行的第四届欧洲家庭法会议上的发言。参见［英］凯特·斯丹德利:《家庭法》,屈广清译,中国政法大学出版社2004年版,第12页。

[3] Marian, Roberts, Family Mediation: The Development of the Regulatory Framework in the United Kingdom, *Conflict Resolution Quarterly*, 2005, 22 (4), pp. 509~522.

[4] Walker, Janer, A Brave New World for Family Mediation in England and Wales? Challenges and opportunities following the Norgrove Review (6th World Congress on Family Law and Children's Rights in Australia 2013), www.wcflcr2013.com, 2014-03-20.

[5] Gribben, Sue, Family Mediation in England and Wales-Some Lessons For Australia, *ADR Bulletin*, 2001, 4 (5), p. 61.

规则》第3.3条也规定,在审理过程中,一旦法官认为具有适用调解的合理性和可能性,或当事人双方同意调解,则法官可以行使休庭权,为双方提供关于家事调解的咨询意见,促成调解方案的达成。[1]

(三) 法院内外调解并重的双轨模式

该模式以澳大利亚为代表。澳洲实行多轨制、立体化的调解模式,以法院为基础的家事调解和以社区为基础的家事调解在实践中均有不俗表现。[2]法院内调解为共同调解(Co-mediation)模式,即由一名具有专业背景的登记官和具有社会工作背景的调解员(一般为一男一女),共同就子女和财产等议题展开家事调解。[3]由于该模式能综合平衡不同学科的背景知识和性别因素,因此在实践中广受欢迎。[4]但由于该模式所支付的人力成本较高,故在该模式上又延伸出其他调解服务项目,如单独调解服务、电话调解服务、电话会议、调解会议等。家事法院鼓励当事人参与调解,将纠纷层层拦截、分化,甚至在开庭审理过程中,只要当事人有调解意愿,法官都会随时裁定中止庭审程序,转介进行调解。[5]实证数据表明,当事人对调解的

---

[1] 2012年,麦克尔唐尼(McEldowney)教授受家事调解委员会(Family Mediation Council)委托,提出对家事调解的司法改革报告,报告指出当前的首要问题是监督和指导调解的达成和调解的有效管理并加快调解行业向职业化和标准化的转型。See Mceldowney, J., Family Mediation in a Time of Change: FMC Review Final Report, Family Mediation Council, 2012, pp. 89~92.

[2] Alastair, Nicholson, Mediation in the Family Court of Australia, *Family and Conciliation Court Review*, 1994, 32 (2), p. 139.

[3] Alastair, Nicholson, Setting the Scene: Australia Family Law and the Family Court-A Prospective from the Bench, *Family Court Review*, 2002, 40 (3), p. 286.

[4] Brown, C., Increase Public Accessibility Initiatives in Operation: Conciliation and Mediation Service, Family Court of Australia (1992 National Seminar Papers).

[5] 汤鸣:"澳大利亚家事调解制度:问题与借鉴",载《法律适用》2010年第10期。

满意度极高，调解不仅有利于双方关系的恢复和重建，调解协议的执行率也更高。[1]

由于法院内调解的登记官和调解员都属法院正式员工，受限于调解服务范围的铺展和人事工作的管理，[2]法院内的调解组织日益膨大烦冗，故政府逐步将调解重心转向社区调解，注重司法体系外的资源连结、转介辅导等项目。[3]近年来，由于社区调解因费用低廉（一般一小时收费80澳元）、速度快捷而逐渐兴盛。自《2006年家庭法修正〈共同抚养责任〉法》实施以来，目前澳大利亚已有22个FDR新机制下的服务网络，如家庭辅助处（Family Assistance Office）、儿童支持署（Child Support Agency）、社区法律中心、家庭暴力危机专线、家庭关系中心、法律援助委员会（Legal Aid Commissions）、澳大利亚关系协会（Relationships Australia）和律师协会等。[4]

比较而言，以日本和我国台湾地区等为代表的大陆法系国家（地区）多采法院附设诉前调解的模式，而以澳大利亚、英国、我国香港特别行政区等为代表的英美法系国家（地区）则更注重法院外调解机制的构建，或以法院外的第三方调解与法院内调解互为辅助和补充。不同法系构建家事调解模式的殊异

---

[1] Bordow, Sophy & Gibson, Janne, Evaluation of the Family Court Mediation Service, *Australia Family Court*, 1994, 23, pp.180~181.

[2] 常怡主编：《外国民事诉讼法新发展》，中国政法大学出版社2009年版，第384~385页。

[3] 联邦律政署辖下的法律援助和家庭服务部（The Legal Aid and Family Service Division of the Commenwealth Attorney General's Department）自1988年起，便拨款进行家事调解计划，由不同的社区组织管理，负责提供家庭及儿童调解服务。See Anthony, Love. *Federally-Funded Family Mediation in Melbourne: Outcomes, Costs and Client Satisfaction*, La Trobe University, 1995, p.87.

[4] 陈苇、曹贤信："澳大利亚家事纠纷解决机制的新发展及其启示"，载《河北法学》2011年第8期。

性可归因为法律传统的殊异性。[1]大陆法系各国（地区）强调国家对社会的治理，审理程序充斥着浓郁的职权色彩，法官也更倾向于管理案件和能动司法，故调解活动即便不由法官直接主导，也多在法院的监管之下开展。当事人也惯于屈从并认可在法院管理下所达成合意。但英美法系各国（地区）却更强调国家与社会的平衡，高度发达的市民社会试图对当事人和社会需求予以积极回应，故调解更倾向于由社会第三方承担，并充分保证当事人的自主选择权。从这个角度观察，我国流淌着罗马法的基因，与日本存在内生机理上的共通，故不妨可从具有相同根基的日本家事裁判法中寻求资源与智慧。

二、家事调解的模式选择

通过对上述各国例证的比较分析，重新回到对我国家事调解模式的细节观摩和场景理解中。不难发现，对选择何种模式构建家事调解制度，实质上取决于我国家事调解的运行实况、法官调解策略、当事人对调解的偏好与选择等诸多因素。

我国传统调解属于典型的东方式调解，具有鲜明的实用主义色彩，多采取说理教育的模式，当事人对调解也倾向于接受和顺服权威（权威人士或人情义理的权威），较多见到教化型、交涉型和裁判型调解。且无论是法院调解还是人民调解，调解人都极具能动力和掌控力，"认为自己可以优于当事人，更能准

---

[1] 大陆法系的裁判制度可溯源至罗马法，而英美法系裁判制度则多溯源于日耳曼法。罗马社会和日耳曼社会具有完全不同的性质，因此在理解实定法和裁判的关系上，存在性质上截然不同的思考方法。本质上而言，罗马法首先是从诉或规范出发把握诉讼及裁判，即规范出发型的思考方法；而日耳曼法则是从事实出发理解诉讼及裁判，即事实出发型的思考方法。参见［日］中村宗雄、中村英郎：《诉讼法学方法论——中村民事诉讼理论精要》，陈刚、段文波译，中国法制出版社2009年版，第274~275页。

确地发现和判断'好的'、更适切的调解方案,并且为了'好的'调解能够成立,在某些情况下,哪怕用哄的办法,也要让当事人接受调解人的方案"。[1]而当事人出于对法律、法院和法官的惯性敬畏,也并不在意纠纷的最终解决是通过调解还是判决,[2]在意的是纠纷能否得到公正解决以及能否满足自己的"倾诉愿景"。可见,当事人已习惯并认可这种调解的权威性,加之我们的法律传统和调解实践都与大陆法系国家(地区)存在机理的同源性,故在家事调解制度的建构模式上,可考虑采取法院附设调解模式。[3]

三、我国家事调解的制度化构想

(一)整体设计

在法院附设调解的模式下,可借鉴日本和我国台湾地区的经验,辅之以各地区司法传统和司法资源等基础条件参酌决定。现阶段家事审判改革大力推行特邀调解(立案前委派或立案后委托调解)、支持婚姻导师提供调解服务。但模式的设计来源于实践,我们期待未来家事调解实践将对调解方案的设计作出修正或增补,引导其朝着更利于家庭福祉的方向前进。[4]

---

[1] [日]小岛武司、伊藤真编:《诉讼外纠纷解决法》,丁婕译,中国政法大学出版社2005年版,第55页。

[2] 在访谈中,法官表示家事调解很难操作,并非当事人不愿意调解,而是就纠纷本身而言,大部分进入法院的纠纷,已经过诉前人民调解或亲族调解,存在某些看似不可调和的分歧。

[3] 汤鸣:"家事纠纷法院调解实证研究",载《当代法学》2016年第1期。

[4] 如厦门市翔安区法院在2017年引入家事调查制度,即由承办法官只对家事调查员进行框架性指导,不介入具体的调查工作,且在家事调查工作中,邀请专业的心理咨询师对离婚纠纷当事人及其家属、未成年子女进行心理辅导和咨询。判决赋予了《家事调查报告》证据能力和证明力,如《家事调查报告》对当事人家庭

具体而言，可从设置专门家事调解委员会入手，邀请人民调解员、退休法官、律师，或具有法律、心理学、社会学专业知识和调解经验的人士担任家事调解员。所有家事调解员须接受一定课时的家事调解理论与实践的培训。建议家事调解员以专职形式受雇，作为法院在编的兼职工作人员。调解员因案件需要，可主动进行调查取证，并在必要时形成调查报告，以供法官参考。案件可由家事调解员主导也可由法官主导，这取决于家事调解委员会的构成。调解成功的，当事人可申请法官确认，制作调解书，调解不成的，案件则自动转介进入诉讼程序。在整个过程中法官也可以根据案件具体情况的变化予以引导和监督，还可随时进行补充性调解。但模式的设计来源于实践，我们期待未来家事调解实践将对调解方案的设计作出修正或增补，引导其朝着更有利于家庭福祉的方向前进。

(二) 家事调解的启动

各国和地区对调解的特殊价值和先天优势均予以充分肯定，但就家事调解程序的启动而言，大致可分为两种模式：强制调解与自愿调解。

从比较法的角度来看，大陆法系国家（地区）多实行的是强制调解，如日本实行调停前置原则，即将家事调解作为诉讼前的必经程序，除一些不适合调解的特殊情况外，一律先行调解。而英美法系国家（地区），则多实行自愿调解与转介调解相结合的"自愿转介调解"机制，即虽一般要求强制当事人参加调解信息会议，但允许当事人自行决定是否接受调解，甚至可自行选择调解方式，法庭根据当事人双方的意愿决定是否把案

(接上页) 情况、工作情况及子女生活、学习情况的调查结果成为案件事实调查的一部分和证据，同时《家事调查报告》对离婚纠纷当事人感情状况的评估、婚姻走向和子女抚养提出的意见建议则成为法院判决的重要参考，被法院采纳并采信。

件转送至外部的调解员予以处理（法官本人并不负责具体的调解事务）。[1]

可见，选择强制调解或自愿调解，实则与各国对家事调解的定位密切相关。选择强制调解的，多将家事调解定位于"自律与他律的协同"，能动性更强；而选择自愿调解的，则倾向于将调解定位在"完全自律的解决纷争"，更看重当事人的自愿与自决。而我国司法实践中，已经形成强制调解的司法惯例，调解程序成为多数家事案件的前置性程序。如《婚姻法》第32条第2款即规定，人民法院审理离婚案件的，应当进行调解。最高人民法院《关于适用简易程序审理民事案件的若干规定》第14条也明确规定，对适用简易程序审理的婚姻家庭纠纷和继承纠纷，人民法院在开庭审理时应当先行调解。故就调解启动而言，建议继续保持强制调解的做法，[2]将调解列为家事事件的前置程序，明确家事案件调解的范围，并在查清事实的基础上进行调解，[3]确保当事人至少进行一次调解的有益尝试，防止在诉讼中的尖锐对立给家庭、儿童带来二次伤害。

（三）家事调解的功能定位

以法国为例，家事调解已逐渐发展出具有独特魅力的"拉丁逻辑"（Latin Logic），即在人际关系的价值取向上，强调团体关系和团体利益优先于内部关系或个人利益，注重家庭的凝聚力和文化的延续，主张父母子女关系并不因父母离婚而有所分

---

[1] 潘炫明："香港诉讼调解改革述评"，载徐昕主编：《司法》（第5辑），厦门大学出版社2010年版，第229页。

[2] 张榕、林毅坚："我国家事案件调解制度之发展"，载张卫平、齐树洁主编：《司法改革论评》（第17辑），厦门大学出版社2014年版，第10页。

[3] 温云云、陈爱武："我国家事案件调解前置的制度构建研究"，载《人民论坛·学术前沿》2017年第21期。

离或变化。[1]可见,在家事调解场域,重点不在于倡导婚姻的主流价值(如维护婚姻的完整即意味着幸福美满,婚姻的解体即等于失败和不幸),而是应关注父母对子女的责任、未成年子女的最佳利益、人际和谐关系、性别平等对待等与婚姻有关的公益性价值。[2]

反观我国实践,长期存在"宁拆十座庙,不拆一桩婚"的调解思路,对于明显无和好可能的婚姻,或无必要和好(黄赌毒事件或家庭暴力事件)的婚姻,法官仍倾向于劝谕当事人"多为孩子着想"或是"为多年夫妻情分着想""回家好好过日子",而较少关注当事人对未来生活安排是否妥切,或调解协议内容是否符合子女的利益等。在新家事解纷范式下,我们需对家事调解重新定位,即转变过去"劝和不劝离"的调解策略,将工作重心转向对双方离婚后关系的修复。例如在当事人作出离婚后子女归一方抚养,彼此不再往来的决定时,法院应积极介入、沟通,令双方重新聚焦对未来的生活安排事宜,降低冲突和对立性,以便日后遵守协议,避免纠纷的再次产生。

(四)家事调解与裁判的衔接

在调解程序与裁判程序交错的部分,最具争议的便是有关调解与裁判的衔接问题,即调解过程中的谈判沟通过程及所收集的资料,是否或如何移用于裁判程序之中。关于上述问题,学界颇有争议,主要分为"连续说"和"非连续说",争论的焦点也多集中在程序经济之要求与当事人对调解之信赖保障中

---

[1] Macfarlane, Deborah, Family Mediation in France, http://www.unaf.fr, 2013-10-30.

[2] 萧文学:"家事调解之研究——以伦理议题为中心",清华大学2008年硕士学位论文。

第五章 我国家事纠纷解决机制的选择与重塑

寻求平衡或判断优先性。[1]

"连续说"主张调解程序所取得的资料可继续援用于裁判程序。这种连续的优势在于，便于更清楚地了解当事人各自主张及事实关系，负责审理法官亦无需重新调查案情，此外对资料和事实的收集也更为集中，较能实现迅速处理和诉讼经济的目标。"非连续说"则从任意性和自主性担保的角度出发，主张调解制度的目的在于促使当事人基于自由意志、自主作成决定，故应确保调解所使用的资料证据被排除在调解之外的场合。[2] 因此，为实现调解自身独立的价值，而不应与诉讼有直接的互动。调解官与裁判官必须是不同的人，即便转介诉讼后也需从一开始就遵从诉讼原则，重新收集资料证据。[3]

作者主张我国家事调解程序采"连续说"的观点，并进一步细分诉前调解和诉中调解。对诉前调解成功的，当事人可申请法官制作调解确认书，以确认调解协议效力；若调解不成的，则直接转介诉讼程序，无需当事人另行申请。有关调解程序中的证据事宜，可参酌最高人民法院《关于民事诉讼证据的若干规定》第 67 条的规定："在诉讼中，当事人为达成调解协议或者和解目的作出妥协所涉及的对案件事实的认可，不得在其后的诉讼中作为对其不利的证据。"在家事审判中，也限制适用调解中的自认，但对于当事人双方确认无争议的其他事实和证据可直接进入裁判程序。而对诉中调解，则需根据案件进展和当事人意愿，适时启动调解。诉中调解主体与诉前调解不同，诉前调解主要由特别选聘并经过专门培训的家事调解员主持，调

---

〔1〕 邱璿如："家事事件审理程序之新建构——以日本有关人事诉讼并由家庭法院审判之议论为借镜（下）"，载《台湾本土法学杂志》2002 年第 10 期。

〔2〕 类似 "What Happens in Mediation Stays in Mediation"。

〔3〕 赖彦杰："离婚调解之研究"，高雄大学 2011 年硕士学位论文。

解可根据特定的工作模式和工作方法进行；而诉讼中的调解由家事法官主导，遵循法院调解的一般规则，兼顾家事纠纷的特点。通过区分家事诉前调解和诉中调解，进而实现调解与诉讼制度上的分离与功能上的互补。

结　语

通过解释家庭正在发生什么事情，我们可以从中观察社会的变迁。制度和观念层面的文化冲撞以及私生活领域社会控制模式的嬗变。我们乐意看到家庭有新的定义和诠释，家事解纷方法有更丰富的面向和维度，就像社会其他方面持续发生着更迭变化一样。不同法域国家（地区）家事纠纷解决机制发展到今天，已经展示出一些规律性线索，对这些线索予以提炼和归纳，则十分必要。可以肯定的是，在家事纠纷激增的大背景下，我们需要寻求一种定做的正义。定做的正义正如定做的衣服一样，只有在裁缝能够投入大量的时间并且充分尊重顾客的情况下，才可能合乎实际。[1]但前提是我们需要构建一种框架，在该框架下，立法者和司法者均以促进家庭福祉为本位，并试图用一种新型的、开放的方式解决家庭法问题，超越当前文本范畴和法院设置，进而根本从上改变现有的诉讼模式，[2]如教育当事人认识权利，重新定位法官角色，通过整理各法院的探索式实践，最终构建适合现实需求、本土化的家事诉讼模式和

---

[1]　[美]劳伦斯·罗森：《法律与文化：一位法律人类学家的邀请》，彭艳崇译，法律出版社2011年版，第37页。

[2]　Babb, Barbara A., An Interdisciplinary to Family Law Jurisprudence: Application of an Ecological and Therapeutic Perspective, *Indiana Law Journal*, 1997, 72, p.775.

流程。

我国对家事纠纷解决机制的研究呈现出方兴未艾的态势，但无论在比较研究还是实证研究方面，仍有大量"真空地带"。由于经验知识存在漏洞，学者在对某种外国或中国家事纠纷解决机制进行评价时，常常缺乏一种关于家事纠纷解决的整体性观念，为改变这种"盲人摸象"的局面，固然需要大力推进具体研究以增进积累。[1]本研究运用现有的比较法资料，对家庭和家事纠纷解决一般概念和原理进行归纳，在考察美、日两国家事纠纷解决机制如何在具体的法律传统中产生、发展和变迁的基础上，对我国实践中家事纠纷解决机制进行了系统、深入的实证调查，最后将关注的重点转向构建我国家事纠纷解决机制的立法建议和模式设计等方面。然而洞见或透识隐藏于深处的棘手问题是艰难的，利益分化、诉求多元与价值博弈会在今后相当长的一个历史时期内成为社会常态。然而任何新的领域，尤其是一项跨学科的领域都将激发倡导者对有关调解诸多风格、类型和学派的热烈讨论。[2]受制于本书的问题意识和研究方法，本书的结论和构想很大程度仍停留在"假说"的层面，很可能会被质疑、修正甚至推翻。相关的立法和制度设计，影响当事人权益甚远，且其成效又与相应的制度环境、社会文化以及法律人专业训练等背景因素息息相关，这都有赖于各项法规与配套制度齐备并付诸实行之后，作进一步的观察。

我们将有关家事纠纷解决机制的研究视为一场未竟的转型，这意味着它仍在不断的探索中反省试错并汲取经验，以期获得最优的结果。尤其是在具体制度设计上，需针对我国情形进行

---

〔1〕 吴泽勇："群体性纠纷解决机制的建构原理"，载《法学家》2010年第5期。

〔2〕 Ver Steegh, Nancy, Family Court Reform and ADR: Shifting Values and Expectations Transform the Divorce Process, *Family Law Quarterly*, 2008, 42, p. 659.

结 语

审慎评估和通盘考察。然而,学科体系的建构和边界的变动远非个人所能左右的,而更多地来源于学科之间的演化和社会需求的回应,[1]亦是在解决社会问题和家事纠纷的过程中流变和形塑的,当我们将转型中的中国社会所提出的一系列问题完美地解决时,我们也就拥有了属于中国的家事纠纷解决机制。

---

[1] 吴洪淇:"证据科学的走向:国际视野与中国语境——对证据问题研究领域的初步分析",载《证据科学》2009年第4期。

参考文献

一、著作

(一) 中文著作

[1] 卞建林主编:《中国诉讼法治发展报告(2014)》,中国政法大学出版社 2015 年版。

[2] 蔡文辉:《婚姻与家庭:家庭社会学》,五南图书出版公司 2003 年版。

[3] 陈爱武:《家事法院制度研究》,北京大学出版社 2010 年版。

[4] 陈爱武:《人事诉讼程序研究》,法律出版社 2008 年版。

[5] 陈刚主编:《比较民事诉讼法(2004 年~2005 年卷)》,中国人民大学出版社 2006 年版。

[6] 陈苇主编:《澳大利亚家庭法》,群众出版社 2009 年版。

[7] 陈向明:《社会科学质的研究》,五南图书出版公司 2002 年版。

[8] 常怡主编:《外国民事诉讼法新发展》,中国政法大学出版社 2009 年版。

[9] 成伯清:《走出现代性:当代西方社会学理论的重新定向》,社会科学文献出版社 2006 年版。

[10] 邓学仁等:《DNA 鉴定——亲子关系争端之解决》,北京大学出版社 2006 年版。

[11] 范愉:《纠纷解决的理论与实践》,清华大学出版社 2007 年版。

[12] 方建移、何伟强:《家庭教育与儿童社会性发展》,浙江教育出版社 2005 年版。

［13］费孝通：《乡土中国生育制度》，北京大学出版社 2007 年版。
［14］傅郁林：《民事司法制度的功能与结构》，北京大学出版社 2006 年版。
［15］韩波：《公正高效权威视野下的新型司法制度构建》，中国人民公安大学出版社 2013 年版。
［16］胡幼慧主编：《质性研究：理论、方法及本土女性研究实例》，巨流图书公司 2001 年版。
［17］黄国昌：《民事诉讼理论之新开展》，元照出版公司 2005 年版。
［18］黄仁宇：《万历十五年》，生活·读书·新知三联书店 1997 年版。
［19］纪欣：《美国家事法》，五南图书出版公司 2009 年版。
［20］简春安：《社会工作研究方法》，巨流图书公司 1998 年版。
［21］姜世明：《非讼事件法新论》，新学林出版股份有限公司 2011 年版。
［22］姜世明：《民事诉讼法基础论》，元照出版公司 2011 年版。
［23］蒋月：《婚姻家庭法前沿导论》，科学出版社 2007 年版。
［24］康锐：《我国信托法律制度移植研究》，上海财经大学出版社 2008 年版。
［25］冷罗生：《日本现代审判制度》，中国政法大学出版社 2003 年版。
［26］李丽辉：《法律与民族性：日本法律近代化何以可能》，法律出版社 2012 年版。
［27］李祖军：《调解制度论：冲突解决的和谐之路》，法律出版社出版 2010 年版。
［28］林菊枝：《美国婚姻法》，五南图书出版公司 1985 年版。
［29］林菊枝：《亲属法专题研究》（二），五南图书出版公司 1997 年版。
［30］林世华等：《社会科学研究法——量化与质化取向》，心理出版社 2006 年版。
［31］刘思达：《割据的逻辑：中国法律服务市场的生态分析》，上海三联书店 2011 年版。
［32］廖中洪主编：《民事诉讼体制比较研究》，中国检察出版社 2008 年版。
［33］欧阳康：《哲学研究方法论》，武汉大学出版社 1998 年版。

[34] 彭怀真:《婚姻与家庭》,巨流图书公司 2003 年版。
[35] 彭南元:《儿童及家事法专题研究》,新学林出版股份有限公司 2006 年版。
[36] 齐树洁主编:《美国司法制度》,厦门大学出版社 2006 年版。
[37] 齐树洁主编:《英国民事司法制度》,厦门大学出版社 2011 年版。
[38] 齐树洁主编:《台港澳民事诉讼制度》(第 2 版),厦门大学出版社 2014 年版。
[39] 齐树洁主编:《东南司法评论(2013 年卷·总第 6 卷)》,厦门大学出版社 2013 年版。
[40] 张卫平、齐树洁主编:《司法改革论评》(第 17 辑),厦门大学出版社 2014 年版。
[41] 邱联恭:《程序制度机能论》,三民书局 1996 年版。
[42] 邱联恭:《司法之现代化与程序法》,三民书局 1992 年版。
[43] 冉井富:《当代中国民事诉讼率变迁研究——一个比较法社会学的视角》,中国人民大学出版社 2005 年版。
[44] 沈冠伶:《诉讼权保障与裁判外纷争处理》,北京大学出版社 2008 年版。
[45] 沈冠伶:《家事程序之新变革》,元照出版公司 2015 年版。
[46] 田成有:《乡土社会中的民间法》,法律出版社 2005 年版。
[47] 王礼仁:《婚姻诉讼前沿理论与审判实务》,人民法院出版社 2009 年版。
[48] 王利明:《司法改革研究》,法律出版社 2000 年版。
[49] 王启梁:《迈向深嵌在社会与文化中的法律》,中国法制出版社 2010 年版。
[50] 王强义:《民事诉讼特别程序研究》,中国政法大学出版社 1993 年版。
[51] 王鑫:《纠纷与秩序:对石林县纠纷解决的法人类学研究》,法律出版社 2011 年版。
[52] 王文杰主编:《新时代新家事法》,清华大学出版社 2006 年版。
[53] 王亚新:《对抗与判定:日本民事诉讼的基本结构》,清华大学出版社 2010 年版。

[54] 王勇民：《儿童权利保护的国际法研究》，法律出版社 2010 年版。

[55] 武红羽：《司法调解的生产过程：以司法调解与司法场域的关系为视角》，法律出版社 2010 年版。

[56] 夏吟兰：《美国现代婚姻家庭制度》，中国政法大学出版社 1999 年版。

[57] 徐光国等：《婚姻与家庭》，扬智文化事业股份有限公司 2003 年版。

[58] 杨建华原著、郑杰夫增订：《民事诉讼法要论》，北京大学出版社 2013 年版。

[59] 尹琳：《日本少年法研究》，中国人民公安大学出版社 2005 年版。

[60] 尹蓉先：《两岸婚姻法亲属法比较研究》，五南图书出版公司 1999 年版。

[61] 应星：《村庄审判史中的道德与政治：1951～1976 年中国西南一个山村的故事》，知识产权出版社 2009 年版。

[62] 俞建章、叶舒宪：《符号：语言与艺术》，上海人民出版社 1988 年版。

[63] 张晓茹：《家事裁判制度研究》，中国法制出版社 2011 年版。

[64] 赵蕾：《非讼程序论》，中国政法大学出版社 2013 年版。

[65] 赵立新：《日本法制史》，知识产权出版社 2010 年版。

[66] 赵旭东：《法律与文化——法律人类学研究与中国经验》，北京大学出版社 2011 年版。

[67] 张勤：《当代中国农村土地纠纷解决研究——以广东省为例》，中国政法大学出版社 2018 年版。

[68] 朱岑楼：《婚姻研究》，东大图书公司 1991 年版。

[69] 左卫民等：《中国基层纠纷解决研究：以 S 县为个案》，人民出版社 2010 年版。

(二) 中文译作

[1] [美] 艾莉森·泰勒：《家庭冲突处理：家事调解理论与实务》，杨康临、郑维瑄译，学富文化事业有限公司 2007 年版。

[2] [美] C. 赖特·米尔斯：《社会学的想象力》，李康译，北京师范大学出版社 2017 年版。

[3] [美] E. 博登海默：《法理学：法律哲学与法律方法》，邓正来译，中国政法大学出版社 2004 年版。

[4] [加] 岳云（Howard H. Irving）编著：《家庭调解：适用于华人家庭的理论与实践》，苌英丽、王振福、袁菊花译，中国社会科学出版社 2005 年版。

[5] [美] Judson R. Landis：《社会学的概念与特色》，王淑女等译，洪叶文化事业有限公司 2002 年版。

[6] [美] David M. Newman：《日常生活中的社会学》，陈荣政编译，学富文化事业有限公司 2011 年版。

[7] [美] James M. White & David M. Klein：《家庭理论》，马永年、梁婉华译，五南图书出版公司 2009 年版。

[8] [法] 安德烈·比尔基埃等：《家庭史——现代化的冲突》（第 3 卷），袁树仁等，译，生活·读书·新知三联书店 2003 年版。

[9] [英] 安东尼·W. 丹尼斯、罗伯特·罗森编：《结婚与离婚的法经济学分析》，王世贤译，法律出版社 2005 年版。

[10] [美] 本杰明·卡多佐：《司法过程的性质》，苏力译，商务印书馆 1998 年版。

[11] [日] 池上嘉彦：《符号学入门》，张晓云译，国际文化出版公司 1985 年版。

[12] [日] 大木雅夫：《比较法》，范愉译，法律出版社 1999 年版。

[13] [美] 戴维·波普诺：《社会学》，李强等译，中国人民大学出版社 1999 年版。

[14] [德] 迪特尔·施瓦布：《德国家庭法》，王葆莳译，法律出版社 2010 年版。

[15] [法] 弗朗索瓦·德·桑格利：《当代家庭社会学》，房萱译，天津人民出版社 2012 年版。

[16] [日] 高桥宏志：《重点讲义民事诉讼法》，张卫平、许可译，法律出版社 2007 年版。

[17] [美] 哈里·D. 格劳斯、大卫·D. 梅耶：《美国家庭法精要》，陈苇译，中国政法大学出版社 2010 年版。

［18］［美］加里·斯坦利·贝克尔：《家庭论》，王献生、王宇译，商务印书馆 1998 年版。

［19］［美］凯特·斯丹德利：《家庭法》，屈广清译，中国政法大学出版社 2004 年版。

［20］［美］科塞：《社会冲突的功能》，孙立平等译，华夏出版社 1989 年版。

［21］［美］詹姆斯·克利福德、乔治·E. 马库斯编：《写文化——民族志的诗学与政治学》，高丙中等译，商务印书馆 2006 年版。

［22］［美］劳伦斯·罗森：《法律与文化：一位法律人类学家的邀请》，彭艳崇译，法律出版社 2011 年版。

［23］［美］理查德·A. 波斯纳：《法理学问题》，苏力译，中国政法大学出版社 2002 年版。

［24］［日］六本佳平：《日本法与日本社会》，刘银良译，中国政法大学出版社 2006 年版。

［25］［美］本尼迪克特：《菊与刀》，田伟华译，中国画报出版社 2011 年版。

［26］［法］孟德斯鸠：《论法的精神》，许明龙译，商务印书馆 2012 年版。

［27］［美］诺丁斯：《始于家庭：关怀与社会政策》，侯晶晶译，教育科学出版社 2006 年版。

［28］［法］皮埃尔·布迪厄：《实践感》，蒋梓骅译，译林出版社 2003 年版。

［29］［法］皮埃尔·勒格朗、［英］罗德里克·芒迪主编：《比较法研究：传统与转型》，李晓辉译，北京大学出版社 2011 年版。

［30］［日］千叶正士：《法律多元：从日本法律文化迈向一般理论》，强世功等译，中国政法大学出版社 1997 年版。

［31］［美］乔纳森·H. 特纳：《社会学理论的结构》，吴曲辉等译，浙江人民出版社 1987 年版。

［32］［美］萨利·安格尔·梅丽：《诉讼的话语——生活在美国社会底层人的法律意识》，郭星华、王晓蓓译，北京大学出版社 2007 年版。

［33］［日］松本博之：《日本人事诉讼法》，郭美松译，厦门大学出版社

2012年版。

［34］［美］唐·布莱克：《社会学视野中的司法》，郭星华等译，法律出版社2002年版。

［35］［美］托马斯·库恩：《科学革命的结构》，金吾伦、胡新和译，北京大学出版社2003年版。

［36］［英］西蒙·罗伯茨、［英］彭文浩：《纠纷解决过程：ADR与形成决定的主要形式》，刘哲玮、李佳佳、于春露译，北京大学出版社2011年版。

［37］［日］小岛武司、伊藤真编：《诉讼外纠纷解决法》，丁婕译，中国政法大学出版社2005年版。

［38］［美］约翰·莫纳什、劳伦斯·沃克：《法律中的社会科学》，何美欢、樊志斌、黄博译，法律出版社2007年版。

［39］［日］中村宗雄、中村英郎：《诉讼法学方法论——中村民事诉讼理论精要》，陈刚、段文波译，中国法制出版社2009年版。

(三) 外文著作

［1］Al, James& W, Hay, Court Welfare in Action: Practice and Theory, Harvester Wheatsheaf, 1993.

［2］Anthony, Love, *Federally-Funded Family Mediation in Melbourne: Outcomes, Costs and Client Satisfaction*, La Trobe University, 1995.

［3］Armstrong, Michael A., Handbook of Human Resource Management Practice (10), Kogan Page Publishers, 2006.

［4］Bishop, Gillian et al., Divorce Reform: A Guide for Lawyers and Mediators, FT Law & Tax, 1996.

［5］Blade, J. Family Mediation: Cooperative Divorce Settlement, Prentice-Hall, 1985.

［6］Cretney, Michael S. et al., Principles of Family Law (8), Sweet & Maxwell, 2008.

［8］Eekelaar, John, Family Law and Social Policy (2), Weidenfeld & Nicolson, 1984.

［9］Elisabeth, Unger, Anwaltshandbuch Familienverfahrensrecht,

参考文献

Praxisleitfaden mit Erläuterungen, Arbeitshilfen und Materialien zum neuen FamFG, Deubner Verlag, 2009.

[10] Fineman, Martha A., The Neutered Mother, The Sexual Family and Other Twentieth Century Tragedies, Routledge, 1995.

[11] Freeman, Michael D., Family, State and Law, Ashgate Publishing Limited, 1999.

[12] Galatzer-Levy, Robert M. et al., The Scientific Basis of Child Custody Decisions (2), John Wiley & Sons, 2009.

[13] Goldstein, Joseph et al., Beyond the Best Interests of The Child, The Free Press, 1996.

[14] Grenig, Jay E., Alternative Dispute Resolution (3), Thomson/West, 2005.

[15] Irving, Howard H., Family Mediation: Theory and Practice with Chinese Families, Hong Kong University Press, 2002.

[16] Jacob, Herbert, Silent Revolution: The Transformation of Divorce Law in the United States, The University of Chicago Press, 1988.

[17] Judicial Council of California, Making the Court System Work Better for Children: 25 Things Your Court Can Do (The Judicial Council's Center for Families, Children & the Courts), San Francisco, 2001.

[18] Katz, Sanford N., Family Law in America, Oxford University Press, 2011.

[19] Lincoln, Y. S. &GUBA, E. G., Naturalistic Inquiry, Sage, 1985.

[20] Maccoby, Eleanor E. &Mnookin, Robert H., Dividing the Child: Social and Legal Dilemmas of Custody, Harvard University Press, 1992.

[21] Macfarlane, Julie, *The New Lawyer: How Settlement is Transforming the Practice of Law*, UBC Press, 2008.

[22] Morre, SallyFalk, Law as Process: An Anthropological Approach, James Currey Publisher, 2000.

[23] Murch M., Justice and Welfare in Divorce, Sweet&Maxwell, 1980.

[24] Parkinson L., Family Mediation, Sweet&Maxwell, 1997.

［25］Sendall, Jane, *Family Law Handbook*, Oxford University Press, 2013.

［26］Taylor, Alison, *The Hand Book of Family Dispute Resolution: Mediation Theory and Practice*, Jossey-Bass, 2002.

［27］Teyber, Edwaed, *Helping Children Cope with Divorce*, Jossey-Bass, 2001.

［28］Thompspson, Ross A. &Amato, Paul R., *The Post-divorce Family: Children, Parenting and Society*, Sage, 1999.

［29］Wallerstein, Judith S. &Kelly, Joan Berlin, *Surviving the Break-Up: How Children and Parents Cope with Divorce*, Basic Books Inc, 2008.

［30］Weisberg, Kelly D. &Appleton, Frelich S., *Modern Family Law: Case and Material (4)*, Aspen Publisher, 2010.

［31］Weitzman, Lenore J., *The Divorce Revolution: The Unexpected Social and Economic Consequences for Women and Children in America*, The Free Press, 1985.

（四）日文著作

［1］［日］大村敦志：《家族法（2）》，有斐閣 2004 年版。

［2］［日］田村健二、田村滿喜枝：《新・離婚の人間學》，河出書房新社 1994 年版。

［3］［日］梶村太市、德田和幸：《家事事件手続法》，有斐閣 2004 年版。

［4］［日］沼辺愛一：《新家事調停讀本》，一粒社 1991 年版。

［5］［日］沼辺愛一主編：《新家事調停 100 講》，判例タイムズ社 1975 年版。

［6］［日］中川淳：《現代家族の法學》，加除出版社 2000 年版。

二、论文

（一）中文论文

［1］艾佳慧："民事诉讼率变迁的背后——评冉井富《当代中国民事诉讼率变迁研究》"，载《司法》2007 年第 0 期。

[2] 艾佳慧："社会变迁中的法院人事管理——一种信息和知识的视角"，北京大学2008年博士学位论文。

[3] 蔡惠芳："婚姻问题之探索与辅导"，载《辅导季刊》2005年第1期。

[4] 蔡孟珊："家事审判制度之研究——以日本家事审判制度为借镜"，台湾大学1997年硕士学位论文。

[5] 蔡孟珊："家事事件审理程序之构成要素——立足于家事事件特殊性所为之分析"，载《律师杂志》2008年第5期。

[6] 曾令健："法院调解社会化研究——一个法社会学的述评"，载《学术论坛》2017年第5期。

[7] 陈爱武："家事诉讼程序：徘徊在制度理性与实践理性之间"，载《江海学刊》2014年第2期。

[8] 陈爱武："论家事审判机构之专门化——以家事法院（庭）为中心的比较分析"，载《法律科学（西北政法大学学报）》2012年第1期。

[9] 陈爱武："人事诉讼程序初论"，南京师范大学2002年硕士学位论文。

[10] 陈柏峰："代际关系变动与老年人自杀——对湖北京山农村的实证研究"，载《社会学研究》2009年第4期。

[11] 陈惠馨："比较研究中德有关父母离婚后父母子女间之法律关系"，载陈惠馨：《亲属法诸问题研究》，月旦出版社1993年版。

[12] 陈惠馨："家事事件法的立法与内容——一个比较法观点"，载《月旦法学杂志》2012年第11期。

[13] 陈伶珠："发展友善子女的父母关系——从诉请裁判离婚的夫妻关系开始"，载《儿童及少年福利期刊》2007年第12期。

[14] 陈鹏一："论家事事件之集中审理"，中正大学2010年硕士学位论文。

[15] 陈思琴："离婚后监护安排中儿童意愿之听取与考量——立法表达与司法实践"，载《青少年犯罪问题》2012年第2期。

[16] 陈苇、曹贤信："澳大利亚家事纠纷解决机制的新发展及其启示"，载《河北法学》2011年第8期。

[17] 陈苇、胡苷用："离婚诉讼前处理子女抚养纠纷的一种新机制——澳大利亚'家庭关系中心'评介及其启示"，载《吉林大学社会科学

学报》2007 年第 4 期。

[18] 陈苇、王鸥:"澳大利亚儿童权益保护立法评介及其对我国立法的启示——以家庭法和子女抚养(评估)法为研究对象",载《甘肃政法学院学报》2007 年第 3 期。

[19] 陈苇、谢京杰:"论'儿童最大利益优先原则'在我国的确立——兼论《婚姻法》等相关法律的不足及其完善",载《法商研究》2005 年第 5 期。

[20] 陈飚:"日本家事调停制度研究",载《河北法学》2010 年第 1 期。

[21] 陈竹上:"我国家事调解之发展及家事事件法实施后之契机",载《法扶会讯》2012 年第 37 期。

[22] 陈竹上:"离婚后未成年子女最佳利益之研究:福利国家与家庭角色的再思考",中正大学 2007 年博士学位论文。

[23] 淡卫军:"'过程-事件分析'之缘起、现状以及前景",载《社会科学论坛(学术研究卷)》2008 年第 6 期。

[24] 邓大才:"强制性制度变迁方式转换的时机选择",载《社会科学》2004 年第 10 期。

[25] 邓玮:"法律场域的行动逻辑:一项关于行政诉讼的社会学研究",上海大学 2006 年博士学位论文。

[26] 邓学仁:"从德日法制论我国家事事件法治程序监理人",载《法学丛刊》2012 第 2 期。

[27] 邓学仁:"我国离婚法问题之修正",载《政大法学评论》2001 年第 3 期。

[28] 段文波:"日本民事诉讼体制发展简史",载陈刚主编:《比较民事诉讼法》(2006 年卷·总第 6 卷),中国法制出版社 2006 年版。

[29] 冯磊:"中国法院最大化什么?——以 S 市中级人民法院的工作考核制度为视角",载张卫平、齐树洁主编:《司法改革论评》(第 10 辑),厦门大学出版社 2010 年版。

[30] 傅沂:"路径依赖经济学分析框架的演变——从新制度经济学到演化经济学",载《江苏社会科学》2008 年第 3 期。

[31] 傅郁林:"家事诉讼特别程序研究",载《法律适用》2011 年第

8 期。

[32] 高凤仙："试评子女最高利益原则在美国监护法上之适用得失"，载《台大法学论丛》1984 年第 2 期。

[33] 高志刚："司法的制度理性与实践运作"，载《法律科学（西北政法大学学报）》2009 年第 6 期。

[34] 郭丽安、王唯馨："台湾离婚调解场域的观察与反省：训练与性别"，载《应用心理研究》2010 年第 46 期。

[35] 郭美松："论人事诉讼中辩论主义与职权探知主义的协同模式"，载《甘肃政法学院学报》2010 年第 3 期。

[36] 郭美松："设立具有中国特色人事诉讼程序之构想"，载《重庆大学学报（社会科学版）》2009 年第 5 期。

[37] 郭书琴："重访民事纷争解决的法理与实践——以家事事件看民事程序之诉讼观的演进"，载《法学丛刊》2012 年第 4 期。

[38] 郭颜毓："亲属会议之研究"，政治大学 2004 年硕士学位论文。

[39] 郭云忠："法律实证研究方法及其地点选择"，载《环球法律评论》2009 年第 4 期。

[40] 郭志通："大陆女性配偶在台婚姻冲突历程研究"，载《屏东教育大学学报》2005 年第 23 期。

[41] 贺卫方："法官的法袍代表了什么（上）——北京大学法学院贺卫方教授的演讲"，载《中国律师》2002 年第 1 期。

[42] 贺欣、冯小川："离婚法实践的常规化——体制制约对司法行为的影响"，载《北大法律评论》2008 年第 2 期。

[43] 洪冬英："律师调解功能的新拓展——以律师主导民事调解服务为背景"，载《法学》2011 年第 2 期。

[44] 胡湛、彭希哲："家庭变迁背景下的中国家庭政策"，载《人口研究》2012 年第 2 期。

[45] 胡忠文："少年处理程序法规范之研究"，中正大学 2004 年硕士学位论文。

[46] 黄国昌："法学实证研究方法初探"，载《月旦法学杂志》2009 年第 12 期。

[47] 黄清欣等:"家事专家调解委员评选之研究",载《台北市立教育大学学报》2009年第40期。

[48] 黄宗智:"集权的简约治理——中国以准官员和纠纷解决为主的半正式基层行政",载《开放时代》2008年第2期。

[49] 黄宗智:"中国的现代家庭:来自经济史和法律史的视角",载《开放时代》2011年第5期。

[50] 黄宗智:"中国法律的现代性",载朱晓阳、侯猛编:《法律与人类学:中国读本》,北京大学出版社2008年版。

[51] 黄宗智:"中国民事判决的过去和现在",载《清华法学》2007年第10期。

[52] 简志娟:"影响父母教养方式之因素——生态系统理论之研究",台湾师范大学1996年硕士学位论文。

[53] 姜世明:"家事事件法理适用论",载《月旦法学杂志》2012年第7期。

[54] 姜世明:"程序监理人",载《月旦法学杂志》2012年第5期。

[55] 蒋月:"从父母权利到父母责任:英国儿童权利保护法的发展及其对中国的启示",载夏吟兰、龙冀飞主编:《家事法研究》(2011年卷),社会科学文献出版社2011年版。

[56] 蒋月:"家事审判制:家事诉讼程序与家事法庭",载《甘肃政法学院学报》2008年第1期。

[57] [英]卡塔琳娜·皮斯托、许成钢:"不完备法律———一种概念性分析框架及其在金融市场监管发展中的应用",载吴敬琏主编:《比较》(第3辑),中信出版社2017年版。

[58] 康岚:"反馈模式的变迁:代差视野下的城市代际关系研究",上海大学2009年博士学位论文。

[59] 赖淳良:"从身份到契约:家事事件审理模式之初步省思",载《台律师》2013年第5期。

[60] 赖恭利:"析论少年司法处遇委外执行之公法关系",载《法学丛刊》2006年第4期。

[61] 赖彦杰:"离婚调解之研究",高雄大学2011年硕士学位论文。

［62］赖月蜜："'程序监理'——儿童司法保护的天使与尖兵"，载《台律师》2013年第5期。

［63］赖月蜜："澳洲、香港、日本之家事商谈相关制度比较研究——兼论我国家事商谈制度之现状与发展"，暨南大学2005年博士学位论文。

［64］赖月蜜："香港、台湾家事调解制度比较研究——以家庭暴力事件为中心"，载《人文及社会科学集刊》2009年第2期。

［65］廖中洪："制定单行《民事非讼程序法》的建议与思考"，载《现代法学》2007年第3期。

［66］雷文玫："以'子女最佳利益'之名：离婚后父母对未成年子女权利义务行使与负担之研究"，载《台大法学论丛》1999年第4期。

［67］李浩："民事审判中的调审分离"，载江伟主编：《中国民事诉讼法专论》，中国政法大学出版社1998年版。

［68］李立如："法不入家门？家事法演变的法律社会学分析"，载《中原财经法学》2003年第10期。

［69］李立如："论离婚后父母对未成年子女权利义务之行使的负担——美国法上子女最佳利益原则的发展与努力方向"，载《欧美研究》2010年第3期。

［70］李立如："亲属法变革与法院功能之转型"，载《台大法学论丛》2012年第4期。

［71］李猛："舒茨和他的现象学社会学"，载杨善华主编：《当代西方社会学理论》，北京大学出版社1999年版。

［72］李青："中日'家事调停'的比较研究"，载《比较法研究》2003年第1期。

［73］李全生："布迪厄场域理论简析"，载《烟台大学学报（哲学社会科学版）》2002年第2期。

［74］梁治平："乡土社会中的法律与秩序"，载王铭铭、王斯福主编：《乡土社会的秩序、公正与权威》，中国政法大学出版社1997年版。

［75］林菊枝："家事裁判制度比较研究"，载《政大法学评论》1976年第13期。

［76］林松龄："都市化、夫妇婚姻生活与互动关系模式"，载林松龄：

《台湾社会的婚姻与家庭——社会学的实证研究》，五南图书出版公司 2000 年版。

[77] 林腾鹞："新世纪日本司法制度大改革"，载《东海大学法学研究》2004 年第 21 期。

[78] 林毅夫："诱致性制度变迁和强制性制度变迁"，载盛洪主编：《现代制度经济学》（下卷），中国发展出版社 2009 年版。

[79] 刘敏："当代中国民事诉讼调解率变迁研究"，湖南大学 2012 年博士学位论文。

[80] 刘敏："二次离婚诉讼审判规则的实证研究"，载《法商研究》2012 年第 6 期。

[81] 刘敏："论家事诉讼程序的构建"，载《南京大学法律评论》2009 年第 2 期。

[81] 刘思达："当代中国日常法律工作的意涵变迁（1979-2003）"，载《中国社会科学》2007 年第 2 期。

[83] 刘思达："法律移植与合法性冲突——现代性语境下的中国基层司法"，载《社会学研究》2005 年第 3 期。

[84] 刘哲玮："我国民事纠纷解决模型的反思与重构——从三鹿毒奶粉事件切入"，载《北大法律评论》2012 年第 1 期。

[85] 刘志云："国际关系与国际法的学科结合——中国现状、存在问题及解决思路"，载《国际政治研究》2011 年第 3 期。

[86] 卢晖临、李雪："如何走出个案——从个案研究到扩展个案研究"，载《中国社会科学》2007 年第 1 期。

[87] 骆永家："辩论主义与处分权主义"，载骆永家：《既判力之研究》，三民书局 1999 年版。

[88] 吕晓彤："判决书中的道德话语研究"，载《法律方法》2013 年第 1 期。

[89] 马春华等："中国城市家庭变迁的趋势和最新发现"，载《社会学研究》2011 年第 2 期。

[90] 马忆南："婚姻法第 32 条实证研究分析"，载《金陵法律评论》2006 年第 1 期。

[91] 马忆南:"中国婚姻家庭法的传统与现代化——写在婚姻法修改之际",载《北京大学学报(哲学社会科学版)》2001年第1期。

[92] 缪文升:"论家事纠纷裁判中民俗习惯的司法权能",载《学术交流》2008年第7期。

[93] 潘炫明:"香港诉讼调解改革述评",载徐昕主编:《司法》(第5辑),厦门大学出版社2010年版。

[94] 彭南元:"法院家事调解模式之发展——以整合资源为例",载《月旦法学杂志》2008年第8期。

[95] 彭南元:"家事事件治疗性审理方式之初探——以离婚并涉及监护子女事件为例",载彭南元:《儿童及家事法专题研究》,新学林出版股份有限公司2006年版。

[96] 齐树洁:"德国民事司法改革及其借鉴意义",载《中国法学》2002年第3期。

[97] 齐树洁、邹郁卓:"我国家事诉讼特别程序的构建",载《厦门大学学报(哲学社会科学版)》2014年第2期。

[98] 强世功:"'法律'是如何实践的:一起乡村民事调解案的分析",载王铭铭、王斯福主编:《乡村社会的公正、秩序与权威》,中国政法大学出版社1997年版。

[99] 邱皓政:"断裂时代中的量化研究:统计方法学的兴起与未来",载《量化研究学刊》2007年第1期。

[100] 邱联恭:"程序保障之机能——基于民事事件类型审理必要论及程序法理交错适用肯定论之观点",载邱联恭:《程度制度技能论》,三民书局1996年版。

[101] 邱联恭:"诉讼法理与非讼法理的交错适用",载民事诉讼法研究会编:《民事诉讼法之研讨(二)》,三民书局1996年版。

[102] 邱璿如:"家事事件审理程序之新建构——以日本有关人事诉讼并由家庭法院审判之议论为借镜",载《台湾本土法学杂志》2002年第9期。

[103] 邱璿如:"家事事件审理程序之新建构——以日本有关人事诉讼并由家庭法院审判之议论为借镜(下)",载《台湾本土法学杂志》

2002年第10期。

［104］冉启玉："儿童最大利益原则下离婚亲子关系法的转变"，载夏吟兰、龙翼飞主编：《家事法研究》（2011年卷），社会科学文献出版社2011年版。

［105］沈冠伶："2012年民事程序法发展回顾：家事事件法施行后之实务裁判回顾与展望"，载《台大法学论丛》2013年第11期。

［106］沈冠伶："家事非讼事件之程序保障——基于纷争类型审理论及程序法理交错适用论之观点"，载《台大法学论丛》2006年第4期。

［107］沈冠伶："家事事件之类型及统合处理（一）"，载《月旦法学教室》2012年第11期。

［108］沈冠伶："家事事件之类型及统合处理（二）"，载《月旦法学教室》2012年第12期。

［109］沈冠伶："家事事件之类型及统合处理（摘要）"，载《月旦法学杂志》2012年第11期。

［110］沈冠伶："新世纪民事程序法制之程序正义：以民事诉讼及家事程序为中心"，载《台大法学论丛》2010年第41期。

［111］施怀冈："夫妻离婚后未成年子女权利义务之共同行使或负担"，载《司法新声》2011年第98期。

［112］施慧玲："论我国家庭法之发展与研究：一个家庭法律社会学的观点"，载《政大法学评论》2000年第6期。

［113］石雷："现代英国家事案件审判体制的变迁及其启示"，载《时代法学》2012年第5期。

［114］史晋川、沈国兵："论制度变迁理论与制度变迁方式划分标准"，载《经济学家》2002年第1期。

［115］舒国滢："从司法的广场化到司法的剧场化——一个符号学的视角"，载《政法论坛》1999年第3期。

［116］苏力："关于能动司法与大调解"，载《中国法学》2010年第1期。

［117］孙立平："'过程—事件分析'与中国农村中国家—农民关系的实践形态"，载清华大学社会学系主编：《清华社会学评论》，鹭江出版社2000年版。

[118] 孙立平："迈向实践的社会学",载《江海学刊》2002年第3期。

[119] 汤鸣、李浩："民事诉讼率：主要影响因素之分析",载《法学家》2006年第3期。

[120] 汤鸣："澳大利亚家事调解制度：问题与借鉴",载《法律适用》2010年第10期。

[121] 汤鸣："家事纠纷法院调解实证研究",载《当代法学》2016年第1期。

[122] 陶建国："德国家事诉讼中子女利益保护人制度及其启示",载《中国青年政治学院学报》2014年第1期。

[123] 陶猛："穿行于事实与法律之间和谐社会语境下法官内心确信规则之治",载《法律适用》2007年第1期。

[124] 滕威："对我国设立家事诉讼程序制度的宏观思考",载《金陵法律评论》2010年第1期。

[125] 汪宜君："家事保全处分之研究——以保全命令为中心",台湾大学2002年硕士学位论文。

[126] 王葆莳："'儿童最大利益原则'在德国家庭法中的实现",载《德国研究》2013年第4期。

[127] 王彬："信托错位引致银信合作失范的纠偏与规制",载漆多俊主编：《经济法论丛》,武汉大学出版社2012年版。

[128] 王海南："德国亲子法关于血缘关系之规定",载黄宗乐教授祝寿论文集编辑委员会主编：《黄宗乐教授六秩祝贺论文集——家族法学篇》,学林文化事业有限公司2002年版。

[129] 王洪："家庭自治与法律干预——中国大陆婚姻法之发展方向",载王文杰主编：《月旦民商法研究——新时代新家事法》,清华大学出版社2006年版。

[130] 王洪："论子女最佳利益原则",载《现代法学》2003年第6期。

[131] 王礼仁："家事案件审判体制改革之构想以婚姻案件审判现状为背景",载《法律适用》2008年第11期。

[132] 王丽萍："美国离婚后的子女监护制度及其启示",载《法学论坛》2008年第2期。

［133］王禄生："审视与评析：人民调解的十年复兴——新制度主义视角"，载《时代法学》2012年第2期。

［134］王启梁、张熙娴："法官如何调解？——对云南省E县法院民庭的考察"，载《当代法学》2010年第5期。

［135］王启梁：""中国法律理想图景'的建构可能——基于提出—观察—修正的理论发展进路"，载《现代法学》2007年第4期。

［136］王晓丹："法院民事调解的历史社会意义——以K法院民事调解亲邻土地案件为例"，载《月旦法学》2011年第5期。

［137］王鑫："当事人是如何说话的？——对纠纷解决过程中话语使用的法人类学分析"，载张永和主编：《社会中的法理》，法律出版社2012年版。

［138］魏大喨："家事诉讼与非讼之集中交错——以对审权与裁量权为中心"，载《月旦法学杂志》2003年第3期。

［139］魏小岚："修复式司法：实践与反思"，台湾大学2012年硕士学位论文。

［140］巫若枝："当代中国家事法制实践研究——以华南R县为例"，中国人民大学2007年博士学位论文。

［141］吴明轩："关于夫妻离婚后未成年子女监护之诉讼"，载民事诉讼法研究会：《民事诉讼法之研讨（八）》，元照出版社2006年版。

［142］吴明轩："试论家事事件法之得失（上）：逐条评释"，载《月旦法学杂志》2012年第6期。

［143］吴英姿：""大调解'的功能及限度纠纷解决的制度供给与社会自治"，载《中外法学》2008年第2期。

［144］吴英姿："法院调解的'复兴'与未来"，载《法制与社会发展》2007年第3期。

［145］吴英姿："司法过程中的'协调'———种功能分析的视角"，载《北大法律评论》2008年第2期。

［146］吴泽勇："群体性纠纷解决机制的建构原理"，载《法学家》2010年第5期。

［147］武飞："调解中的法官修辞"，载《法学》2010年第10期。

[148] 武红羽:"司法调解的生产机制——以个案为例的研究",载《西南政法大学学报》2010年第6期。

[149] 夏吟兰、何俊萍:"现代大陆法系亲属法之发展变革",载《法学论坛》2011年第2期。

[150] 萧文学:"家事调解之研究——以伦理议题为中心",(我国台湾)清华大学2008年硕士学位论文。

[151] 邢朝国:"法律实践中俗民的'冤屈感':一个解释框架",载《法律和社会科学》2010年第2期。

[152] 徐国栋:"为罗马公法的存在及其价值申辩——以我自己的有关研究成果作论据",载《广西大学学报(哲学社会科学版)》2012年第5期。

[153] 许士宦:"家事非讼之程序保障(摘要)",载《月旦法学杂志》2012年第11期。

[154] 许士宦:"日本婚姻事件处理程序概说(上)",载《植根杂志》1994年第1期。

[155] 许仕宦:"诉讼系属中系争物移转之当事人恒定与判决效扩张",载民事诉讼法研究会编:《民事诉讼法之研讨(十八)》,元照出版社2012年版。

[156] 许政贤:"人事诉讼的典范转换?——以家事事件合并审理制度为例",载《月旦法学杂志》2012年第10期。

[157] 杨冰:"从理念转变到多元协作——略论美国家事纠纷解决机制新发展",载《河北法学》2011年12期。

[158] 杨炽光:"家事调解与家事纷争解决机制(一):从家事事件法展望家事调解",载《台湾法学杂志》2013年第4期。

[159] 杨福忠:"法律在农村被边缘化问题研究——以外嫁女权益纠纷为切入点的初步考察",载《法学杂志》2010年第11期。

[160] 杨善华:"中国当代城市家庭变迁与家庭凝聚力",载《北京大学学报(哲学社会科学版)》2011年第2期。

[161] 姚建龙:"美国少年法院运动的起源与展开",载《法学评论》2008年第1期。

［162］叶百玲：“浅谈夫妻婚姻冲突之婚姻教育介入”，载《家庭教育双月刊》2011 年第 7 期。

［163］叶敬德：“香港的婚姻家庭政策”，载生命及伦理研究中心主编：《家庭友善政策初探研讨会之生命伦理研讨会文集》，明光社 2009 年版。

［164］尹瑾：“家庭教育与少年犯罪的相关因子研究”，载《山东警察学院学报》2007 年第 4 期。

［165］尹庆春：“家庭问题”，载杨国枢、叶启政主编：《台湾的社会问题》，巨流图书公司 1991 年版。

［166］徐秀玲：“离婚亲权行使事件中家事调解之研究——以子女最佳利益为中心”，中正大学 1994 年硕士学位论文。

［167］张嘉军：“社会化：法院调解的新走向”，载《北大法律评论》2012 年第 1 期。

［168］张玲如、邱琬瑜：“何处是儿家？由儿童最佳利益探讨我国儿童保护安置系统”，载《现代桃花源学刊》2012 年第 7 期。

［169］张榕：“我国非诉讼纠纷解决机制的合理建构——以民事诉讼法的修改为视角”，载《厦门大学学报（哲学社会科学版）》2006 年第 2 期。

［170］张榕、林毅坚：“我国家事案件调解制度之发展”，载张卫平、齐树洁主编：《司法改革论评》（第 17 辑），厦门大学出版社 2014 年版。

［171］张思嘉：“婚姻早期的适应过程：新婚夫妻之质性研究”，载《本土心理学研究》2001 年第 12 期。

［172］章武生：“非讼程序的反思与重构”，载《中国法学》2011 年第 3 期。

［173］张卫平：“诉讼调解：时下势态的分析与思考”，载《法学》2007 年第 5 期。

［174］张翔：“论家庭身份的私法人格底蕴及其历史演变”，载《法律科学（西北政法大学学报）》2011 年第 2 期。

［175］张晓茹：“家事事件程序的法理分析”，载《河北法学》2006 年第 6 期。

[176] 张晓茹:"论家事诉讼中未成年人利益保护的制度完善",载《青少年犯罪问题》2011年第2期。

[177] 张学军:"离婚诉讼中的调解研究",载《法学研究》1997年第3期。

[178] 张龑:"论我国法律体系中的家与个体自由原则",载《中外法学》2013年第4期。

[179] 周望:"转型中的人民调解:三个悖论——兼评《人民调解法》",载《社会科学》2011年第10期。

[180] 朱涛:"法律实践中的话语竞争——读梅丽《诉讼的话语》",载《社会学研究》2010年第6期。

[181] 左卫民:"司法审判职能之分化:传统型与现代型法院制度的比较研究",载《学术研究》2001年第12期。

(二) 中文译文

[1] [美] 黄宗智:"离婚法实践:当代中国法庭调解制度起源、虚构和现实",载 [美] 黄宗智主编:《中国乡村研究》(第4辑),社会科学义献出版社2006年版。

[2] [日] 井上正仁:"日本司法制度改革之经过及概要",蔡秀卿、陈运财译,载《月旦法学杂志》2005年第2期。

[3] [英] 玛利亚·莫斯卡蒂:"家事纠纷:同性婚姻、纠纷成因及纠纷解决",吴小婉译,载张勤、彭文浩主编:《比较视野下的多元纠纷解决:理论与实践》,中国政法大学出版社2013年版。

[4] [美] 桑福特·J. 福克斯:"美国少年法院的过去、现状与未来",姜永琳译,载《国外法学》1988年第1期。

[5] [日] 笹仓宏纪:"日本司法改革之动向(上)——引进裁判员制度的历程与课题",陈志泓译,载《月旦法学杂志》2007年第11期。

[6] [美] 斯蒂文·A. 德津:"美国少年法庭百年风雨",韩建军译,载《国外社会科学文摘》2000年第5期。

[7] [日] 小岛武司:"家事法院的诉讼法意义——职权探知·调停中心主义",载陈钢主编:《自律型社会与正义的综合体系——小岛武司先生七十华诞纪念文集》,陈刚等译,中国法制出版社2006年版。

305

［8］［美］约翰·德弗雷、大卫·H.奥尔森："美国婚姻和家庭面临的挑战——社会科学家的对策"，刘汶蓉、郑乐平译，载《江苏社会科学》2002年第5期。

［9］［日］真田芳宪："日本的法律继受"，载［日］中西又三、华夏主编：《21世纪日本法的展望》，江利红译，中国政法大学出版社2012年版。

［10］［日］中村睦男："日本司法制度改革之最近动向"，李仁淼译，载《月旦法学杂志》2011年第7期。

［11］［日］中村英郎："家事事件裁判制度的比较法研究"，郎治国译，载张卫平主编：《民事程序法研究》（第3辑），厦门大学出版社2007年版。

［12］［日］重松一义："日本家事调停制度的半世纪历程"，黄毅译，徐昕主编：《司法：调解的中国经验专号》（第5辑），厦门大学出版社2010年版。

［13］［日］竹下守夫："日本民事诉讼法的修订经过与法制审议会的作用"，载《清华法学》2009年第6期。

（三）外文论文

［1］Alastair, Nicholson, Mediation in the Family Court of Australia, *Family and Conciliation Court Review*, 1994, 32（2）.

［2］Alastair, Nicholson, Setting the Scene: Australia Family Law and the Family Court-A Prospective from the Bench, *Family Court Review*, 2002, 40（3）.

［3］Alastair, Nicholson&Harrison Margaret, Family Law and the Family Court of Australia: Experience of the First 25 Years, *Melbourne University Law Review*, 2000, 24（12）.

［4］Alexander, Paul W., Family Life Conference Suggests New Judicial Procedures and Attitudes Toward Marriage and Divorce, *Journal of the American Judicature Society*, 1948, 32（8）.

［5］Alexander, Paul W., The Follies of Divorce: A Therapeutic Approach to the Problem, *American Bar Association Journal*, 1950, 36（2）.

参考文献

[6] Applenton, Richard B. , The New Family Courts of Japan, *The Journal of Criminal Law, Criminology and Police Science*, 1951, 42 (2).

[7] Atoshi, Minamikata, Resolution of Dispute over Parental Rights and Duties in a Marital Dissolution Case in Japan: A Nonlitigious Approach in Chotei (Family Court Mediation), *Family Law Quarterly*, 2005, 39 (2).

[8] Babb, Barbara A. , An Interdisciplinary to Family Law Jurisprudence: Application of an Ecological and Therapeutic Perspective, *Indiana Law Journal*, 1997, 72.

[9] Babb, Barbara A. , Reevaluating Where We Stand: A Comprehensive Survey of America's Family Justice Systems, *Family Court Review*, 2008, 46.

[10] Babb, Barbara A. , Unified Family Courts: An Interdisciplinary Framework and a Problem – Solving Approach, WIENER, R. L. & BRANK, E. M. , *Problem Solving Courts: Social Science and Legal Perspectives*, Springer, 2013.

[11] Boldt, Richard & Singer, Jana B. , Juristocracy in the Trenches: Problem-Solving Judges and Therapeutic Jurisprudence in Drug Treatment Courtsand Unified Family Courts , Md. L. Rev. , 2006, 65.

[12] Bordow, Sophy & Gibson, Janne. , Evaluation of the Family Court Mediation Service, *Australia Family Court*, 1994, 23.

[13] Bozzomo, James W. & Scolieri, Gregor Y. , A Survey of Unified Family Courts: An Assessment of Different Jurisdictional Models, *Family Court Review*, 2004, 42.

[14] Cashmore, Judy, Innovative Procedures for Child Witnesses, Westcott, Helen L. et al. , *Children's Testimony: A Handbook of Psychological Research and Forensic Practice*, England: John Wiley & Sons Ltd, 2002.

[15] Coates, Christine A. , A Brief Overview of Parenting Coordination, *Colorado Lawyer*, 2009, 38.

[16] Costantino, Cathy A. , Using Interest – Based Techniques to Design Conflict Management Systems, *Negotiation Journal*, 1996, 12 (7).

[17] Da Costa, Elissa, The 'Woolfing' of Family Procedure: Proposals for Change, *Family Law Journal*, 2006, 12.

[18] Dethloff, Nina, Parental Rights andResponsibilities in Germany, *Family Law Quarterly*, 2005, 39 (2).

[19] Doughty, Julie, The Functions of Family Courts (Ph.D Thesis), Cardiff University, 2011.

[20] Dunan, Adam, The Family Procedure Rules 2010: A District Judge's Perspective, *Family Law Journal*, 2011, 41 (3).

[21] Eekelaar, John, The Importance of Thinking that Children Have Rights, *International Journal of Law and the Family*, 1992, 6 (1).

[22] Ellis, C.S., Court School: Supporting Child Witness, *Children Today*, 2003, 22 (1).

[23] Elrod, Linda D. & Spector, Robert G., A Review of the Year in Family Law: Number of Dispute Increase, *Family Law Quarterly*, 2012, 45.

[24] Emberton, Ann Dale, Working with Children: A Guardian Ad Litem's Experience, Lull, C. & Roche, J. eds., *The Law and Social Work-Contemporary Issues for Practice*, Palgrave Macmillan, 2001.

[25] Emery, Robert E. et al., Divorce Mediation: Research and Reflections, *Family Court Review*, 2005, 43 (1).

[26] Fairman, Christopher M., The Collision of Two Ideals: Legal Ethics and the World of Alternative Dispute Resolution, *Ohio State Journal on Dispute Resolution*, 2005, 21.

[27] Farrington, K. & Chertok, E., Social Conflict Theories of the Family, BOSS P.G. et al. *Sourcebook of Family Theories and Methods: A Contextual Approach*, Plenum Press, 1993.

[28] Fieldstone, Linda Et Al., Perspectives on Parenting Coordination: View of Parenting Coordinators, Attorneys, and Judiciary Members, *Fam. Ct. Rev.*, 2012, 50.

[29] Fieldstone, Linda Et Al., Training, Skills, and Practices of Parenting Coordinators: Florida Statewide Study, *Family Court Review*,

2011, 49.

[30] Foran, Patrick, Adoption of the Uniform Collaborative Law Act in Oregon: The Right Time and The Right Reasons, *Lewis & Clark Law Review*, 2009, 13 (3).

[31] Freeman, Marsha B., Love Means Always Having to Say You're Sorry: Applying the Realities of Therapeutic Jurisprudence to Family Law, *UCLA Women's Law Journal*, 2008, 17.

[32] Friedman, Lawrence M., A Dead Language: Divorce Law and Practice Before No-Fault, *Virginia Law Review*, 2000, 86.

[33] Galanter, Marc S., Reading the Landscape of Disputes: What We Know and Don't Know (and Think We Know) about Our Allegedly Contentious and Litigious Society, *UCLA Law Review*, 1983, 31.

[34] Geasler, Margie J. & Blaisure, Karen R., A Review of Divorce Education Program Materials, *Family Relations*, 1998, 47.

[35] Geraghty, Anne H. & Mlyniec, Wallace J., Unified Family Courts: Tempering Enthusiasm with Caution, *Fam. Ct. Rev.*, 2002, 40.

[36] Goodman, Matthew Et Al., Parent Psychoeducational Programs and Reducing the Negative Effects of Interparental Conflict Following Divorce, *Family Court Review*, 2004, 42.

[37] Graham, Louis Everett, Implementing Custody Medication in Family Court: Some Comments on the Jefferson County Family Court Experience, *Kentucky Law Journal*, 1992, 81.

[38] Gribben, Sue, Family Mediation in England and Wales-Some Lessons For Australia, *ADR Bullentin*, 2001, 4 (5).

[39] Gu, Weixia, Civil Justice Reform in Hong Kong: Challenges and Opportunities for Development of Alternative Dispute Resolution, *Hong Kong Law Journal*, 2010, 40.

[40] Guidice, Lauren, New York and Divorce: Finding Fault in a No Fault System, *Journal of Law& Policy*, 2011, 19.

[41] Gunnarsson, Helen W., Guardian Ad Litem and Attorney for the Child,

Child Representative: How is the New System Working?, *Illinois Bar Journal*, 2007, 95 (1).

[42] Hall, P. A. & Taylor, R. Political And The Three New Institutionalism, Soltan Karoe Et Al. *Institutions And Social Order*, University of Michigan Press, 1998.

[43] Heilmann, Sebastian, From Local Experiments To National Policy: The Origins of China's Distinctive Policy Process, *The China Journal*, 2008, 59 (1).

[44] Honma, Yasunori, Introduction To A New Legislation-The Law On Family Affairs Procedures, *Wasoeda University Institute of Comparative Law*, 2012, 12.

[45] Hudson, Lucy & Williams, Patricia H. , Children In Court: A Troubling Presence, *Child Welfare*, 1995, 74 (6).

[46] Irving, H. H. & Benjami, M. , An Evaluation of Process And Outcome In A Private Family Mediation Service, *Mediation Quarterly*, 1992, 10 (1).

[47] Irving, H. H. Et Al, Family Mediation And Cultural Diversity: Working With Latino Families, *Mediation Quarterly*, 1999, 14 (4).

[48] Jarrett, Brian, The Future of Mediation: A Sociological Perspective , *Journal of Dispute Resolution*, 2009, (1).

[49] Johnston, Janet R. , Building Multidisciplinary Professional Partnerships With The Court On Behalf of High Conflict Divorcing Families And Their Children: Who Needs What Kind Of Help?, *U. Ark. Little Rock L. Rev*, 2011, 22.

[50] Kamerman, Sheila. B. , Families Overview, *Edwards R. L. Encyclopedia of Social Work*, Nasw Press, 1995.

[51] Kisthardt, Mary Kay, The Use of Mediation And Arbitration For Resolving Family Conflict: What Lawyers Think About Them , *J. Am. Acad. Matrimonial Law*, 1997, 14.

[52] Lande, John & Mosten, Forrest S. , Collaborative Lawyers' Duties To

Screen The Appropriateness of Collaborative Law And Obtain Clients'Informed Consent To Use Collaborative Law, *Ohio State Journal On Dispute Resolution*, 2010, 25.

[53] Lande, John, Developing Better Lawyers And Lawyering Practices: Introduction To The Symposium On Innovative Models of Lawyering, *Journal of Dispute Resolution*, 2008, 2008 (1).

[54] Lande, John, The Revolution In Family Law Dispute Resolution, Journal of The American Academy of Matrimonial Lawyers, 2012, 24.

[55] Libby, Eileen, Putting A Kinder Face On Litigation: Aba Opinion Gives Collaborative Law Practice An Ethics Thumbs – Up, *A. B. A. Journal*, 2008, 94.

[56] Lowe, N. V., The Allocation of Parental Rights And Responsibilities – The Position In England And Wales, *Family Law Quarterly*, 2005, 39.

[57] Lueck, Robert W., The Collaborative Law Revolution – An Idea Whose Time Has Come In Nevada, *Nevada Lawyer*, 2004, 12 (4).

[58] Macaulay, Stewart, Non – Contractual Relations In Business: A Preliminary Study, *American Sociological Review*, 1963, 28 (1).

[59] Macfarlane, Julie, The Evolution of The New Lawyer: How Lawyers Are Reshaping The Practice of Law, *Journal of Dispute Resolution*, 2008, 21.

[60] Madden, Robertg, From Theory To Practice: A Family System Approach To The Law, *Tomas Jefferson Law Review*, 2008, 30.

[61] Maldonado, Solangel, Cultivating Forgiveness: Reducing Hostility And Conflict After Divorce, *Wake Forest L. Rev.*, 2008, 43.

[62] Marian, Roberts, Family Mediation: The Development of The Regulatory Framework In The United Kingdom, *Conflict Resolution Quarterly*, 2005, 22 (4).

[63] Mcclure, Kelly, Top 10 Things Every Woman (And Her Husband) Should Know Before Filing For Divorce, *The Advocate (Texas)*, 2009, 49.

[64] Mcgregor, Sue, Sustainable Consumer Empowerment Through Critical

Consumer Education: A Typology of Consumer Education Approaches, *International Journal of Consumer Studies*, 2005, 29 (5).

[65] Mclntosh, J. E. , Four Young People Speak About Children's Involvement In Family Court Matters, *Journal of Family Studies*, 2009, 15 (1).

[66] Melli, Marygold S. , Whatever Happened To Divorce?, *Wisconsin Law Review*, 2000, 2000.

[67] Mnookin, Robert , Child Custody Adjudication: Judicial Functions In The Face of Indeterminacy, *Law And Contemporary Problems*, 1975, 39.

[68] Mnookin, Robert H. & Kornhauser, Lewis, Bargaining In The Shadow of The Law: The Case of Divorce, *Yale L. J.* , 1979, 88.

[69] Morre, Sally Falk, Law And Social Change: The Semi-Autonomous Social Field As An Appropriate Subject of Study, *Law &Social Review*, 1965, 67 (6).

[70] Mosten, Forrest S. , Unbundling, *Family Court Review*, 2002, 40.

[71] Murphy, Jane C. , Revitalizing The Adversary System In Family Law, *U. Cin. L. Rev.* , 2010, 78.

[72] Murphy, Jane C. & Rubinson, Robert, Domestic Violence And Mediation: Responding To The Challenge of Crafting Effective Screens, *Family Law Quaterly*, 2005, 39 (1).

[73] Palmer, Michael, The Magic of Mediation, *The Vermont Bar Journal & Law Digest*, 1996, 18.

[74] Parkinson, Patrick, Australia's Family Relationship Centres: The Idea of Family Relationship Centres In Australia, *Fam. Ct. Rev.* , 2013, 51.

[75] Parkinson, Patrick, Keeping In Contact: The Role of Family Relationship Centres In Australia, *Child & Fam. L. Q.* , 2006, 18.

[76] Parkman, Allen M. , Reforming Divorce Reform, *Santa Clara Law Review*, 2001, 41.

[77] Pearson, Jessica, Court Services: Meeting The Needs of Twenty-First Century Families, *Fam. L. Q.* , 1999, 33.

[78] Pearson, Yvonne Et Al, Early Neutral Evaluations: Applications To

Custody And Parenting Time Cases Program Development And Implementation In Hennepin County, Minnesota, *Family Court Review*, 2006, 44.

[79] Pickar, Daniel B. & Kahn, Jeffrey J. , Settlement-Focused Parenting Plan Consultations: An Evaluative Mediation Alternative To Child Custody Evaluation, *Fam. Ct. Rev*, 2011, 49.

[80] Press, Sharon, Family Court Services: A Reflection On 50 Years of Contributions, *Fam. Ct. Rev.* , 2013, 51.

[81] Quas, J. A. Et Al, Maltreated Children Understanding of And Emotional Reactions To Dependency Court Involvement, *Behavioral Sciences & The Law*, 2008, 27.

[82] Ruegger, M. , Seen An Heard But How Well Informed? Children's Perceptions of The Guardian Ad Litem Service, *Children& Society*, 2001, 15 (3).

[83] Salem, Peter, The Emergence of Triage In Family Court Services: The Beginning of The End For Mandatory Mediation, *Family Court Review*, 2009, 47.

[84] Schepard, Andrew, Introduction to The Unified Family Courts, *N. Y. L. J.* , 1997, 16 (4).

[85] Schepard, Andrew, Parental Conflict Prevention Programs And The Unified Family Court: A Public Health Perspective, *Fam. L. Q.* , 1998, 32.

[86] Schepard, Andrew, The Evolving Judicial Role In Child Custody Dispute: From Fault Finder To Conflict Management, *U. Ark. Little Rock L. Rev.* , 2000, 22.

[87] Scott, Elizabeth S. , Rational Decision Making about Marriage and Divorce, *Va. L. Rev.* , 1990, 76.

[88] Singer, Jana B. , Dispute Resolution and the Post Divorce Family: Implications of A Paradigm Shift , *Fam. Ct. Rev.* , 2009, 47.

[89] Spinak, Jane M. , Adding Value To Families: The Potential of Model Family Courts, *Wisconsin Law Review*, 2002, 2002 (2).

[90] Sprery, Jetse, The Family As A System In Conflict, *Journal of Marriage And Family*, 1969, 31 (4).

[91] Szaj, Christine M., The Right of The Child To Be Heard, Todres Jonathan Et Al., The U. N. Convention On The Rights of The Child: An Analysis of Treaty Provisions And Implications of U. S. Ratification, *Transnational Publishers*, 2006.

[92] Teitelbaum, Lee E., The Family As A System: A Preliminary Sketch, *Utah Law Review*, 1996, 1996.

[93] Tesler, Pauline H., Collaborative Family Law, *Pepperdine Dispute Resolution Law Journal*, 2004, 4.

[94] Ver Steegh, Nancy, Family Court Reform And Adr: Shifting Values And Expectations Transform The Divorce Process, *Family Law Quarterly*, 2008, 42.

[95] Victocia, Ho M. Et Al., Parenting Coordinators: An Effective New Tool In Resolving Parental Conflict In Divorce, *Fla. B. J.*, 2000, 74.

[96] Wexler, David, Therapeutic Jurisprudence: An Overview, *Thomas M. Cooley Law Review*, 2000, 17.

[97] White, Lynn K., Determinants of Divorce: A Review of Research In The Eighties, *Journal of Marriage And The Family*, 1990, 52.

[98] Winick, Bruce J., Therapeutic Jurisprudence And Problem Solving Courts, *Fordham Urban Law Journal*, 2003, 30.

[99] Wisenberg, Theodore, Empirical Methods And The Law, *Journal of The American Statistical Association*, 2000, 95 (6).

[100] Wood, Rutb N., Marriage And Divorce Laws, *Women Law Journal*, 1947, 33.

[101] Zborovsky, Gabriella L., Baby Step To "Grown-Up" Divorce: The Introduction of The Collaborative Family Law Center And The Continued Need For True No-Fault Divorce In New York, *Cardozo Journal of Conflict Resolution*, 2008, 10.

（四） 日文论文

[1] [日] 飯考行、工藤美香："市民の司法参加と社會・序說-世界の陪審・参審制度の素描と裁判員制度の位置づけ"，載《司法改革調查室報》2003 年第 2 期。

[2] [日] 南方曉："研究ノート：人事訴訟法と家事調停"，載《法政理論》2005 年第 2 期。

[3] [日] 杉井靜子："家事事件手續法の施行により"，載《司法書士》2013 年第 3 期。

[4] [日] 西岡清一郎："最近の離婚訴訟の實情と家庭裁判所への移管について（人事訴訟・家事審判の手續的諸問題"，載《民事訴訟雜誌》2001 年第 47 期。

[5] [日] 野田愛子："家事調停における家事審判官の役割"，載邊愛一等主編：《新家事調停讀本》，一粒社 1998 年版。

[6] [日] 中村英郎："日本の民事訴訟法に興えたアメリカ"，載《法の影響早法》2007 年第 2 期。

三、网络文献

（一） 报纸

[1] 杜万华："大力推进家事审判方式和工作机制改革试点"，载《人民法院报》2017 年 5 月 3 日。

[2] 傅郁林："在案例中探寻裁判的逻辑"，载《人民法院报》2012 年 2 月 1 日。

[3] 黄鸣鹤："习惯在调解过程中的作用"，载《人民法院报》2010 年 12 月 10 日。

[4] 林芳雅："澳大利亚家事法院调解制度"，载《人民法院报》2013 年 7 月 3 日。

[5] 王东兴、黄彩华："东莞二院：法官善做'家庭医生'"，载《综合周刊》2013 年 6 月 30 日。

[6] 杨佳莉："日本家事程序法最新动态简介"，载《人民法院报》2014 年 2 月 7 日。

(二) 资料

[1] Hershkowitz, Donna S. & Liebert, Drew R. Divorce Reform in California: From Fault to No-Fault and Back Again?, http://ajud.assembly.ca.gov, 2013-06-23.

[2] Hodon, David, England Needs Binding Family Law Arbitration, www.davidhodson.com, 2014-04-02.

[3] Jopt, Uwe & ZÜTphen, Julia, Psychologische Begutachtung aus Familiengerichtlicher Sicht: B. Lösungsorientierter Ansatz- Eine Empirische Untersuchung,http://www.uwejopt.de/begutachtung/richterstudie2.html, 2014-02-02.

[4] Macfarlane, Deborah, Family Mediation in France, http://www.unaf.fr. 2013-10-30.

[5] Nottage, Luke, Judicial Education and Training in Japan, http://blogs.usyd.edu.au/Japaneselaw. 2014-02-11.

[6] Sondra, Miller, Report to the Chief Judge of the State of New York. Matrimonial Commission, https://www.nycourts.gov, 2014-03-25.

[7] Uwe Jopt, Julia Zutphen, Psychologische Begutachtung aus familiengerichtlicher Sicht: B. Lösun-gsorientierter Ansatz - Eine empirische Untersuchung, http://www.uwejopt.de, 2014-02-02.

[8] WALKER, JANER, A Brave New World for Family Mediation in England and Wales? Challenges and opportunities following the Norgrove Review (6th World Congress on Family Law and Children's Rights in Australia 2013), www.wcflcr2013.com, 2014-03-20.

[9] 陈忠五主编:《新学林分科六法·民法》,新学林出版股份有限公司2011年版。

[10] [日] 加藤幸江、角野佑子：家事事件手続法が施行されます, http://www.clo.jp/img/pdf/69/13.pdf, 2014-03-21.

[11] 蒋月等译:《英国婚姻家庭制定法选集》,法律出版社2008年版。

[12] 赖月蜜:"从英美儿童福利政策之变迁检视我国儿童福利政策之发展",载 http://children100.syis.com.tw, 访问日期: 2014年1月

3日。

[13] 罗结珍译:《法国新民事诉讼法典》,法律出版社2010年版。

[14] 杨炽光:"台湾家事调解之实质发展与展望",2013年两岸家事事件之理论与实务学术研讨会论文.

(三) 网站

[1] AFCC, Task Force on Parenting Coordination, Guidelines for Parenting Coordination, http://www.afccnet.org, 2013-04-28.

[2] American Bar Association, What is a Unified Family Court?, http://www.abanet, 2013-07-10.

[3] CDC, National Marriage and Divorce Rate Trends (2011), http://www.cdc.gov, 2013-05-21.

[4] Family Court of Australia, 2012-2013 Annual Report: Part 2 Over View of the Court, http://www.familycourt.gov.au, 2013-12-01.

[5] Inistitute of Family Law Aritrators. About IFLA, http://ifla.org.uk/about, 2014-04-02.

[6] Ministry of Justice, Family Justice: Family Court Rules, http://www.justice.govt.nz, 2014-04-12.

[7] Supreme Court of Japan, Guide to Family Court of Japan (2013), http://www.courts.go.jp, 2013-04-12.

[8] Wiscosin Bar Association, Guardian ad Litem in Family Court, http://www.wisbar.org/for Public, 2014-02-02.

[9] 广东省高级人民法院:"家事审判合议庭操作指引",载http://www.lawtime.cn,访问日期:2014年3月25日。

[10] 香港法律改革委员会:"排解家庭纠纷程序",载http://www.hkreform.gov.hk,访问日期:2013年3月26日。

[11] 香港终审法院首席法官辖下的家事诉讼程序规则工作小组:"家事诉讼程序规则检讨",载http://www.judiciary.gov.hk,访问日期:2014年4月20日。

后 记

本书是在我的博士论文基础上修改后出版的。自 2010 年我从春寒料峭的北京南下赶考，到 2012 年拖着大半箱书籍横跨太平洋访学，再到 2014 年我在夏意袭来的 6 月与厦门告别。白驹过隙，忽然而已。

在充实且饱满的求学生涯中，首先最为感谢恩师齐树洁教授，恩师勤奋严谨的治学态度、敦厚谦和的学者风范皆为学生的楷模。本书的撰写，自题目选定至资料搜集，自研究方法至细节处理，皆得恩师悉心指点。感谢恩师体贴我的愚钝和倦怠，宽容我的错误和拖延。知遇之恩，永识于心！感谢张榕教授，四年的博士学习屡得老师的倾囊赐教和金石珠玉之言，受益良多。感谢与我亦师亦友的吴旭阳副教授，我们不仅在认知学与法理学的研究中有过短暂却极富趣味的合作，而且本书的撰写和修改工作也深受他的启发和指导。感谢蒋月教授、吴洪淇教授、张勤教授和张晋红教授，你们的言传身教点亮了我"筚路蓝缕"的学术之路。同时还要特别感谢 UW 的刘思达老师、胡文捷老师，扬州大学的李云波老师，在我于美国的求学路中给予了莫大帮助，无尽想念你们。

本书的调研亦得到了诸多人士的帮助，感谢王辛女士、洪秀娟女士、涂俊豪先生为本书调研提供的诸多便利。同时，一

后 记

并感谢在本书中接受访谈的法官,感谢你们在百忙之中慷慨接受我的访谈,为本书提供了丰盛的素材。

感谢诸位同门挚友,郑净方博士从台湾扫描的宝贵研究资料,并特为我专程拜访施慧玲教授。王彬博士为本书的写作提供了极富启发力的法经济学研究思路。感谢陈贤贵博士、周一颜博士、潘颖慧博士不辞辛苦为我反复校对,建言献策。感谢杨佳莉同学字斟句酌协助我翻译并校对相关日文资料。感谢郭俊芳博士、杨春娇博士,你们的陪伴让我在论文写作的挫败煎熬和苦痛磨砺中迎来无数自嘲的勉励和灵感的迸发。

最后的感谢要留给我的家人,他们替我承受了生活的艰辛,给予我四处奔走的自由,使我可以专心学业、享受安愉。

恩情深而笔墨短,借此片言,谨表谢忱!

邹郁卓

2020 年 1 月